ABRIENDO CAMINOS

Memorias de un cubano exiliado:

Preso político. Brigada 2506. Primer cubano elegido a un cargo público en Estados Unidos en el siglo XX. Presencia Internacional. Constructor y hombre de familia.

COLECCIÓN CUBA Y SUS JUECES

EDICIONES UNIVERSAL, Miami, Florida, 2023

Manolo Reboso

ABRIENDO CAMINOS

Memorias de un cubano exiliado:

Preso político. Brigada 2506. Primer cubano elegido a un cargo público en Estados Unidos en el siglo XX. Presencia Internacional. Constructor y hombre de familia.

Copyright © 2023 by Manolo Reboso

Primera edición, 2023
Segunda edición ampliada, 2023

EDICIONES UNIVERSAL
P.O. Box 450353 (Shenandoah Station)
Miami, FL 33245-0353. USA
(Desde 1965)

e-mail: ediciones@ediciones.com
http://www.ediciones.com

Library of Congress Control Number: 2023932457

ISBN: 978-1-59388-342-3

Edición por Julio Estorino

Composición de textos: María Cristina Zarraluqui

Diseño de la cubierta: Luis García Fresquet
En la portada: La fortaleza de La Cabaña y el Faro del Morro

Todos los derechos
son reservados. Ninguna parte de
este libro puede ser reproducida o transmitida
en ninguna forma o por ningún medio electrónico o mecánico,
incluyendo fotocopiadoras, grabadoras o sistemas computarizados,
sin el permiso por escrito del autor, excepto en el caso de
breves citas incorporadas en artículos críticos o en
revistas. Para obtener información diríjase a
Ediciones Universal.

A mis hijos Alex, Roberto Luis, Irma, Noreen, Melissa y Manny.

A Nadia, mi esposa.

Para que conozcan un poco más lo que ha sido y lo que es mi vida, una vida en la cual ustedes son lo más importante.

Índice

Gracias 11

Prólogo 13

Prefacio 17

Capítulo 1 Las dos islas 21

Capítulo 2 Un mundo nuevo – Mi bautismo en el arte
           de la política 31

Capítulo 3 El regreso a una Cuba que se hundía 39

Capítulo 4 Un joven conspirador – La trampa 49

Capítulo 5 Fidel Castro, la prisión y el milagro 57

Capítulo 6 Despídase de las palmas 67

Capítulo 7 Cita con el deber: la Brigada 2506 73

Capítulo 8 Playa Girón: la triste realidad 81

Adendum Nº 1 93

Capítulo 9 Robert F. Kennedy – El rescate de los brigadistas 109

Capítulo 10 *Uno se equivoca en la vida...* Muerte de
            los Kennedy 123

Capítulo 11 Nuevos derroteros – Políticos de la Florida 133

Capítulo 12 El primer cubano en el gobierno estatal 143

Capítulo 13 De la Florida a Latinoamérica 153

Capítulo 14 El primer comisionado cubano 161

Capítulo 15 El nuevo alcalde 171

Capítulo 16 El primer cubano elegido en Miami 181

Capítulo 17 «The Cuban-born commissioner» 195

Capítulo 18 El Cuarto Poder 205

Capítulo 19 Más de 20,000 votos – El «diálogo» 215

Capítulo 20 Anastasio Somoza y Carlos Andrés Pérez 225

Capítulo 21 La renuncia y el pacto – La tragedia repetida 235

Capítulo 22 Un alcalde hispano – La Fundación Nacional
Cubano Americana 247

Capítulo 23 Ronald Reagan – Política y políticos en
Miami-Dade 257

Capítulo 24 Vuelta a Nicaragua – Las dos estatuas 267

Capítulo 25 La política, ayer y hoy 275

Capítulo 26 La familia y los amigos – Líderes, pasado
y presente 283

Capítulo 27 Cuba y su exilio – Demócratas y republicanos 303

Capítulo 28 El futuro de Miami – Los cambios necesarios 313

Capítulo 29 Fidel Castro y Donald Trump 323

Capítulo 30 Las elecciones del 2024: una predicción 329

Índice Onomástico 333

Gracias

Quiero reconocer y dar las gracias a Roberto Rodríguez Tejera, gran periodista y mejor amigo, por convencerme de que yo debía escribir este libro sobre mi vida y los acontecimientos que me ha tocado vivir en el curso de la misma, por cuanto tienen de valor histórico.

A Julio Estorino, excelente ser humano, inteligente y buen amigo, gracias a cuya cooperación y talento este libro ha sido posible y a mi esposa, Nadia, que me acompañó en la recopilación de datos para completar la obra.

Para ellos, mi sincera gratitud.

Prólogo

He aquí este hombre, cercano ya a los noventa años de su existencia, que, todas sus mañanas, media hora antes de desayunar, se toma doce onzas de agua tibia, ligada con un limón completo exprimido, una cucharada grande de miel de abejas y una cucharadita de vinagre de sidra de manzana, y, a pesar del vinagre y del limón al comenzar el día, es un redomado optimista.

No sólo esto, sino que, por si fuera poco, todos los días, religiosamente, verano o invierno, se da un baño que termina con un «*scottish shower*» que no es otra cosa que comenzar con una ducha tibia, y, poco a poco, ir bajando la temperatura del agua hasta que se convierte en una ducha fría, f-r-í-a, por los últimos dos o tres minutos, algo que, en estos tiempos y en nuestra sociedad hedonista, se puede considerar como un acto de suma valentía o un ritual masoquista.

Según él, esas torturas ayudan a inmunizar el cuerpo y mantenerlo en óptimas condiciones y si juzgamos por él mismo, —saludable, ágil y de mente alerta— habrá que concluir que, como diría Cecilia Valdés, «algo debe de tener».

Claro, como no todo ha de ser rigor, la recompensa llega a mediodía, cada mediodía, que es cuando este caballero, con igual disciplina, duerme una sabrosa siesta de una o dos horas de duración, según permita su agenda, que sigue siendo la de una persona que no tiene tiempo para aburrirse.

Al igual que todos los seres avispados que en el mundo han sido, nuestro personaje busca inspiración en los grandes y los sabios. Fiel admirador de Joe Dimaggio, desde que, de niño, jugaba pelota en su escuela y en su barrio, comenzó a abrocharse el cinturón, a imitación del astro beisbolero, no debajo del ombligo como el resto de los mortales, sino sobre el costado izquierdo de su anatomía, ritual que hasta hoy mantiene.

Hombre disciplinado —ya lo dije— y que, además, cree firmemente en el valor de la disciplina, escuchó cierta vez al Almirante William H. McRaven, jefe militar del comando que puso fin a la diabólica vida de Osama Bin Laden, recomendar que, como regla de vida, ningún hombre debe abandonar su habitación en las mañanas, sin antes dejar su cama meticulosamente tendida, e inmediatamente adoptó la práctica para sí mismo. No hay que ser un psicólogo para descifrar lo que sus auto-impuestos rituales nos dicen de su personalidad.

Si crees que la vida de alguien así ha de ser interesante, espera a que te cuente lo que falta: fue un temprano conspirador contra la dictadura de Fidel Castro en Cuba, conoció los rigores del presidio político, vivió como prófugo un corto tiempo, no por corto, menos riesgoso, formó parte de las primeras oleadas de exiliados en Miami, participó en la expedición de Bahía de Cochinos, en Cuba. Fue amigo de personas de gran relevancia como Robert F. Kennedy, Manuel Artime, José Miró Cardona, Tony Varona, Bob Graham, Reubin Askew.

Fue el primer cubano elegido para un cargo público en los Estados Unidos en el siglo XX. Junto a Maurice Ferré fue uno de los parteros del Miami que vemos hoy, y cuando todo indicaba que se podía convertir en el primer alcalde cubano de *la Capital de América Latina,* se alejó de la política activa. Participó en algunos episodios de la alta diplomacia, codeándose con personajes como Anastasio Somoza, presidente de Nicaragua y Carlos Andrés Pérez, presidente de Venezuela y vivió más de un hito histórico, no sólo en Cuba y su exilio, sino, además, en Centroamérica.

Todo esto y mucho más, nos lo cuenta Manolo Reboso en este libro, sus memorias, que, sí, narran su vida desde que nació hasta el presente, pero, no es solamente una biografía lo que aquí se presenta; es también la historia del sur de la Florida, de Miami y del destierro cubano, y también mucho de lo que más nos ha tocado y nos toca de la política en los Estados Unidos, además de su interesante visión de la vida y sus cosas.

Cuando, a principios del 2022, me reuní por primera vez con Manolo para que él me hablara de este proyecto, de sus deseos de dar testimonio escrito de su vida, yo no estaba seguro de que su historia tenía los elementos necesarios para hacerla interesante y provechosa para los lectores de estos tiempos. Él me ofrecía contratarme como redactor de su libro, la persona que pusiera por escrito lo que él daría de viva voz, y yo no había decidido qué respuesta darle.

Yo no había conocido anteriormente a Manolo Reboso. Claro que sabía quién es y, en cierta medida, recordaba su presencia y actividad en el devenir político de Miami, pero yo no comencé a ejercer el periodismo en estos lares hasta muchos años después de su retiro del escenario político. Alguna vez nos habíamos saludado, pero, nada más. Me dije: «*voy a reunirme con él, sé que bastará con un par de conversaciones para saber si el esfuerzo vale la pena. Si no me convence, rehusaré cortésmente, y asunto concluido*».

La primera reunión de trabajo que tuvimos fue más que suficiente para que yo me entusiasmara con el proyecto. La diversidad de facetas y escenarios, las épocas de esta vida, la visión de sí mismo y de su historia del propio protagonista, todos los aspectos de las vivencias que aquí se narran, resultan en extremo interesantes, informativas y útiles para satisfacer al lector.

No soy yo la persona adecuada para calificar la manera en que está redactada esta historia, la multifacética vida de Manolo Reboso. Sólo puedo decir que me he esforzado en llenar estas páginas con fidelidad absoluta a lo que el biografiado me ha contado y a las opiniones que ha expresado. Mi misión ha sido la de darle coherencia al relato y pulir el lenguaje sin alterar lo dicho por él, que es quien ha narrado. Yo solamente he pasado las palabras de su voz al papel.

Doy gracias a Dios por haberme permitido ser parte de esta obra y a Manolo Reboso por confiar en mí para tarea tan especial. Gracias también a todos los que esto lean.

Julio Estorino, Miami, agosto de 2022

Prefacio

> *A estas alturas de mi vida, no busco ser parte de un cuento con un final feliz; sólo busco ser feliz sin tanto cuento.*
>
> Anónimo

Eran los tristes días posteriores al fracaso de la operación de Bahía de Cochinos, días en los cuales todos nos preguntábamos cómo había sido posible el fatídico desenlace que nunca creímos posible.

Eran días también en los que, dentro de la administración Kennedy, se debatía todo lo concerniente a la desventurada operación militar que dejaba tan maltrecho el prestigio de los Estados Unidos.

Fue el propio John F. Kennedy, quien puso fin al debate interno y a la candente inquisitoria de la prensa y de los adversarios y enemigos de su administración. En un discurso pronunciado en el hotel Statler Hilton de Washington, DC, durante un banquete de la Asociación Americana de Editores de Periódicos, tres días después del 17 de abril de 1961, el presidente encaró la situación, asumiendo implícitamente su responsabilidad por lo acontecido.

Fui invitado, poco tiempo después, a participar en un programa para la televisión de los estados de New England, donde un panel de cuatro periodistas hacía la disección de lo ocurrido. Uno de ellos me preguntó quién era, en mi opinión, el responsable de aquel tremendo descalabro: —«*El presidente Kennedy ya asumió su responsabilidad* —le respondí. *Sin embargo, yo creo que una gran parte de la culpa recae sobre los miles de cubanos de edad militar que se quedaron "patrullando las calles de Miami" y no fueron a los campamentos*».

He querido comenzar de esta forma este recuento de mi vida, mis memorias, porque a mí y a todos los cubanos de mi generación y de las que han venido después, el devenir político de Cuba nos marcó la vida fuertemente y de manera definitoria, y en ese devenir político nada tan impactante, tan demoledor, ni de tan profundas consecuencias como el fracaso de la operación de Bahía de Cochinos, una operación que debía haber terminado con la que era entonces incipiente dictadura comunista de Fidel Castro y, por el contrario, terminó por consolidarla en el poder, para desgracia de Cuba y de sus hijos. De ahí que, al poner en perspectiva la historia de cada uno, es obligada la referencia a algo tan importante, tan heroico y tan desafortunado al mismo tiempo.

Pienso que, si queremos los cubanos encontrar un camino cierto de liberación para Cuba y si queremos, los desterrados, que nuestra presencia y participación en todos los aspectos de la vida en esta otra patria que nos ha acogido, tenga la transparencia que debe tener, debemos comenzar por asumir nuestros errores. Y la ausencia de muchos exiliados de aquel entonces en las filas de los que íbamos a buscar en Playa Girón la libertad de Cuba, fue, como pueblo, una de nuestras faltas más grave, quizás la más grave de todas.

Desde luego, esto no disminuye la responsabilidad de la administración Kennedy en el desventurado acontecimiento, que la tiene y en gran medida. Pero creo que nos hará bien y nos será de provecho recordar siempre, al hablar de esto y de cualquier otro tema, que los que tienen tejado de vidrio no deben tirar piedras.

Y ya que hablamos de la administración del presidente Kennedy y sin tratar de disminuir sus errores en cuanto a la política de Estados Unidos respecto a Cuba, algo que he señalado en el párrafo anterior, me parece que sería bueno para nuestro ánimo y enfocaría mejor nuestra historia si rompiéramos lo que parece ser la obsesión de algunos que culpan a JFK de cuanta torpeza se ha cometido en Washington con respecto al régimen de La Habana, sin darse cuenta o sin querer recordar que el mayor error, la equivocación fundamental y la más desatinada decisión tomada por Estados Unidos respecto a Cuba, recae íntegramente en el presidente anterior, el republicano Dwight D. Eisenhower.

Dwight D. Eisenhower fue, sin dudas, un patriota americano, que ganó sus laureles con su valiosa participación en la segunda guerra mundial como comandante supremo de la Fuerza Aliada Expedicionaria en Europa y años después, ya de presidente, tuvo grandes aciertos en la Casa Blanca. Sin embargo, la política de su administración hacia Cuba estuvo plagada de errores, sobre todo en los últimos tiempos del gobierno de Fulgencio Batista, en los cuales su Departamento de Estado forzó la salida de éste del poder en Cuba, sin tomar las medidas necesarias para evitar que ese poder fuese directamente a las manos de Fidel Castro, a pesar de las evidencias que indicaban la verdadera naturaleza comunista del Movimiento 26 de Julio.

Lo anterior no es secreto. Fue denunciado clara y cívicamente por quien fuera embajador de Estados Unidos en La Habana durante aquellos turbulentos años, Earl E. T. Smith, en su bien documentado libro «El Cuarto Piso» donde narra los torcidos esfuerzos de algunos funcionarios del Departamento de Estado para conseguir, no solamente que Batista dejara el poder en Cuba, sino, además, que éste fuera sustituido por Fidel Castro y por nadie más.

De no haber ocurrido esto, de no haberse propiciado la salida de Batista sin los salvaguardas necesarios para evitar que Cuba cayese en manos de marxistas reconocidos como tales, como lo eran el argentino Ernesto Guevara y Raúl Castro, hermano del propio Fidel, la vida de millones de cubanos, como yo mismo, no hubiera estado teñida tristemente por los horrores típicos de los regímenes comunistas que van desde los fusilamientos sin garantías judiciales, hasta los desgarramientos familiares que todo destierro provoca. El intento liberador de Playa Girón no hubiera sido necesario.

Mi vida, pues, y la de tantos otros compatriotas, no tuviera una herida abierta desde hace más de seis décadas, herida que solamente podrá cicatrizar con la liberación de Cuba, el día que esto ocurra.

Limpia la conciencia de estas rémoras, continuemos la vida. Acompáñenme, por favor, en esta visita a mis recuerdos que no es solamente la historia de mi vida, es también, en buena medida, la historia de Miami, la historia de los cubanos exiliados en el sur de la Florida e, igualmente, la historia de cómo se forjó la identidad cubanoamericana.

Manolo Reboso

Capítulo 1
Las dos islas

Nadie llega al paraíso con los ojos secos.
Thomas Adams

Estoy a más de 3,800 millas de Miami, mi patria chica en los Estados Unidos de América y tengo ante mí un paisaje espectacular, donde una conjunción hermosa de tierra, mar y cielo invitan a la reflexión. Estoy al pie de enormes picos volcánicos, frente a una increíble piscina natural cavada en la roca por la madre naturaleza. La suave brisa lo envuelve todo con el típico olor de los bosques de laurel.

Y pienso: nadie querría irse nunca de aquí.

Pero de aquí, de la Isla de El Hierro, una de las más pequeñas del archipiélago de las Canarias, tierra española en la costa africana, partieron un día de finales de 1911, mis abuelos paternos, José Reboso Padrón y Casilda Brito Mérida, acompañados por Maximina, su hija de cuatro años y por el pequeño, Manuel, que sería mi padre, y que entonces contaba con poco más un año de edad. Por suerte para ellos, iban hacia otra isla distante y distinta, pero no menos paradisíaca.

Iban para Cuba, la bien llamada *Perla de las Antillas*, la joven república que apenas nueve años antes había roto los lazos que la ataban a España, buscando su independencia y que en aquellos primeros años del siglo XX recibía oleadas de inmigrantes españoles que sabían que serían bienvenidos, ya que la ruptura política no había tenido repercusiones en los vínculos afectivos entre cubanos y españoles.

Llegados a Cuba, los Reboso-Brito se asentaron en Esmeralda, un pequeño poblado en la costa norte de la provincia de Camagüey, que entonces no tenía siquiera categoría de municipio. El número de sus habitantes en aquellos días, apenas pasaba de tres mil, la mayor parte de los cuales vivía en el campo, eran *guajiros,* en el decir vernáculo. Aquel territorio poseía, eso sí, una salvaje belleza que no tenía nada que envidiar a la ya remota isla de El Hierro.

Paralelos a la costa y separados de ésta por un estrecho brazo de mar, estaban los cayos de los Jardines del Rey, islotes llenos de feracidad y vida salvaje. Cayo Romano, por ejemplo, era el hábitat de manadas de caballos indómitos, caballos salvajes descendientes de los primeros llegados a América junto a los conquistadores. El territorio en la «tierra firme» de Cuba, estaba regado por varios ríos; al sur, montañas de escasa altura y en casi toda la superficie, abundantes sembradíos de caña de azúcar y frutos menores; además, bosques donde abundaban las maderas preciosas.

Llegados allí y a pesar de la natural morriña de todo el que se aleja de sus lugares queridos, es seguro que mis abuelos pensaron lo mismo que he pensado yo al contemplar la belleza de El Hierro: que nadie que viviera en Esmeralda quisiera irse nunca de allí. El paisaje ratificaba lo que el nombre describía: Esmeralda era una joya.

El pueblo creció y vivió un notable auge a raíz de la inauguración, en 1921, de un ingenio azucarero como no había habido otro. Una gigantesca fábrica de azúcar, la mayor de Cuba y de todo el mundo, el central Jaronú, de propiedad estadounidense y con una capacidad de molienda de un millón de arrobas cada 24 horas. Mi abuelo, que en Canarias había sido fabricante de muebles, obtuvo una plaza de trabajo en el moderno central azucarero y allí echó el resto de su vida laboral en Cuba.

Ya para entonces, cuando él empezó a trabajar en el ingenio, José Reboso, Casilda Brito. Maximina y Manuel se sentían allí como pez en el agua, incluso se habían habituado a que los cubanos, afables como eran, llamaran a los canarios específicamente *isleños,* como si ellos, los cubanos, no lo fueran también.

Lo que no pueden haber imaginado es que, así como ellos habían tenido que dejar su hermosa isla de El Hierro porque allí la vida se les hacía imposible por las condiciones de la economía, un día, casi medio siglo después, su hijo y sus nietos tendrían que dejar esta otra isla hermosa, la que ahora les abría sus puertas, porque, no la economía, sino la política, les haría imposible también vivir allí.

Estuve solamente dos días en las Islas Canarias y pude satisfacer el viejo sueño de conocer la tierra de mis ancestros. En el largo vuelo de regreso a Miami estuve cavilando en lo que había sido la vida y la historia de aquellos *isleños* y en lo que ha sido la vida de este otro isleño, cubano, americano...

Y me puse a recordar:

Mi padre, Manuel Reboso Brito, nació en la villa de Valverde, capital de la Isla de El Hierro, el 30 de julio de 1910. Como ya he mencionado, llegó a Cuba cuando aún no había cumplido dos años de edad, por lo cual toda su experiencia vital era cubana y cubano se sentía él de la cabeza a los pies.

Mi padre
Manuel Reboso Brito

Su infancia y su adolescencia transcurrieron en la mansa quietud de Esmeralda, pero, al cumplir sus 18 años, decidió buscar horizontes más amplios que los que vislumbraba desde el pueblecito camagüeyano. Corría el año 1928. Las aspiraciones del entonces presidente de la República, Gerardo Machado y Morales de reelegirse en el cargo, permeaban amargamente el escenario político cubano y el papel que podría tocar a las fuerzas armadas en lo que ya apuntaba hacia una crisis institucional, era motivo de conjeturas, pues en Cuba, al igual que en toda Latinoamérica, los militares eran vistos como árbitros del poder y así lo entendían ellos mismos.

No obstante esas inquietantes circunstancias, papá se trasladó a La Habana y se alistó en el Ejército. Más tarde estudió en la Academia de la Fuerza Aérea, donde se graduó de teniente y ese fue el inicio de lo que sería una destacada carrera militar, que no fue impactada negativamente por la violenta caída del gobierno de Machado, el 12 de agosto de 1933.

Por el contrario, cuando, a raíz de la subsiguiente inestabilidad política, irrumpe Fulgencio Batista en el escenario nacional, al frente de la llamada «revolución de los sargentos» del 4 de septiembre de ese mismo año, se abren mayores oportunidades de avance para los uniformados, lo que le confirma al teniente Reboso lo que él consideraba su acierto al alistarse en el Ejército.

Durante la Segunda Guerra Mundial fue enviado por el gobierno cubano a recibir cursos de vuelo en diferentes aviones en los Estados Unidos. Así, recibió entrenamiento en lugares como Randolph Field y Waco, Texas y en Fort Bening, Georgia.

Fue Jefe de la Escuela de Cadetes de la Fuera Aérea de Cuba y en 1956 fue nombrado attaché militar de la embajada cubana en Washington, DC, posición que ejerció hasta la llegada de Fidel Castro al poder.

Papá era un hombre de buen porte y aguda inteligencia. De mediana estatura, frente ancha, penetrante mirada azul y amplios conocimientos, podía, cuando él quería, ser un buen conversador, a pesar de su carácter recio e introvertido. Traspiraba seguridad en sí mismo y tal vez fue esto lo que más impresionó a Esperanza, la joven mujer que capturó su atención desde la primera vez que se cruzaron sus miradas.

Esperanza Bello Álvarez había nacido en La Habana, el 10 de enero de 1913, hija de Francisco Bello y Belarmina Álvarez, naturales ambos de León, España. Era una mujer bonita, de facciones muy bien proporcionadas, ojos muy expresivos de color café y atrayente figura. Su belleza física, que no era poca, estaba complementada por una sonrisa esplendorosa, y una alegre disposición de ánimo. La típica cubana extrovertida y reidora, siempre al tanto de las necesidades de los demás, siempre lista para ayudar. Y quizás por sus caracteres opuestos, porque se complementaban mutuamente, fue que el amor prendió rápidamente entre la joven habanera y aquel militar de origen canario.

Se casaron en febrero de 1933. Él iba camino de sus 23 años de edad. Ella acababa de cumplir sus 20 primaveras. Yo fui el fruto de su luna de miel: nací el 26 de noviembre de 1933, un domingo, a las dos de la tarde y por nombre me pusieron José Manuel.

Ocho años después nacería Roberto, mi único hermano.

Mi madre Esperanza Bello y mi hermano Roberto

Tuve una infancia feliz. El entorno familiar era bueno y bien balanceado. Como en casi todas las familias de aquel tiempo, el padre era la autoridad y la disciplina, ejercida sin excesos; la madre era la protección y la complacencia, los abuelos eran el cariño consentidor, la excusa y el perdón para las travesuras. A pesar de la diferencia de edades, Roberto y yo compartíamos algunos juegos y a mí me complacía el rol de hermano mayor.

Roberto estudió los primeros años en una academia que estaba allí mismo, en Ampliación de Almendares y después continuó sus estudios en Estados Unidos, Hizo el *high school* en Maryland y allí mismo, en la universidad, se graduó en Economía. En Maryland también, ya de adulto, fue administrador en una empresa de tiendas de víveres, de las mayores de ese estado. Después vino para Miami, donde se casó y tuvo una hija, mi sobrina Michelle En realidad, él vivió poco tiempo en Cuba, la mayor parte de su vida la vivió aquí, en Estados Unidos. En Miami trabajó con Harvey Ruvin, en las cortes y estuvo como veinte años como director del departamento de licencias matrimoniales. Roberto era un gran hombre, muy querido por todos los que lo conocieron y murió relativamente joven, bastante joven. Yo lo quise mucho, y él a mí también.

Eventualmente, mi abuelo paterno, primero y mi abuela materna, después, al enviudar ambos, fueron a vivir con nosotros y esto enriqueció nuestra vida familiar. Mi abuela era un pan, yo era muy apegado a ella. Ya en La Habana, mi abuelo se dedicó a fabricar unos vinos que luego vendía en el vecindario, unos vinos dulces que, según él, era lo que tomaban en Islas Canarias. También hacía un ron con miel de abejas, algo artesanal, algo que era más bien un pasatiempo para él.

Constituíamos una familia de clase media que, sin que fuéramos ricos, vivíamos cómodamente. Papá era un oficial de la Fuerza Aérea, que se fue superando dentro de la misma institución. Fue capitán durante muchos años, después fue ascendido a comandante, más tarde, como ya mencioné, fue nombrado attaché militar en Washington, DC, al ser destituido el coronel Ramón

Barquín por su participación en la llamada «conspiración de los puros», en la que estaban involucrados varios militares y cuyo objetivo era el derrocamiento de Batista como presidente.

Nuestra casa era amplia y hermosa, de dos plantas. Vivíamos en el reparto Ampliación de Almendares, un barrio del municipio de Marianao, parte de lo que hoy llamaríamos «la gran Habana». Era un barrio bonito, limpio y dinámico, cuyo límite, al norte, era el litoral habanero con sus famosas playas.

Cerca de casa estaba el cine Metropolitan, cuyo dueño era el gran actor Federico Piñeiro, que, junto con Alberto Garrido, formaban el dúo cómico «Chicharito y Sopeira», famoso en toda Cuba. En el vecindario teníamos a Roberto Goizueta, el cubano que años más tarde llegaría a ser presidente de la Coca-Cola aquí, en Estados Unidos. Recuerdo a su hermana, May Goizueta. Por allí vivía también la familia de Alfredo Durán, mi gran amigo desde la infancia.

También vivía en el barrio otro gran amigo, Tony Lamas, que me sacó de la prisión de La Cabaña, gracias a lo cual pude escaparme de Cuba, cuando ya Fidel Castro lo controlaba todo en el país y mi vida estaba en peligro. Como es fácil ver, fueron muy firmes y muy buenas las amistades que pude forjar en mi infancia y mi adolescencia allí, en la Ampliación de Almendares, un barrio en el cual se reflejaba la prosperidad de Cuba en aquellos años de la década de los 50 y en el cual yo me sentía verdaderamente feliz.

Fui muy afortunado también en la decisión de mis padres al escoger una escuela para mi educación. La Habana en particular, y toda Cuba en general, gozaban de excelentes colegios. La enseñanza pública era gratuita y era muy buena y los colegios privados, tanto los religiosos como los laicos, se esforzaban y competían entre sí en cuanto a la calidad de sus maestros y sus adelantados programas de educación.

La Academia Baldor, de los hermanos Aurelio y Francisco Baldor, fue para mí y para los millares de niños que pasaron por sus aulas, una verdadera fragua de carácter y conocimientos. En términos generales, sus maestros entendían su labor como una total entrega en pro de la mejor educación de sus alumnos y esa educación incluía no solamente el conocimiento científico y literario, sino, además, los valores y el comportamiento que distingue a las personas de bien. Sin ser doctrinarios, infundían esos valores en sus alumnos que, en su gran mayoría, cuando se graduaban, y se iban a otros centros de enseñanza para estudios superiores, eran hombres y mujeres bien preparados y bien formados.

Recuerdo muy especialmente al profesor Fernando Guerra, que era mi maestro favorito, así como al director, Aurelio Baldor, que era un reconocido matemático cuyos libros de texto continúan usándose hoy en muchos países. Creo que de él adquirí mi amor por las matemáticas.

Algo muy importante para mí, desde pequeño, eran los deportes, especialmente el béisbol, la pelota, como decimos los cubanos. Tenía un terreno de béisbol a una cuadra de mi casa y allí disfruté y aprendí mucho, con los muchachos del barrio. Yo jugaba la primera base y creo que lo hacía bastante bien.

También en el colegio. Jugué en los menores de quince años y después, en los menores de dieciocho. Jugábamos contra otros colegios como LaSalle, el Candler College, etc. Lo pasábamos muy bien, pues todos poníamos un gran esfuerzo en ganar. No sé, tal vez eso fue formando en mí un espíritu competitivo, que me sería muy útil más tarde en mi vida, en la política.

Otro deporte que practiqué fue remo y canotaje, pero, para contarles de esto, es preciso que les hable del Círculo Militar y Naval.

El Círculo Militar y Naval era como mi segunda casa y lo era, en realidad, no sólo para mí, sino para un sinnúmero de militares y sus familiares que encontraban allí una activa vida social, confraternidad, deportes, muy buen ambiente. Los niños y los jóvenes particularmente disfrutaban allí de muchas oportunidades de esparcimiento y sus salones y sus eventos vieron florecer más de un romance entre sus jóvenes asociados.

Como su nombre lo indica, era una sociedad de las conocidas en Cuba como «de instrucción y recreo». Había sido fundado en el año 1911, siendo presidente de la República el general José Miguel Gómez y radicó originalmente en el Campamento de Columbia, pero años más tarde se trasladó a un edificio construido al efecto en la playa de Marianao, lo cual añadía mayor atractivo al lugar, al poder practicarse, allí mismo, deportes acuáticos como natación, waterpolo y regatas, además de otros como béisbol, futbol, atletismo, equitación, etc.

Aunque fue una institución creada fundamentalmente para miembros de las fuerzas armadas y sus familiares, admitía también a civiles como socios, los cuales participaban plenamente de sus actividades. Los asociados todos pagaban una módica suma como iniciación, por una vez, y una cuota mensual, muy módica también, con lo cual se mantenían sus instalaciones y se sufragaban sus eventos.

En sus mejores tiempos, el Círculo llegó a tener más de un millar de asociados. En 1953, cuando yo dejé de frecuentarlo por la continuación de mis estudios en Estados Unidos, su Junta Directiva era presidida por el general Eulogio Cantillo.

Allí, en el Círculo, yo participé, de muchacho, en competencias de natación y también en las canoas. Yo tendría doce o trece años cuando era timonel, algo que disfrutaba mucho y me permitía compartir con los miembros del equipo, casi todos mayores que yo. Más adelante, comencé a jugar squash, un deporte en el cual pude sobresalir, porque, en realidad, me gustaba mucho y me sentía muy cómodo practicándolo. Mi hermano Roberto se destacó mucho igualmente, jugando squash.

El Círculo servía también, sin que ese fuera su propósito, como una primera fuente de conocimientos de política para los más jóvenes. Era algo lógico y natural que, siendo sus miembros militares y sus familiares, además de civiles que, de una u otra forma estaban vinculados a ellos, así como al gobierno, cualquiera que éste fuese, y a la actividad política, muchas de las conversaciones que allí se escuchaban giraran en torno al acontecer político del país y a las opiniones de diferentes sectores dentro de las propias fuerzas armadas y aunque los niños y adolescentes no intervenían en las pláticas y discusiones «de los mayores», mucho de lo que escuchábamos «se nos pegaba» e iba formando nuestros pensamientos al respecto.

Mi familia, pues, no era ajena a la política cubana. Papá era todavía un soldado bisoño en 1933, cuando ocurre el golpe del 4 de septiembre, encabezado por Batista y que, en la opinión de muchos, había sido el remedio para el caos y el vacío de poder creado por el derrocamiento de Gerardo Machado en agosto de ese año.

Batista gozaba, por tanto, con la simpatía de la mayor parte de los miembros de las fuerzas armadas y mi padre no era la excepción. Él tenía una gran amistad con el general Ignacio Galíndez, que era de los generales cercanos a Batista y era el padrino de mi hermano Roberto. Era una situación en la se mezclaban factores familiares, factores de clase y lealtades políticas.

Y yo puedo decir que, al contrario de los estereotipos que creó y propagó la propaganda castrista, eran muchos los militares que buscaban con sinceridad lo mejor para Cuba.

Capítulo 2
Un mundo nuevo – Mi bautismo en el arte de la política

> *Instruir puede cualquiera, educar, sólo quien sea un evangelio vivo.*
> José de la Luz y Caballero

Había terminado mis estudios en la Academia Baldor. Habían pasado nueve años desde mi ingreso en el plantel, siendo un niño de pocos años, y salía de sus aulas convertido en «*un hombrecito*», en el decir de los mayores, y en «*todo un hombre*» según mi visión de mí mismo.

Era el año 1949. Debía de comenzar el bachillerato, es decir, la preparación para, cuatro años más tarde, poder ingresar a la universidad. El cambio de ambiente me atraía, era un importante reto para mi joven vida, y los retos, ciertamente, me entusiasmaban. Sin embargo, no había calculado yo que convertirme en un alumno más del Instituto del Vedado significaría un verdadero cambio de vida para mí.

El Instituto era algo totalmente diferente a lo que era Baldor. Como colegio privado que era, Baldor era mucho más estricto, más disciplinado y los alumnos procedíamos todos del mismo tipo de familias, todos más o menos de la misma clase social y con una formación muy parecida. En el Instituto, los estudiantes teníamos mayor libertad y procedíamos de diferentes tipos de entornos familiares, tanto en lo económico, como en materia de formación y valores Allí, yo podía conversar con todo el mundo sin que me llamaran la atención, podía entrar y salir cuando quisiera, todo era más flexible.

Yo me adapté rápidamente al nuevo ambiente y trataba de llevarme bien con todo el mundo. Formé parte del equipo de béisbol y viajé varias veces dentro de Cuba para encuentros con otros equipos juveniles. Fuimos a Holguín, y a Santiago de Cuba, en Oriente y a otros lugares.

Una gran diferencia era la manifestación de distintas simpatías políticas en el estudiantado, algo que, con frecuencia, conducía a la violencia. Entre los mayores, los alumnos de tercer y cuarto años, por ejemplo, muchos pertenecían a diferentes organizaciones, que rivalizaban entre sí, algo nuevo para mí.

En el bachillerato

En el Instituto estaba Leonel Alonso, alguien que, muchos años más tarde estaría involucrado en la política de Miami pues, su esposa, Miriam Alonso, llegó a ser comisionada del Condado. Allí también conocí a mi buen amigo Osiel González, que, más tarde en su vida, sería jefe de los bomberos de La Habana.

No era nada extraño que se suscitaran peleas entre los diferentes grupos, a veces muy violentas. Todo aquello era muy lamentable, pues se trataba de cubanos contra cubanos, matándose unos a otros, sin poder calcular que, al final de tanta sangre, habría un solo beneficiario, Fidel Castro, el peor dictador que Cuba haya sufrido en toda su historia.

Yo, naturalmente, esquivaba todas aquellas cuestiones de grupos insurreccionales en el Instituto, no me metía en eso, y pude capear la situación sin mayores dificultades.

Sin embargo, esto no quería decir que no me interesara, o que fuese ajeno a la política. Fulgencio Batista había sido presidente de Cuba entre 1940 y 1944. Había sido democráticamente elegido y, en opinión de muchos, hizo un buen gobierno entonces. Democráticamente también condujo las elecciones para elegir a su sucesor, que resultó ser el candidato opositor, el Dr. Ramón Grau San Martín, del Partido Revolucionario Cubano, conocido como el Partido Auténtico. Batista entregó la presidencia sin problemas.

Batista vino para Estados Unidos y se estableció en Daytona Beach, en la Florida. En Cuba, Grau fue sucedido, en 1948, por el Dr. Carlos Prío Socarrás, auténtico también y al aproximarse las elecciones presidenciales que debían celebrarse en junio de 1952, Batista anunció que aspiraría nuevamente a presidente de la República.

Aquel anuncio movilizó a sus simpatizantes en Cuba, los que militaban en su partido, el Partido Acción Unitaria (PAU), que más tarde cambiaría su nombre a Partido Acción Progresista (PAP). Mi padre, como conté anteriormente, al igual que la mayor parte de los miembros de las fuerzas armadas de Cuba, simpatizaba con Batista y en el Círculo Militar y Naval, el ambiente que se respiraba era de mucho entusiasmo ante la posibilidad de una nueva presidencia del aquel candidato que había salido de sus propias filas.

Esto sería por el año 1951 y para mí, arribando a mis 18 años de edad, resultaba algo natural integrarme en aquella corriente política. Conocí a Rafael Díaz Balart, uno de mis mentores, que era un hombre muy inteligente, de una gran elocuencia y muy buen organizador. Batista lo había nombrado presidente de la juventud del PAU y él nombró a Joseíto Saiff presidente de la juventud en Marianao y lo mismo a mí en Ampliación de Almendares, que incluía barrios como La Sierra, etc.

Esa fue mi primera experiencia política. La actividad electoralista no duró mucho tiempo, pues Batista no esperó a las elecciones para volver a ser presidente. El 10 de marzo de 1952 protagonizó un golpe de estado que tuvo el apoyo de grandes sectores de las fuerzas armadas y de muchos de sus antiguos aliados políticos. Aquello resultó muy controversial, fue aplaudido por muchos y fue criticado por muchos también. El pueblo, sin embargo, aceptó los hechos consumados sin grandes protestas.

Para entonces, mis incipientes actividades políticas se limitaron mucho, pues yo estaba a punto de comenzar mi último año en el Instituto y me dediqué a mis estudios con mucho ahínco, pues ya yo estaba seguro de cómo encaminaría mis pasos para tratar de alcanzar mis metas en lo que sería mi profesión.

Aquel último año en el Instituto del Vedado lo pasé concentrado en mis estudios y a pesar del cargado ambiente político que reinaba en Cuba y del hecho cierto de que la mayor parte del alumnado estaba vehementemente en contra de Batista, yo nunca tuve problemas, pues evitaba las discusiones políticas y pocos allí sabían que yo era hijo de un militar.

Alguna vez me había tentado la idea de estudiar Derecho, ser abogado, pero ya, al graduarme de Bachiller en Ciencias, no tenía duda alguna: sería arquitecto. Me fascinaban las matemáticas e igualmente el dibujo y veía claramente que, para mí, no habría nada mejor que estudiar Arquitectura.

Sólo que, para lograr esto, tendría que pasar por un cambio, bienvenido, pero tan abrupto o más que el paso del colegio Baldor al Instituto del Vedado. Me esperaba la universidad... en los Estados Unidos.

Era ya cosa decidida que yo haría mis estudios universitarios en «*el Norte*». El haber recibido su entrenamiento en distintos modelos de aviones militares en Texas y en Georgia, en varias bases de la fuerza aérea estadounidense, le había dado a mi padre la oportunidad de conocer el modo de vida y la educación en este país y lo había convertido en un gran admirador del mismo, algo que no era extraño entre los cubanos.

Al contrario de lo que ha divulgado la propaganda castrista, el pueblo cubano nunca tuvo sentimientos *antiyanquis,* solamente los escasos miembros del Partido Socialista Popular (comunistas) acusaban a Estados Unidos de ser un país opresor, imperialista, etc. La generalidad de los cubanos de aquellos tiempos admiraba con genuino entusiasmo al «Gigante del Norte».

Así pues, yo estuve muy de acuerdo con venir a estudiar aquí y, según así había sido decidido por mis padres, yo, por mi parte, había decidido que estudiaría en Georgia Institute of Technology, la Universidad Tecnológica de Georgia, conocida mundialmente como Georgia Tech.

Georgia Tech había sido fundada en 1885 en la ciudad de Atlanta y desde el principio se definió como una institución de alta educación, orientada al campo de la tecnología, especialmente la ingeniería mecánica. Surgió en la etapa posterior a la Guerra Civil como parte de la reconstrucción del sur del país y a partir de entonces su crecimiento y su expansión académica fueron constantes y muy exitosos.

Yo sabía de la excelente reputación que tenía esta universidad en los estudios técnicos y científicos, en todo lo que comúnmente llamamos las ciencias exactas, reputación que mantiene hasta el día de hoy. Me entusiasmaba, sobre todo, la excelencia de sus graduados de ingeniería y arquitectura y ni siquiera consideré la posibilidad de escoger alguna otra universidad: Georgia Tech sería la mía.

Fui aceptado para el curso que comenzaba en el otoño de 1953. En septiembre de ese año vine para este país, para una habitación ya designada para mí en los dormitorios de Georgia Tech, en Atlanta, Georgia, el corazón del sur de los Estados Unidos, algo muy diferente a mi querida Ampliación de Almendares.

Hoy me doy cuenta, más que entonces, del tremendo reto que tenía ante mí. Se trataba de comenzar una nueva vida, en un país diferente, con su particular manera de vivir, en un ambiente muy distinto y con un idioma extraño. Con todo esto a cuestas, adentrarme en estudios difíciles de por sí, en los cuales no podía fallar. Quizás por esta experiencia de mi temprana juventud, es que me he sentido siempre compenetrado con todos los que comienzan una vida nueva en este país.

El idioma era el desafío más inmediato que debía vencer. Yo llegaba con una base elemental, aquel inglés del libro del profesor Sorzano Jorrín que aprendíamos en Cuba, aquello de «*Tom is a boy, Mary is a girl*», que ayudaba en algo, pero no era ni remotamente suficiente. Pero, con la ayuda de maestros y condiscípulos, pronto logré entender y hacerme entender.

Parejo con esto, estaba el reto de la adaptación al modo de vida estadounidense, *the American way of life.*

Lo primero que me sorprendió fue el hecho de que Cuba era prácticamente desconocida para la mayor parte de los *americanos,* por lo menos para mis compañeros de estudios. Eran más los que habían escuchado algo sobre La Habana, que para ellos era simplemente *Havana,* que los que sabían que esa era la capital de Cuba, una isla a sólo 90 millas de las costas de Estados Unidos, de la cual muchos no sabían ni siquiera dónde estaba situada.

Ahora bien, en honor a la verdad, debo decir que aquella ignorancia no significaba menosprecio. Yo, personalmente, no experimenté ninguna instancia de ofensa o discriminación de parte de mis maestros o condiscípulos no hispanos. Al contrario, al tiempo que nos íbamos conociendo, se interesaban en saber algo del país del cual tú venías, y te trataban con cordialidad.

Desde luego, en aquellos tiempos, principio de los años 50, sí existía la discriminación racial, la gran división entre los blancos y los negros de este país. Yo venía de Cuba, donde yo tenía amigos de la raza de color, donde no había discriminación o, por lo menos, yo no sabía lo que era la discriminación y caí en una ciudad donde, a dos cuadras de la universidad, estaba la iglesia de Martin Luther King Jr., al que arrestaban casi todas las semanas, por no querer sentarse en la parte de atrás de los buses. Eran los movimientos de los derechos civiles, los movimientos de cosas que a mí me parecían raras, porque, como antes dije, yo venía de Cuba, donde no existía nada de eso.

Yo seguía los acontecimientos en el *Atlanta Constitution,* el principal periódico del estado, donde continuamente salían las protestas de la gente de color. A mí me parecía increíble que aquello estuviera ocurriendo en los Estados Unidos, que los afroamericanos tuvieran baños aparte, que sólo pudieran sentarse en los asientos posteriores de los buses, tenían una serie de restricciones que eran terribles. Los estudiantes hispanos comentábamos sobre esa situación entre nosotros, pero, como extranjeros, no nos involucrábamos directamente.

Sin embargo, algo que me sorprendió agradablemente fue ver que Georgia Tech era una verdadera casa de estudios, allí no había interferencias de la política y en ese sentido, era más fácil estudiar allí que en el Instituto del Vedado, a pesar de que yo no tuve problemas en el Instituto.

Aquí todo era diferente. Una de las reglas que me llamó la atención era que casi todas las universidades de este país, exigen que, en su primer año de estudios, todos los estudiantes tienen que vivir en los dormitorios de la propia universidad. Pues bien, vivíamos allí, y teníamos nuestros grupos, cada uno con los que le eran afines.

Los hispanos, por ejemplo, éramos como cincuenta. La mayor parte, cubanos, después, los venezolanos y después, otras nacionalidades hispanas, muchos colombianos también, pero la mayoría la formábamos cubanos y venezolanos. Nos juntábamos para ir al *Varsity,* el *drive in* donde comprábamos hamburguers. Se suponía que el *varsity* de Georgia Tech era el *drive in* más grande del país. Y nos juntábamos también en el Pan American Club, del cual les contaré más adelante.

Todos los estudiantes, sobre todos los *freshmen,* los de primer año, estábamos en plena juventud. Recordemos que yo comienzo mis estudios allí en 1953, dos meses antes de cumplir mis 20 años y justamente un año después de que Georgia Tech admitiese por primera vez estudiantes del sexo femenino, pues hasta entonces había sido una universidad para varones exclusivamente. Como es lógico suponer, los romances estudiantiles se daban a diestra y siniestra.

En Georgia Tech, Atlanta, con Alfredo Quintana de Caracas, Venezuela

Aquellos tiempos eran diferentes. Aunque entonces los jóvenes disfrutaban aquí de libertades que no se les daban en Cuba, todo era muy sano, no se veían los excesos que se ven hoy en día. Hoy, las muchachas de 18 o 19 años tienen ya una experiencia tremenda, no tienen la inocencia que entonces había. Por ejemplo, entre los estudiantes no se sabía del uso de drogas, todo era en un ambiente muy agradable, no existía el desenfreno que se observa hoy en muchos aspectos de la vida.

Por otra parte, yo no sé si es el destino, como dicen algunos, o si es que, consciente o inconscientemente, uno termina por hacer lo que le atrae o lo que es su vocación en la vida. No sabría decir tampoco si, en aquella etapa de mi vida, era yo que me involucraba en la política, o era la política la que me perseguía a mí. Lo cierto es que mi paso por Georgia Tech tuvo también su parte política.

Capítulo 3
El regreso a una Cuba que se hundía

> *Y es que en el mundo traidor / nada hay verdad ni mentira: todo es según el color / del cristal con que se mira.*
>
> Ramón de Campoamor

El Pan American Club estaba ya firmemente establecido en Georgia Tech cuando yo llegué allí como alumno, en 1953. Era la organización socio-cultural de los estudiantes hispanos y era una gran cosa realmente, pues nos brindaba a los que veníamos del sur del Río Bravo, y de las Antillas, la oportunidad de conocernos, socializar, ayudarnos mutuamente y conservar nuestras raíces.

Yo me integré rápidamente al club y disfrutaba de sus actividades. La mayor parte de los hispanos, como dije anteriormente, éramos los cubanos, seguidos en número por los venezolanos. Había muchos colombianos también y otros que, en menor cantidad, venían de casi todos los países del continente. Cubanos y venezolanos, sobre todo, andábamos juntos siempre, pero nos llevábamos muy bien con todos los demás. No recuerdo haber visto nunca en el club disputas ni problemas por cuestiones de nacionalidad, aunque no faltaban las bromas entre todos, que a veces tocaban el tema de las características de cada pueblo, pero todo en muy buen ambiente.

Allí compartí muchas veces con Hilario Candela, a quien todos llamábamos Lalo. Él estudiaba también en Georgia Tech y con el tiempo llegaría a ser uno de los más renombrados arquitectos cubanos, muchas de cuyas obras se pueden admirar en Miami, especialmente su favorita, que era el Miami Marine Stadium. Él era un activo miembro del club y un excelente compañero de estudios. Lamentablemente falleció en Miami, a principios de 2022.

Además de Lalo Candela, había en la universidad un buen grupo, entre los muchos cubanos que allí estudiaban y con los miembros de ese grupo yo compartía con frecuencia. Recuerdo a Willy Valls, a Silvio Silveira, a Julio Escribano, Rafael Huguet, Miguel Díaz, Manolo Gutiérrez, Gustavo Xirau y otros. A todos los recuerdo con verdadero afecto.

El club era el centro principal de nosotros, los hispanos. Allí nos reuníamos para pasar un rato conversando, allí nos poníamos de acuerdo para salir en grupos, juntos, a divertirnos en la ciudad, y allí trazábamos los planes para las fiestas que celebrábamos. Ahora, cuando recuerdo aquellos tiempos, me doy cuenta de que el Pan American Club de la universidad fue para mí algo parecido a lo que había sido en Cuba el Círculo Militar y Naval; un agradable lugar donde los amigos pasábamos muy buenos ratos.

Cuando estoy ya en el segundo año de estudios, cuando era lo que aquí llamamos un *sophomore,* algunos amigos comenzaron a embullarme para que aspirara a la presidencia del club. Yo era muy popular entre mis compañeros y ellos habían visto cuanto me entusiasmaban las actividades que allí desarrollábamos. La propuesta me tentaba, pero yo lo veía como algo muy difícil, pues, por tradición, los presidentes habían sido siempre estudiantes *seniors,* quizás alguno de tercer año.

La cuestión es que me decidí a presentar mi candidatura para presidente del Pan American Club. Era la primera vez en mi vida que yo aspiraba a ser electo para un cargo, me gustaba la idea, tenía planes en mi mente para dinamizar las actividades y me parece que esa experiencia en Georgia Tech fue lo que cimentó en mí, ya definitivamente, mi vocación política. Gané la presidencia por un voto solamente y fui reelegido los dos años siguientes. Ahí aprendí la importancia de un voto en una contienda electoral.

Guardo recuerdos muy felices de esos años de estudiante en Tech. Así simplemente, Tech, nombrábamos a la universidad al hablar entre nosotros, sus alumnos. Esos recuerdos resultan todos agradables ahora, aunque hubo algunas ocasiones en las que nos vimos en aprietos, casi siempre por travesuras o «locuras» propias de la juventud.

En ese orden de cosas, recuerdo muy vivamente un mayúsculo lío en el cual nos metimos por una fiesta que dimos y en la cual «se nos olvidaron» algunas reglas que eran de obligado cumplimiento.

En aquella ocasión, como se hacía frecuentemente, invitamos a las muchachas de Brenau College, una universidad para mujeres no muy distante de la nuestra, para que estuvieran en nuestra fiesta. Siempre que ellas venían las acompañaba una chaperona, pues se trataba de una universidad católica. Nosotros fuimos, yo como presidente, con los miembros de la directiva, y le pedimos a las monjas que dejaran venir a las muchachas a nuestra fiesta y así fue.

Como de costumbre, las muchachas vinieron con su chaperona. Las bebidas alcohólicas estaban prohibidas en nuestras actividades, era una regla cuyo estricto cumplimiento era exigido a todas las fraternidades, pero, no era extraño que los muchachos buscáramos la manera de esquivarla. Aquella fiesta no fue la excepción y logramos disimuladamente llevar a la misma algunas botellas de diferentes bebidas y de su contenido disfrutaban casi todos los asistentes a la fiesta, sobre todo los venezolanos, los puertorriqueños y también nosotros, los cubanos.

Tuvimos la mala suerte de que la chaperona se dio cuenta y, ni corta ni perezosa, guardó en su cartera, que era muy grande, una botella de bebida, para tener prueba de nuestra infracción de las reglas. Recuerdo que estábamos en febrero, una noche fría en la cual nevaba, algo extraño en Atlanta, pues allí casi nunca nieva. Cuando terminó la fiesta, eran muchos los que se habían pasado de tragos y se les notaba. Cuando ya nos íbamos, alguien dio un grito, advirtiendo que la chaperona se llevaba una botella y la cosa se puso muy fea, porque algunos alumnos le corrieron detrás a la chaperona, para quitarle la botella, algo que no recuerdo si lo lograron.

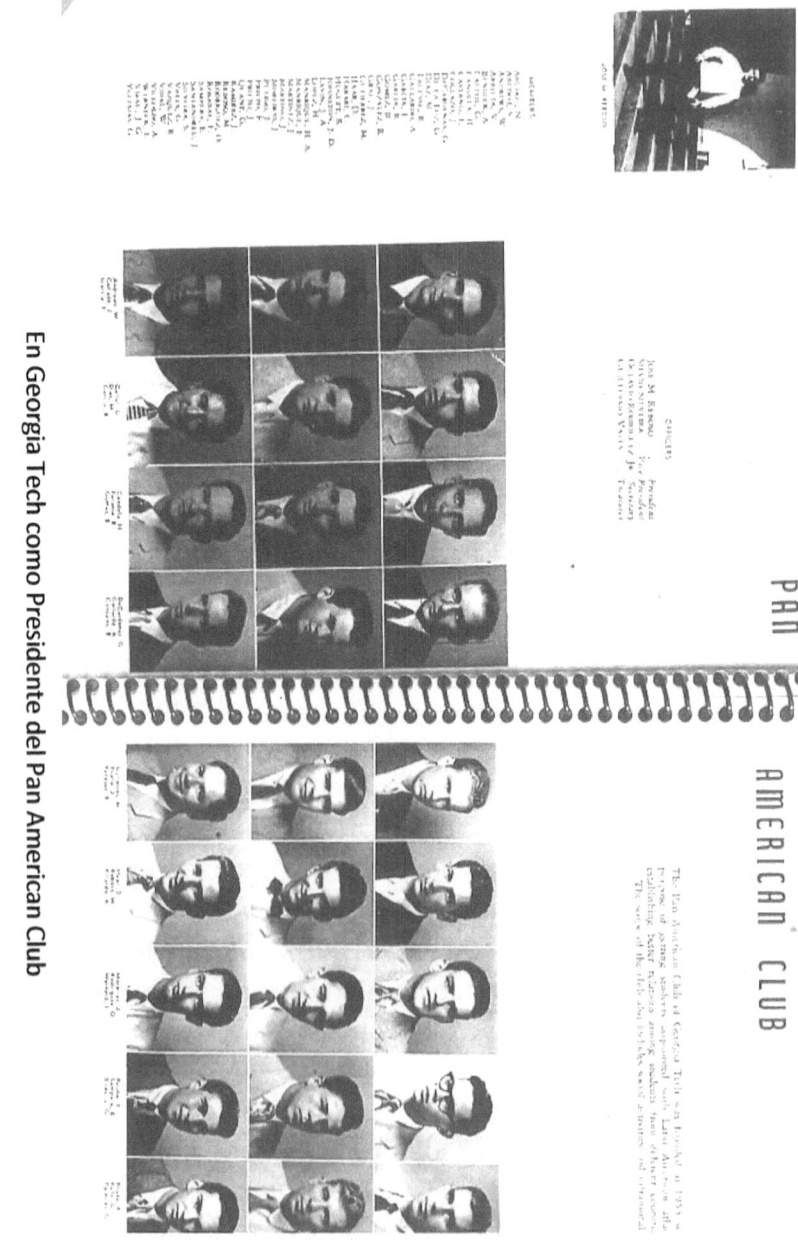

En Georgia Tech como Presidente del Pan American Club

Como era de esperar, las consecuencias no fueron nada agradables. Cuando fuimos nuevamente al Brenau College, esta vez para presentarle a las monjas nuestras excusas por lo sucedido, nos sorprendimos, porque lo de las bebidas no era el único problema. Las monjas nos acusaban también de que, cuando habíamos ido anteriormente, para invitar a las muchachas, nos habíamos llevado el *totem,* que era algo simbólico para ellas, algo así como un mallete, a cuyo golpe ellas iniciaban sus sesiones.

Aquello era increíble. El decano Griffin, que era nuestro *dean,* nos amenazó con la expulsión si el *totem* no aparecía. Resultó que el dichoso *totem* había sido escondido en la biblioteca de las monjas por Wilbur Andrews, uno de los miembros de nuestra junta directiva, cuyo padre era el administrador de los *tencents,* las tiendas Woolworth's de La Habana. Wilbur confesó, dijo dónde estaba el *totem* y toda aquella conmoción terminó en un fuerte regaño y un gran susto. Pero, pasado todo, nos reíamos al recordar el incidente.

Mientras tanto, mi vida continuaba su curso normal. Iba bien en los estudios, me gustaba lo que estaba haciendo, y desde luego, me mantenía en contacto con la familia. Los veranos los pasaba en Cuba y disfrutaba muchísimo de la playa y de las actividades del Círculo. Las cosas cambian un poco en 1956, pues al ser nombrado mi padre como attaché militar en Washington, él y mi madre se mudan para allá y Roberto continúa sus estudios de High School en Maryland. En mi casa, en Cuba, quedaban mi abuelo paterno y mi abuela materna y pasé con ellos el último verano de mis años de estudiante.

Fue precisamente en ese año, 1956, que vi por primera vez a John F. Kennedy, por la televisión. Él estaba en campaña, pues aspiraba a que el candidato presidencial demócrata, Adlai Stevenson, lo llevara a él como vicepresidente, algo que no pudo conseguir, pues la convención se decidió por el senador Estes Kefauver.

Virginia fue el último estado que se tabuló en las primarias demócratas de aquel año y sabiendo ya que no iría de vicepresidente, fue cuando Kennedy dijo: «*Dentro de cuatro años, en 1960, estaré aspirando a presidente de los Estados Unidos*» y efectivamente, así fue. No sólo aspiró, sino que ganó las elecciones aquel año, convirtiéndose así en el 35º presidente de los Estados Unidos.

Vivir aquel proceso electoral en los Estados Unidos, aún en mi simple posición de estudiante extranjero, despertó mucho mi interés, me resultaba apasionante seguir las noticias al respecto. Lejos estaba yo de pensar que, unos pocos lustros más tarde, estaría yo mismo aspirando a una posición electoral y no en Cuba, sino también aquí, en los Estados Unidos.

Desde luego, muchas cosas tendrían que pasar todavía, en mi vida y en el curso de los acontecimientos en Cuba, antes de que mi vocación política pudiera encontrar su rumbo en este gran país.

En 1957, terminando yo el cuarto año de mi carrera, ocurren importantes cambios para mí. Mi gran amigo Alfredo Durán estudiaba ingeniería agrónoma en Louisiana State University, LSU por sus siglas y estaba a punto de graduarse, pues su carrera requería sólo cuatro años de estudios, mientras que la mía, Arquitectura, requería un año más. Años más tarde, después de ser liberado con la Brigada 2506, Alfredo estudió Leyes y se graduó como abogado. Yo estaba precisado a regresar a Cuba rápidamente, pues a Alfredo y a mí se nos presentaba una oportunidad dorada.

El padrastro de Alfredo, Anselmo Alliegro, era el presidente del Senado y él nos daría los contratos para la reconstrucción de varios centros escolares. Teníamos también un proyecto grande para la construcción de un night club, eran oportunidades que no podíamos perder. Yo decidí regresar a Cuba y así lo hice, un año antes de graduarme, con el propósito de terminar mi carrera en la universidad de La Habana, tan pronto esto fuera posible.

Alfredo y yo decidimos fundar una compañía de construcción a la que llamamos Manalf, S. A., formando el nombre con una conjunción de nuestros propios nombres, Man, por Manolo y Alf, por Alfredo. Y nos fue tremendamente bien.

Comenzamos a ganar mucho dinero con nuestro trabajo y siendo tan jóvenes como éramos, esto influyó mucho en el hecho de que yo fuera postergando la terminación de mis estudios, algo que nunca llegó a suceder.

Ahora que ya no somos jóvenes, cuando miramos hacia las circunstancias de nuestro regreso a Cuba en 1957, para comenzar un negocio que era en realidad nuestro inicio en la vida de adultos independientes, algunos amigos se asombran y preguntan si ignorábamos la situación real que encontraríamos en la Isla, donde prácticamente existía una guerra civil, donde la inestabilidad era tremenda y el gobierno de Batista se iba desmoronando.

En el refranero estadounidense hay un dicho que afirma *hindsight is 2020*, o sea, que, al mirar hacia atrás, nuestra visión es 20-20, indicando que, cuando uno mira al pasado, se ve todo muy claramente, uno se da cuenta de los errores que no pudimos advertir a tiempo, y de cosas que, de haberlo sabido, hubiéramos hecho de manera diferente y no hubiéramos tomado las decisiones que lamentaríamos después.

Nuestras familias, la de Alfredo y la mía, tenían acceso a información privilegiada que podía brindar una evaluación realista de lo que estaba ocurriendo en Cuba, hacia donde se inclinaba la balanza en el enfrentamiento entre el ejército y los guerrilleros de la Sierra Maestra y del Escambray, y cuál era la posición de Estados Unidos en aquel conflicto, pero, la información que teníamos entonces —hoy podemos verlo— estaba muy lejos de la realidad.

La impresión reinante en las fuerzas armadas y en los más altos funcionarios cercanos a Batista, era que «*los barbudos*» tenían todas las de perder, que el candidato del gobierno en las ya cercanas elecciones de 1958, el Dr. Andrés Rivero Agüero, un político honesto y experimentado, ganaría, tomaría posesión e inauguraría una nueva etapa en la cual, de una forma o de otra, todo volvería a la normalidad. Entre los leales a Batista nunca se contempló la posibilidad de que éste abandonara el poder y se fuera de Cuba cuando lo hizo y en la forma en que lo hizo.

Tan seguros nos sentíamos y tan confiados en el futuro, que me decidí entonces a dar un paso que es trascendental en la vida de cada persona. Mi novia, Irma Mathews y yo, habíamos contemplado anteriormente la posibilidad de contraer matrimonio y decidimos no esperar más. En septiembre de 1958 nos casamos y con el tiempo, tendríamos tres hijos: Manuel Alejandro (Alex), Roberto Luis e Irma Teresa.

Así pues, estaba yo de regreso en Cuba, trabajando alegremente, recién casado, satisfecho por lo bien que nos iba y lleno de sueños y proyectos. El despertar sería muy brusco, las cosas cambiarían radicalmente, de un día para otro y esto me tocó vivirlo muy de cerca, gracias a algo que ocurrió en la construcción del night club.

El night club era el antiguo Bambú, que ahora se llamaría Casino del Río y estaba situado en la carretera al aeropuerto de Rancho Boyeros. Su nuevo diseño llevaba muchos cristales, la cristalería era algo muy importante. Incluía también una piscina muy grande y muy bonita, cercana al casino. El camino que conducía al casino iba lleno de cristales, era una obra de gran belleza arquitectónica.

En Ampliación de Almendares vivían también Pedro Luis Díaz Lanz y su hermano Marcos, que era muy amigo mío. Conociendo del proyecto, Marcos, que representaba a una compañía que vendía cristales, me fue a ver y me dijo: «*Manolo, eso de los cristales me lo tienes que dar a mí, porque lo necesito*». Y yo se lo di a Marcos, sin licitación ni nada de eso. Se lo di, además, sin saber que él pertenecía al 26 de Julio, ni que Pedro Luis estaba a cargo de los vuelos de aviones que llevaban armas a Fidel en la Sierra.

¿Qué sucede? Nosotros estábamos terminando ya el Casino del Río a finales de 1958. Sólo nos faltaba poner los cristales, en el último lugar que lo requería, que era en el camino que iba del restaurant hasta el night club, por encima del agua. Los cristales ya nos habían sido entregados, pero no estaban instalados todavía. Cuando estábamos celebrando nuestra fiesta por la navidad de 1958, Marcos viene y me dice: «*Manolo, necesito darles dinero a los empleados, etc. Los cristales ya están aquí, lo único que me falta, es ponerlos...*». Quedaba un remanente de $25,000.00 y me pide que, por favor, le dé el cheque, que si se lo puedo adelantar, etc.

El Casino del Río, obra en construcción en 1958 por MANALF S.A. compañía de Alfredo Durán y Manolo Reboso

Le doy a Marcos el cheque por los $25,000. Esto, recordemos, fue el 24 de diciembre de 1958. El siguiente 1º de enero, siete días más tarde, Batista se ha ido de Cuba, triunfa la revolución, Fidel Castro llega al poder... todo se vira al revés. Alfredo se asila en la embajada de Chile junto con Alliegro, su padrastro, y ese fue el final, hasta ahí llegó el proyecto del Casino del Río, hasta ahí llegó Cuba.

Lo peor, desde luego, no fue la pérdida de aquel proyecto, y de las obras que estábamos realizando., todo eso es insignificante. Lo peor fue que así se perdió la democracia en Cuba, una democracia imperfecta, pero perfectible. Una Cuba que, con todos sus problemas y todos sus defectos era mil veces mejor que lo que vino después.

Lo que vino después me tocó muy duro.

Capítulo 4
Un joven conspirador – La trampa

Lo que está pa´ti, nadie te lo quita.
Titti Soto / Willy Chirino

Aquellos últimos días de 1958 mis padres estaban en Cuba, pues ellos siempre iban de Washington para La Habana para pasar allí la temporada navideña. Hacíamos una gran cena con los abuelos y otros parientes, como era tradicional en las familias cubanas y despedíamos el año viejo de igual manera.

Al recordar aquella Nochebuena y aquel fin de año, a tantos años de distancia, me parece inexplicable que no nos hubiéramos percatado de la gravedad de la situación política en Cuba, que no hubiéramos podido prever lo que se nos venía encima, no sólo a nosotros como individuos, sino a la nación entera como república, como patria de todos los cubanos.

Así, cuando intercambiábamos saludos y felicitaciones al sonar las doce campanadas del reloj que señalaba la llegada del año 1959, lo menos que podíamos imaginar era que, prácticamente, en aquellos mismos momentos, Fulgencio Batista, sus familiares y algunos de sus colaboradores más cercanos estaban abordando los aviones que los llevarían a un exilio dorado, abandonando a la Isla que tanto les había dado y dejando a su suerte a una legión de personas comprometidas con el régimen que él había encabezado hasta esos momentos.

Todo nos tomó por sorpresa, sin idea alguna de lo que podíamos esperar. El dos de enero salen en libertad los presos políticos que estaban en el Presidio Modelo de Isla de Pinos, entre ellos, el coronel Ramón Barquín, el comandante Borbonet y otros antiguos militares que habían participado en la llamada «conspiración de los puros».

Recordemos que, después que Barquín fuera arrestado en aquella conspiración, en 1956, mi padre había sido nombrado para sustituirlo como attaché militar en Washington, DC. No bien había salido de la prisión, Barquín, sin contar con Fidel Castro, se proclama a sí mismo como Jefe del Ejército, nombra a Borbonet como Jefe de la fortaleza militar de La Cabaña y manda arrestar a mi padre.

Mi padre es llevado para el campamento militar de Columbia en calidad de prisionero. Fidel Castro aún no ha llegado a La Habana. Lo que sí había llegado a la capital, eran rumores creíbles de los fusilamientos de militares que Raúl Castro estaba ordenando en Santiago de Cuba. No sabíamos lo que podíamos esperar, mi padre nunca había abusado de nadie, pero no se nos ocultaba el potencial de maldad que existe en las rivalidades políticas. Inmediatamente, yo comencé a hacer gestiones, las pocas que podían hacerse en aquellas circunstancias, tratando de lograr su excarcelación.

El mando de Barquín al frente del ejército duró poco, solamente unos días, hasta que Fidel dio órdenes nombrando en su puesto a Camilo Cienfuegos, en Columbia; y mandando al Che Guevara como jefe de La Cabaña en lugar del Borbonet. Quedaba claro que Fidel Castro no admitía nada que mermara su autoridad, ni reconocía a opositores al gobierno de Batista que no fueran los que estaban bajo su mando.

Recuerdo muy vivamente cómo sucedió el desenlace que tuvo aquella difícil situación en la que la triunfante revolución ponía a mi padre y, en realidad, a toda nuestra familia.

Estábamos aún en los primeros días de enero del 59, mi padre llevaba pocos días preso. Iba yo manejando por la Quinta Avenida de Miramar, cuando escucho por la radio que Fidel había nombrado a Pedro Luis Díaz Lanz como jefe de la Fuerza Aérea. Ahí mismo encaminé mi carro hacia la Fuerza Aérea, que estaba muy cerca, también en Ampliación de Almendares y, al llegar, pude entrar sin dificultades porque aún estaban allí los antiguos soldados del Ejército Constitucional, la mayoría de los cuales me conocía.

Entro y me encuentro con Marcos Díaz Lanz, vestido de verde olivo con grados de comandante, algo que me sorprendió. Marcos me abrazó, y se mostró muy contento de verme. Me llevó donde Pedro Luis que, igualmente, me recibió con gran alegría. Ellos me preguntaron qué me llevaba allí, les explico la situación de mi padre y, sin pérdida de tiempo, Pedro Luis llama a Camilo Cienfuegos y le dice que le está enviando un jeep para que le entreguen a Reboso.

Solamente tuve que esperar un corto rato. Efectivamente, el jeep que Pedro Luis Díaz Lanz había enviado, llegó a nosotros con mi padre a bordo. Cuando llega mi padre, Pedro Luis me dice: «*Yo quiero que el viejo se quede conmigo aquí, en la Fuerza Aérea*». Papá no quería quedarse y nos dijo: «*Yo tengo que regresar a Washington. Roberto, tu hermano, tiene que regresar al colegio, allá*».

En esos momentos estaba aterrizando allí, en la Fuerza Aérea, un avión procedente de Miami. Era un avión que había sido fletado por el hijo de José Manuel Alemán, un político cubano que se había establecido en Miami, en tiempos del presidente Grau San Martín, bajo acusaciones de corrupción en Cuba. El avión llevaba a Cuba un gran número de exiliados que veían en la caída de Batista, el fin de su destierro y regresaban a la Isla llenos de esperanzas cifradas en la revolución que muchos de ellos habían ayudado a financiar desde los Estados Unidos. El mismo avión estaba supuesto a regresar a Miami para traer más exiliados.

Yo le expliqué a Pedro Luis que mi padre quería regresar a Washington por asuntos familiares, como ocuparse de la continuidad de los estudios de mi hermano, etc. Él mandó parar el avión y ordenó «*que no despegue para el regreso mientras Reboso no esté listo*».

Mi padre fue para la casa. Se bañó y se afeitó su barba de una semana; mi hermano hizo la maleta, todo aceleradamente, los llevé de nuevo para la Fuerza Aérea, abordaron el avión y se fueron para Miami sin ningún contratiempo. Mi padre había sido acusado como cómplice del golpe de estado del 10 de marzo, porque él era el oficial de guardia en la Fuerza Aérea cuando Batista dio el golpe y el coronel Carlos Cantillo asumió entonces el mando de la Fuerza Aérea. Pero, gracias a Dios, aquel avión providencial fue su salvación. Mi madre se les uniría unos días más tarde.

Yo apenas podía creer que todo se había resuelto tan rápidamente y desde entonces he sentido una profunda gratitud a los hermanos Díaz Lanz que, en corto tiempo, tendrían que escapar de Cuba hacia el destierro, igual que tantos otros cubanos de buena fe que habían creído en las falsas promesas de Fidel Castro.

El destino que esperaba a Cuba en manos de Fidel Castro y sus subalternos pudo adivinarse prontamente, pues ellos llegaban imbuidos de unas insaciables ansias de poder, una manifiesta sed de venganza, un desprecio total por las normas jurídicas y los derechos de los demás, un odio cerril hacia los ricos y la burguesía y un ostensible talante *antiyankee,* todo lo cual era muy fácil de detectar.

Pero, la inmensa mayoría del pueblo cubano estaba como hechizada por la hábil verborrea del «*Máximo Líder*» y junto con las esperanzas de mejoramiento social y adecentamiento de la política que muchos cubanos buenos ponían en la revolución, se desbordaban la envidia y los resentimientos de no pocos que veían en el proceso político que empezaba a desarrollarse, una gran oportunidad de alcanzar ellos los bienes y el status a los cuales nunca hubieran podido llegar por sus propios méritos, aunque para lograr esto, tuvieran que pisar las cabezas de otros cubanos, amigos y familiares incluidos.

Así, entre la incredulidad de los idealistas y el apoyo de los oportunistas, se fue cimentando rápidamente el poder absoluto del ganstercillo universitario que ahora posaba de redentor de la patria. Y digo que las ocultas intenciones de Fidel y los más encumbrados fidelistas eran fáciles de detectar, porque aquellos primeros meses del nuevo régimen fueron una repulsiva orgía de fusilamientos y atropellos de todo tipo que contradecían el más elemental sentido de la justicia y del verdadero patriotismo.

Por otra parte, muchos de los miembros más prominentes del equipo cercano a Fidel Castro, mostraban una gran incapacidad, mucha falta de preparación para gobernar. Castro había nombrado como Jefe del Ejército a Camilo Cienfuegos, que era sastre, como Jefe de la Policía a Efigenio Ameijeiras, que era parqueador de automóviles, había una desorganización tremenda en los ministerios y otras dependencias del gobierno. Pensábamos que aquello no podría mantenerse por mucho tiempo, que Fidel tendría que hacer elecciones más tarde o más temprano y vendría un gobierno que estabilizaría las cosas. El pueblo estaba a favor de la revolución, de Fidel Castro, pero entendíamos que aquel fanatismo sería pasajero.

Ahora bien, junto con la convicción sobre la diabólica naturaleza del castrismo que teníamos los que nunca nos habíamos dejado cautivar por la labia del nuevo caudillo, se afincaba también en nosotros otra convicción: Estados Unidos nunca permitiría la existencia de un gobierno contrario a sus intereses a solamente 90 millas de sus costas, otra cosa sería impensable.

Por lo tanto, pensábamos que, si no por luchas internas entre los revolucionarios, sería por acción directa o indirecta de Estados Unidos, pero, Fidel Castro y sus secuaces no estarían mucho tiempo en el poder. No recuerdo haberme encontrado con uno solo, entre los tempranos anticastristas con los cuales yo hablaba, que no estuviera convencido de la validez de aquel razonamiento que, unos pocos años después, desencantados, tendríamos que rebautizar como «el mito de las 90 millas».

Los desplazados por la revolución, que no eran solamente los batistianos, sino, además, otros cubanos que no estaban contentos con el curso que tomaban los acontecimientos, pronto comenzamos a ponernos en contacto unos con otros para cambiar impresiones y ver qué rumbo darles a nuestras vidas dentro de las circunstancias de aquellos momentos. Pronto nos dimos cuenta de que, quienes no se sometieran incondicionalmente al nuevo orden, estarían en grave peligro y podrían enfrentar lo mismo un pelotón de fusilamiento, que una larga condena a prisión. Algo teníamos que hacer.

Yo me reunía con frecuencia con un amigo a quien estimaba mucho, un joven ex militar de valor probado, incapaz de traicionar a sus amigos, o de renunciar a su militancia: Renaldo Blanco Navarro.

Renaldo, con unos veintipico años de edad solamente, había alcanzado los grados de capitán del ejército, peleando contra las guerrillas rebeldes en la Sierra Maestra. Había derrotado a las fuerzas que comandaba Raúl Castro en la batalla de Guisa y sin ser alardoso, había mostrado repetidamente poseer un gran valor personal, Daba le impresión de que no conocía el miedo. Era, además, una persona inteligente y se expresaba muy bien.

No demoramos mucho en ponernos a conspirar a toda máquina contra la naciente tiranía fidelista. Renaldo era el líder del grupo, que incluía a ex militares como él mismo, empresarios como Armando Caíñas Milanés, Enrique Ovares, antiguo líder universitario y políticos como el ex senador Arturo Hernández Tellaheche, del Partido Auténtico. Además, figuraban también en nuestro grupo, revolucionarios supuestamente disgustados por haber sido excluidos del poder por Fidel Castro, como los «comandantes» Eloy Gutiérrez Menoyo y William Morgan, jefes del Segundo Frente del Escambray, desde donde habían luchado contra el gobierno de Batista.

Estábamos en una fase inicial conspirativa, contemplando distintas opciones que iban desde una revuelta palaciega hasta una nueva fase de guerra de guerrillas, pero sin nada concreto todavía. Nos reuníamos con mucha precaución en una casa del reparto La Sierra, que, hasta el 31 de diciembre del año anterior, había pertenecido al ingeniero Alberto Vadía, la lujosa mansión que él y su familia habían tenido que abandonar precipitadamente, ya que sus vínculos con Batista, lo habían obligado a tomar precipitadamente el camino del exilio. «La revolución de los pobres» incautó rápidamente la enorme residencia y se la dio a vivir a uno de los suyos, el comandante William Morgan.

Morgan era un estadounidense, un *americano*, en nuestro decir, que se había sumado, por puro aventurerismo, a las fuerzas que combatían al ejército de Batista en las lomas del Escambray, en la antigua provincia cubana de Las Villas. Tenía poco más de treinta años cuando comenzamos a reunirnos. Había nacido en Cleveland, Ohio y había dejado en su país natal un pasado no escaso en tropezones con la ley, uno de los cuales le había acarreado dos años de prisión. Su experiencia militar se reducía a su licenciamiento deshonroso del Ejército de Estados Unidos. Como quiera que fuese, había ganado su estrella de comandante combatiendo contra Batista y era uno de los personajes de la revolución que gozaba de mayor popularidad.

El 7 de agosto de 1959, domingo, estábamos convocados para reunirnos en la que era entonces su casa. La reunión era por la mañana. Héctor Rodríguez, mi amigo de la infancia, me recogió en mi casa y fuimos en su carro hasta la casa de Morgan. Apenas entramos allí, fuimos arrestados por el comandante Jesús Carreras y por Aldo Sánchez, ambos del Segundo Frente. Nos habían tendido una trampa y habíamos caído en ella.

Estábamos presos.

Capítulo 5
Fidel Castro, la prisión y el milagro

> *Ningún hombre es lo bastante bueno para gobernar a otros sin su consentimiento.*
> Abraham Lincoln

Estábamos presos dentro de aquella casa donde tantas veces nos habíamos reunido para planificar la mejor manera de sacar a Cuba del preocupante destino que para ella se iba configurando al compás de los desmanes iniciales del gobierno que, bajo el mando absoluto de Fidel Castro, mostraba cada día más agresivamente sus instintos criminales y su dirección totalitaria.

Nunca antes en la historia de la joven república nuestra, los conflictos y las ambiciones de poder habían llevado a los cubanos a una guerra civil. Nunca antes los triunfadores en una contienda política habían ordenado ejecuciones masivas de sus adversarios. El hecho cierto de que las grandes mayorías nacionales continuaran apoyando aquella barbarie, tras medio año ejerciendo el poder sanguinaria y despóticamente, no era un argumento que cambiara nuestra evaluación de la situación, pues se trataba de un fanatismo que, poco a poco, comenzaba a perder adeptos. Confiábamos en que la mayor parte de aquellos fanáticos acabaría despertando de su embelesamiento, como al final ocurrió.

Además, nos inspiraba cierta seguridad el hecho de que notables combatientes revolucionarios, anti-batistianos, como los prominentes miembros del Segundo Frente Nacional del Escambray que formaban parte de la conspiración, no tuvieran a menos juntarse con ex militares, sus antiguos enemigos, en un proyecto que yo y muchos otros de los implicados, veíamos como un esfuerzo de salvación nacional.

Y no desconfiábamos de los antiguos guerrilleros del Escambray, porque creíamos que ellos tenían razones más que suficientes para estar en contra del 26 de Julio, la organización antibatistiana que fundara el propio Castro tras el ataque, en ese día de 1953, al cuartel Moncada de Santiago de Cuba. Los habían dejado fuera. Menoyo había aspirado a ser alcalde de La Habana y no le habían dado esa posición, no le habían dado posiciones de importancia a los miembros del Segundo Frente, a pesar de que ellos habían sido parte de la lucha armada en contra de Batista.

Además, Eloy Gutiérrez Menoyo había sido muy explícito al explicarnos todo esto. Decía que necesitaba a los militares jóvenes que habían peleado, que tenían la experiencia de la guerra. Yo creo que la idea de Menoyo era demostrarle a Fidel que él podía serle útil y que podía contar con él y para ganarse esa confianza, le entregaba valores del ejército de Batista que le hubieran podido dañar a la revolución en el futuro.

El caso fue que Menoyo, William Morgan, Jesús Carreras, Aldo Sánchez, Armando Fleites, todos los antiguos miembros del Segundo Frente que supuestamente conspiraban junto a nosotros, nos traicionaron y nos entregaron en manos de Fidel Castro.

Estábamos presos.

Como ya expliqué, apenas entramos a la casa que había sido del ingeniero Vadía, aquel domingo en la mañana, fuimos sorpresivamente arrestados, sin darnos tiempo a nada y sin comprender, en el primer momento, qué estaba pasando. Desde luego, aquella confusión inicial era producto de lo inesperado de nuestra nueva situación pues, inmediatamente después, Héctor y yo nos dimos cuenta de que habíamos sido víctimas de una artera traición, de un trabajo de contrainteligencia fraguado entre aquellos que nos arrestaban y las más altas instancias de aquel gobierno que los primeros habían fingido detestar tanto como nosotros mismos.

Enseguida nos despojaron de todo lo que teníamos en los bolsillos y nos ordenaron entregarles los zapatos y los cinturones.

Igualmente iba sucediendo con los otros miembros del grupo, los que no eran parte del Segundo Frente, según iban llegando a la casa.

No todo transcurrió tranquilamente. Aparentemente, Menoyo quería darse el gusto de arrestar él, personalmente, a Blanco Navarro, a Renaldo. Lo hizo pasar al elegante despacho donde anteriormente trabajaba el ingeniero Vadía y cuando se enfrentó a Renaldo y le dijo que estaba bajo arresto, éste, rápidamente, tomó un abrecartas de encima del escritorio y se abalanzó sobre Menoyo, a cuyos gritos acudieron sus guardias y entre todos redujeron al bravo Blanco Navarro, quien, tiempo después, en el juicio, sería condenado a 20 años de prisión.

Además de estar presos e incomunicados, tuvimos que soportar las burlas de nuestros captores. Continuamente se reían de nosotros, pregonaban cómo nos habían engañado y gozaban pronosticando que nos aguardaba un pelotón de fusilamiento.

—"*Mira qué pendejos son* —decían entre ellos, pero, para que nosotros los oyéramos— *Qué mansitos los cogimos con las manos en la masa*».

Las horas iban corriendo y nosotros allí, sin poder hacer nada, en silencio todos, la mayor parte del tiempo y con una incertidumbre agobiante que crecía según iba cayendo el día. Además, no nos habían dado nada de comer.

Anocheciendo ya, nuestros captores mandaron a algunos de nosotros que nos sentáramos en la sala. Eddy Arango, Enrique Ovares y yo nos sentamos en un sofá. Los otros conspiradores presos estaban diseminados por el resto de la casa. Y en eso, llegó Fidel Castro.

Fidel llega, no saluda, no habla con nadie, no mira a nadie. Se pasea teatralmente frente a nosotros fumando un gran tabaco. De pronto, Armando Fleites, comandante del Segundo Frente, que era uno de los que nos estaban custodiando, se dirige a él y le dice: —«*Fidel, ¿qué te parece?... Enrique Ovares, tanto nadar, y lo cogimos en la orilla, conspirando con Trujillo*».

Fidel continuó inmutable. No contestó nada. Él y Enrique Ovares, ahora su prisionero, habían sido amigos en sus tiempos universitarios, cuando Enrique era presidente de la Federación Estudiantil Universitaria (FEU). Hay que recordar que, en aquellos tiempos, en Cuba, se calificaba como «revolucionario» a todo aquel que utilizase la violencia para enfrentarse al gobierno de turno. Esos «revolucionarios», algunos de los cuales eran simples matones y otros, más bien, idealistas mal orientados, tenían mucho orgullo en ser llamados así y eran enemigos no solamente de los gobernantes cubanos, sino también de las dictaduras latinoamericanas e incluso participaban en acciones armadas en contra de las mismas. Fidel Castro y el propio Ovares, por ejemplo, habían participado juntos en los hechos violentos ocurridos en Colombia, en 1948, conocidos popularmente como «el bogotazo», algo que veremos más adelante. Los «revolucionarios» tomaban como una ofensa imperdonable que se les asociara con personajes como Rafael Leónidas Trujillo, el dictador dominicano.

Conocí a Enrique Ovares aquel día en que caímos presos ambos. Ese día intercambiamos algunas frases, de presentación más bien, y no volvimos a hablar hasta tres días después, cuando, por puro azar y sin haberlo pedido, nos pusieron juntos en la misma litera en la galera 13 de la prisión de La Cabaña; él dormía en la cama de abajo y yo en la de arriba.

Durante dos meses y veintiún días estuvimos hablando todo el tiempo y gracias a aquellas conversaciones con Enrique, pude aprender mucho sobre la historia y la personalidad de Fidel Castro. Esos conocimientos se ampliaron y profundizaron años después, gracias a mi amistad con el Dr. Rafael Díaz Balart, que era, sin duda alguna, la persona que mejor había conocido y había calibrado a aquel hombre despreciable.

Enrique, como ya señalé, fue presidente de la Federación Estudiantil Universitaria (FEU), durante tres años. Él estaba en la Escuela de Arquitectura y Fidel Castro en la de Derecho. Entablaron amistad y Enrique lo llevó con él en algunos viajes, todos relacionados con sus aventuras *antiimperialistas:* lo llevó a Puerto Rico, a la entrevista con Albizu Campos, el líder independentista portorriqueño, al Congreso Mundial por la Paz en México, a la expedición de Cayo Confites, y al más notorio de todos, a Bogotá, Colombia, en abril de 1948, donde Enrique se reunió con el candidato presidencial del Partido Liberal, Jorge Eliécer Gaitán. Cuando este fue asesinado en un atentado ocurrido el día 9 de aquel mes de abril, estalló la insurrección popular conocida como *el bogotazo,* en la cual estuvieron involucrados los universitarios cubanos que allí estaban.

El entonces embajador de Cuba en Colombia, Carlos Tabernilla, les dio asilo a Fidel y a Ovares, que estaban acompañados por Alfredo Guevara y Rafael del Pino. Coincidentemente se encontraba en Bogotá la delegación cubana a la Novena Conferencia Panamericana, de la cual surgiría la Organización de Estados Americanos (OEA). La delegación la presidía el diplomático Guillermo Belt y uno de sus miembros más prominentes era el también diplomático y escritor Guy Pérez Cisneros. Este último se ocupó personalmente de que los cuatro estudiantes pudieran regresar sanos y salvos a La Habana.

Guy Pérez Cisneros estaba casado con Berta Barreto. Más adelante en este relato, veremos cómo aquel gesto influyó en Fidel Castro durante las negociaciones para la liberación de los miembros de la Brigada 2506 presos en Cuba.

Como habían sido tan amigos, Fidel le llamaba «*Flaco*» a Ovares, y éste le decía «*Guajiro*» a Fidel. Fidel, como ya dije, permaneció en silencio, pero Ovares, apenas oyó que Fleites lo asociaba con Trujillo, saltó de su asiento, y le dijo al «*Máximo Líder*»: —«*Guajiro*, yo no voy a permitir que éste me ligue a Trujillo. Cuando él todavía usaba pantalones cortos, ya yo estaba combatiendo a Trujillo».

Fidel lo miró, pero continuó en silencio. No le respondió, nos dio la espalda y se fue.

Aquel incidente nos dio una pista, que tal vez no comprendimos en todo su alcance en aquel momento, sobre lo que se estaba fraguando en contra nuestra. Nosotros no teníamos contactos ni vínculos de ningún tipo con el gobierno de Trujillo. Había otro grupo de cubanos anticastristas que sí estaba vinculado a Trujillo, uno de cuyos dirigentes era Luisito Pozo.

Éste era hijo del alcalde de La Habana en tiempos de Batista, Justo Luis del Pozo y le había salvado la vida a Eloy Gutiérrez Menoyo cuando era buscado por la policía. Luisito estaba exiliado en República Dominicana, donde él y otros cubanos, como Roberto Martín Pérez, buscaban ayuda para tratar de derrocar a Castro. Menoyo, según se supo después, llamó telefónicamente a Luisito y lo convenció de que fueran para Cuba, donde, al aterrizar, fueron inmediatamente capturados por los agentes castristas que los esperaban, gracias a la traición de Menoyo.

Nosotros no sabíamos nada, ni éramos parte de ese grupo, pero Castro, siempre habilidoso para el mal, nos envolvió a todos en un mismo caso, para estigmatizarnos como «*los trujillistas*». Aparentemente su interés primordial era desprestigiar al grupo de los ganaderos encabezados por Caíñas Milanés, pues era sabido en Cuba que ellos habían cooperado con la revolución, incluso habían creado un impuesto voluntario sobre las reses para ayudar al 26 de Julio. Además, trataba así de enlodar también a Arturo Hernández Tellaheche, que era un político reconocido por su honradez y tenía gran popularidad por haber sido el creador del aguinaldo pascual, conocido en toda Cuba como «*el Arturito*». En fin de cuentas, que querían presentarnos a todos ante la opinión pública como una banda de forajidos guiados por sus peores intereses en contra de la revolución.

Ya entrada la noche, a eso de las once o las doce, nos llevan para Columbia, el campamento militar, sede de las fuerzas armadas cubanas, al que llamaban ahora «Ciudad Libertad». Una vez allí, nos llevan a todos para el cine que estaba en el edificio del Estado Mayor del Ejército, un cine que había sido construido en el sótano, para disfrute de los oficiales y que ahora servía de calabozo para nosotros. Estábamos allí sin zapatos, sin cinturones, nos lo habían quitado todo.

Allí perdimos la noción del tiempo, porque algunos de nosotros durmieron esa noche, otros no, las luces las tenían encendidas. Los custodios no nos decían nada y había entre nosotros un ambiente general de confusión. A mí me parecía que todo había pasado muy rápidamente, sin darme tiempo a calibrar claramente la situación. Además, el grupo había crecido y éramos ya 92 los arrestados. Hablábamos entre nosotros, intercambiábamos opiniones, pero eran especulaciones, ya que, a ciencia cierta, nadie sabía todos los detalles del caso, ni mucho menos las intenciones de Fidel Castro y su gente.

Así pasamos, allí en el cine, un día y medio o dos. En un momento, que suponíamos era de noche, encendieron de pronto todas las luces. Era que llegaba allí Raúl Castro con un amplio séquito de militares. Raúl, se le notaba, estaba recién bañado y acicalado, muy limpio su uniforme, pensé que tal vez trataba de impresionarnos de alguna manera.

Cuando él vio a Caíñas Milanés, lo saludó con mucha cortesía, e igualmente a Arturito, a quien preguntó cómo trataban a «*los caballeros*». Alguien allí le respondió: —«*No nos han dado nada de comer, llevamos tres días sin comer. Sólo podemos tomar el agua del lavamanos del baño, es lo único que nos hemos llevado a la boca*».

Raúl preguntó quién estaba a cargo «*del cuidado de los señores*» y un «*rebelde*» que estaba allí, saltó, se cuadró delante de él, lo saludó... Raúl le dijo con voz firme: —«*Traígales comida y que no les falte nada a los caballeros*», tras lo cual, se retiró.

Después de la *cortés* visita estuvimos un día y medio más sin que nos dieran algo de comer, nada... Evidentemente, el propósito de la presencia allí de Raúl Castro, había sido el humillarnos aún más, burlarse de nosotros. Sin embargo, había entre nosotros algunos ilusos que decían: —«*Deja que Raúl se entere de que no han obedecido sus órdenes*». Para mí está claro que Raúl, al salir de nuestra presencia, había dado una contraorden para que no nos dieran nada, pues es muy de dudar que, de otra forma, hubieran desobedecido su orden anterior.

Dos días después nos hicieron montar en unos buses y en ellos nos llevaron para la fortaleza de La Cabaña, la tétrica prisión de La Cabaña y en la galera número 13 nos metieron a todos, 92 hombres. La galera 14 era la de los condenados a muerte, a los cuales venían a buscar de noche para fusilarlos. Aquel doloroso trance era lo que teníamos al lado, lo que escuchábamos cada noche.

La soledad ocupa una buena parte en la vida de un preso. Cuando en la soledad de nuestras noches en La Cabaña escuchábamos las voces y los ruidos que indicaban que los guardias se estaban llevando a uno de los condenados a muerte para fusilarlo, muchos negros pensamientos cruzaban mi mente. Era inevitable el cuestionamiento sobre si había tomado una decisión inteligente al conspirar contra un gobierno tan sanguinario y al mismo tiempo tan popular como el de Fidel Castro y recordaba palabras de algunos amigos que, al hablar sobre la situación del país, se mostraban convencidos de que lo mejor era mantener un bajo perfil, evitar el salir a la calle y, decían, —«*no meterse en nada, porque aquí fusilan a cualquiera*».

Tal vez tenían razón al ser prudentes. Sin embargo, yo no me recriminaba a mí mismo, ni me sentía arrepentido de haber tomado las decisiones que me habían llevado a aquella precaria situación como preso político. Precisamente, aquello de que «*aquí fusilan a cualquiera*» me parecía a mí la razón más poderosa para tratar de cambiar las cosas en Cuba.

Nosotros esperábamos que nos juzgaran. Los juicios allí eran muy rápidos, pura cuestión de trámite, pues fusilaban al acusado inmediatamente después, no había apelación posible. En nuestro caso, no sé por qué, el juicio se demoraba y nos mantenían allí, en una angustiosa espera, aunque debo decir, en honor a la verdad, que, en nuestro grupo, casi todos demostraron una gran entereza.

Una vez a la semana nos daban una visita familiar. Irma, mi esposa, iba allí semana tras semana. Mis padres y mi hermano estaban en Washington, todos sufriendo por mi situación.

Una madrugada, pasadas las doce de la noche, llegó allí *el comandante* Efigenio Ameijeiras, que había sido nombrado jefe de la Policía Nacional Revolucionaria. Venía al mando de una unidad de soldados o policías, era lo mismo. Nos ordenaron desnudarnos y salir afuera, era una requisa.

Recuerdo que era una noche muy fría, pero así, tal como vinimos al mundo, tuvimos que salir fuera de la galera, custodiados por algunos de los guardias. Durante las requisas, los guardias lo registraban todo, lo revolvían todo, buscando armas, un radio receptor, etc. Casi nunca encontraban nada de eso, pero aprovechaban para robarnos los tubos de pasta dental que pudiéramos tener y otros artículos personales, que la familia nos llevaba, ellos se lo llevaban todo, mientras que afuera, desnudos y en fila, nos maltrataban y se burlaban de nosotros.

Estando en curso la requisa, sentí que me pegaban a la espalda el cañón de una metralleta. Pregunto, —«¿Qué pasa?... ¿Quién es?» y alguien me contesta en un susurro: —«*Tony Lamas*».

Tony Lamas, mi amigo de la infancia, compañero de juegos en Ampliación de Almendares, estaba allí, como parte de aquella unidad policíaca que efectuaba la requisa. Era algo increíble.

—«*¿Qué tú haces aquí?*» —me preguntó— «*¿Desde cuando estás aquí?*». Apresuradamente y en voz baja, le expliqué: —«*Caí preso en casa de William Morgan... la conspiración de Menoyo*». La mirada de Tony transmitía seguridad. —«*Mañana vengo a buscarte*», me dijo y se apartó de mi lado.

Yo estaba en la misma galera con Renaldo Blanco Navarro y con Enrique Ovares. Les conté lo ocurrido y ambos me dijeron: —«*Olvídate, Manolo. Esta gente no tira toallas*».

Sin embargo, las palabras de ellos no me desalentaron, yo sentía una gran confianza en Tony, y no me equivoqué.

Tony estaba en el equipo de Ameijeiras y tenía grados de capitán de la policía. Él había peleado en la Sierra a las órdenes del comandante Víctor Bordón Machado, el cual había sido nombrado como segundo del Che Guevara en la jefatura de La Cabaña. Sucedió que, en aquellos días en que ocurrió la requisa, el macabro argentino estaba fuera de Cuba, presidiendo una delegación del nuevo régimen en la República Árabe Unida, que era un país de reciente creación entonces y que estaba formado artificialmente por Egipto y Siria, alianza que sería disuelta a principios de los años 70.

El caso fue que, por ese motivo y para mi suerte, Bordón Machado había quedado al frente de La Cabaña. Tony Lamas —esto lo supe después que pasó todo— fue a ver a Mario Rojas, que era el juez de nuestra causa y consiguió de él un acta de excarcelación a favor mío. Se la llevó a Bordón Machado y al día siguiente, en la mañana, ordenaron que José Manuel Reboso fuera para la oficina y llevara sus pertenencias consigo. Las pertenencias eran solamente el jarrito donde yo tomaba café.

Cuando llegué a la oficina, allí estaba Tony. Firmó un documento que le dieron y me sacó de allí en una patrullera, una perseguidora de la policía, acompañada por otras dos. Dentro de la perseguidora me quité la camisa de preso, la camisa que tenía una gran letra P en la espalda y me quedé en pullover. Tony me preguntó a dónde quería ir.

No me parecía prudente ir para mi casa. Le pedí a Tony que me dejara en casa de mi amigo Willy Vals y allí me dejó. Al despedirnos, me aconsejó: —«*Trata de irte de Cuba, porque esto está malo*».

Yo no tengo palabras para describir la gratitud que desde entonces he sentido por Tony Lamas, que expuso su vida por ayudarme a salir de aquella terrible situación en la que yo me encontraba. Poco tiempo después, Tony sería arrestado por sus actividades anticastristas y cumpliría 22 años de prisión como *plantado,* es decir, un prisionero que no se somete a las directrices de sus carceleros.

Llamé a la puerta de la casa de Willy Vals, pensando que allí terminaban los sustos, al menos por el momento. Cuando Willy me abrió la puerta de su casa, se sorprendió mucho de verme allí. Pero, mucho más me sorprendí yo, al darme cuenta de que sus familiares, los que vivían allí con él, eran todavía simpatizantes de la revolución.

Capítulo 6
Despídase de las palmas...

> *En una sociedad donde no hay algo por lo que vale la pena morir, tampoco vale la pena vivir.*
> Benedicto XVI

Willy me recibió amigablemente en su casa y sus familiares no me fueron hostiles, ni descorteses, todo lo contrario, pero, después de enterarse del motivo de mi presencia allí, trataron de convencerme de algo que a mí me pareció demasiado arriesgado.

Me ofrecieron ponernos en contacto con un comandante revolucionario, amigo de ellos, pues, según creían, este comandante me ayudaría a salir de mi problema. Yo traté de mostrarme ecuánime y sereno, les agradecí su oferta, y les dije, como excusa, que aquello no era necesario, pues yo confiaba en poder resolver mi situación en pocos días, debido a otros contactos que ya tenía.

Al cabo de un rato, ellos no insistieron más. Yo les di las gracias y llamé a otro amigo, Manuel Balbis, quien me dijo que fuera para su casa.

Así lo hice y al igual que para todos los que me ayudaron en aquel predicamento en el que yo me encontraba, siempre he agradecido a Willy y su familia la protección que me dieron y su interés en ayudarme.

La casa de Balbis quedaba cerca de la embajada de México en La Habana y esto me hizo recordar inmediatamente que, antes de salir de La Cabaña, Enrique Ovares me había recomendado que tratara de asilarme en esa embajada, pues él conocía al señor embajador, Gilberto Bosque.

Se lo digo a mi prima hermana Laura y ella contacta enseguida a la dueña de la famosa tienda Fin de Siglo, que era muy amiga nuestra. Laura le cuenta, le dice que estoy escondido y que necesito asilarme en la embajada de México. Esta amiga tenía muchos contactos en el mundo diplomático y, al igual que otros valiosos cubanos y cubanas de esa época, se arriesgaba constantemente tratando de ayudar a perseguidos que, como yo ahora, corrían peligro de muerte o encarcelamiento de ser capturados por la policía castrista.

Ella hizo las gestiones pertinentes y en sólo unos días, en una semana más o menos, ya nos estaba comunicando que el señor embajador me esperaba. Ella me advirtió que, cuando llegara a la embajada, les dijera a los guardias que yo iba allí para visar mi pasaporte, pues tenía que viajar a México. Solamente podía decirle que necesitaba asilarme allí al funcionario mejicano que me atendiera.

Yo seguí sus indicaciones al pie de la letra y no tuve ningún contratiempo allí. Cuando llegué, me encontré con Hugo Sueiro, quien también estaba allí en busca de asilo. Hugo, a quien yo no conocía, me contó después que él era parte de los militares que estaban conspirando en la misma red que yo y que, el día en que mis compañeros y yo habíamos caído presos, él también estaba citado para la casa de William Morgan. Él pasó por allí y se dio cuenta de que algo anormal estaba pasando, por lo que siguió de largo. Unos hombres lo detuvieron, pero él les dijo que él era un estudiante y, siendo, como era, tan joven, le creyeron y lo dejaron ir.

Así pues, nos asilamos los dos al mismo tiempo. Nos dieron una habitación para los dos. Ahora, a esperar que el Ministerio de Relaciones Exteriores del gobierno revolucionario, nos diera los correspondientes salvoconductos.

Las condiciones en la sede mejicana no eran las mejores. No nos faltaba nada de lo estrictamente necesario, pero estábamos confinados a una habitación, sin acceso a periódicos, sin radio ni televisión, sin noticias, todo lo cual nos hacía interminables los días a la vez que nos inquietaba la falta de información.

Así estuvimos los primeros dos o tres días de nuestra estancia, hasta que, por pura casualidad, yo pude reconocer a la hija del embajador Bosque, que estaba por el pasillo que daba a nuestra habitación, aparentemente jugando con su perrito. Abrí la puerta, la saludé y le pedí que le dijera a su padre que yo era amigo de Enrique Ovares, quien le mandaba saludos.

Bastó aquello para que nuestra situación mejorara notablemente. Comenzaron a traernos los periódicos todos los días, nos preguntaban a menudo si necesitábamos algo y respondían rápidamente cuando pedíamos alguna cosa.

A pesar de que confiábamos en la protección que, de acuerdo a los tratados de asilo político interamericanos, nos brindaba la embajada de México, no nos faltaban motivos de preocupación, pues se hablaba de situaciones irregulares en algunas otras embajadas y de tensiones que afloraban entre La Habana y algunas cancillerías latinoamericanas debido al gran número de asilados en algunas de las sedes diplomáticas.

Algunas de aquellas tensiones se achacaban a funcionarios inexpertos que eran parte del personal del nuevo Ministerio de Relaciones Exteriores *revolucionario,* pues no todos eran personas cultas y experimentadas como el ministro del ramo, el Dr. Raúl Roa García. Éste tenía credenciales de hombre de la izquierda radical, pero se le suponía alejado del comunismo, pues había escrito un libro titulado «En pie», en el cual condenaba fuertemente a la Unión Soviética por haber aplastado brutalmente la revolución de los húngaros en 1956.

Sin embargo, para decepción de muchos, Roa permaneció como un fiel servidor de Fidel Castro hasta su muerte en 1982, muchos años después de que el propio Castro admitiera que les había mentido a los cubanos cuando les aseguraba que la revolución no era de carácter marxista.

El caso es que Hugo y yo no tuvimos dificultades mayores en la embajada mexicana, ni en los trámites para salir de Cuba. No teníamos contacto con otros asilados, ni sabíamos si los había o no, y en dos semanas, días más o menos, el embajador Bosque obtuvo nuestros salvoconductos.

El día señalado para nuestra salida de Cuba, llegó a la embajada un funcionario de Exteriores, de apellido Calzadilla, el cual lucía una cola de caballo, un *pony tail* a imitación de Raúl Castro y que bien podía haber sido un agente de la Seguridad. Venía para chequear nuestro equipaje, y así lo hizo.

El propio embajador nos llevó para el aeropuerto en su carro, en el cual viajaba también con nosotros el tal Calzadilla. Recuerdo perfectamente que cuando íbamos por la carrera a Rancho Boyeros, cerca ya del aeropuerto, Calzadilla se viró en su asiento para poder mirarme y me dijo: —«*¿Ve Ud. aquellas palmas?*». Eran unas palmas reales que estaban bordeando la carretera. Yo le contesté: —«*Sí, teniente, las veo. Están muy bonitas*». «*Pues, mírelas bien* —me espetó— *porque es la última vez que las va a ver*». Yo permanecí callado, conteniendo el malestar que me causaban sus ácidas palabras.

Llegamos al Aeropuerto Internacional José Martí. El carro llegó hasta el avión de Mexicana de Aviación, que estaba en la pista. Hugo y yo le dimos las gracias al embajador Bosque, nos despedimos de él y subimos la escalerilla. Antes de entrar a la nave, nos volvimos para mirar hacia atrás.

Yo les había pedido a los familiares que tenía en Cuba que no fueran a despedirme, quería por todos los medios evitar cualquier incidente que los pusiera a ellos en alguna situación conflictiva. Mi esposa, mi hijo Alejandro, recién nacido, mis abuelos ya ancianos, yo no quería verlos en ese trance tan difícil pues pensé que sería demasiado emotivo para todos.

Entramos al avión, que esperaba solamente por nosotros. Cerraron la portezuela y el potente cuatrimotor se fue elevando lentamente, muy lentamente. Me parecía como si tratara de demorar cuanto fuera posible nuestra partida de Cuba.

Era un vuelo comercial regular, lleno a capacidad, y en el cual, al menos algunos de sus pasajeros sabían que Hugo y yo viajábamos hacia México en calidad de asilados políticos.

En mitad del vuelo una hermosa pasajera que viajaba en primera clase vino donde nosotros y se nos presentó. Era la popular actriz Ninón Sevilla, reconocida como una de las mejores, si no la mejor, rumbera cubana de la cinematografía en aquellos momentos. Había encontrado fama y fortuna en México y nos dijo que sabía en las condiciones en las que nos íbamos de Cuba, Ella misma estaba muy mal impresionada por lo que había visto en la Isla. Con gran sencillez nos dio su número telefónico y nos dijo que la llamáramos si necesitábamos cualquier cosa en México.

Nadie me esperaba en la capital azteca, ni a Hugo tampoco. Decidimos alojarnos en el hotel Regis, lugar donde vivían o visitaban algunos otros cubanos que estaban en México. Allí, en el mismo hotel se reunía una pequeña peña cuya figura principal era quien había sido el ministro de Gobernación de Cuba hasta la fuga de Batista, Santiago Rey Pernas.

A veces yo participaba en la peña, casi siempre como oyente. Era un gran placer y se aprendía mucho sobre Cuba y su historia escuchando a «Santiaguito» Rey. Era un hombre de vastos conocimientos, un gran conversador y era formidable en cualquier debate. Creo, además, que trataba de ser justo y de ceñirse a la verdad, al menos, lo que él entendía como verdadero. No ocultaba los errores de Batista, ni excusaba las culpas de la clase política cubana, tanto de la oposición como del gobierno y no hablaba para ganar aplausos, sino, decía él, para divulgar la verdad sobre Cuba, acerca de cuyo futuro a corto plazo, él no se mostraba nada optimista.

Allí estaba también, entre los que asistían con frecuencia a la peña, un cubano que alcanzaría gran reconocimiento pocos años después: Felipe Rivero. Felipe era miembro de la prominente familia propietaria del Diario de la Marina, el decano de los periódicos cubanos, era muy inteligente y era un gran conocedor no sólo de la historia universal, sino, también, de los grandes temas de la actualidad. Además, era muy elocuente.

En 1961, él desembarcaría en Cuba como parte de la expedición de Playa Girón. Allí fue apresado, junto con el resto de los sobrevivientes de la Brigada 2506. Prisionero en Cuba, fingió haber sido adoctrinado por sus captores. Lo hizo tan convincentemente que fue incluido en un reducido grupo de brigadistas supuestamente arrepentidos de haber luchado contra el gobierno revolucionario y, en una memorable ocasión en la cual aquellos brigadistas fueron presentados ante las cámaras de televisión, él protagonizó un inolvidable encuentro con los que lo interrogaban ante una audiencia de millones de cubanos, en vivo y en directo.

El interrogatorio televisado era dirigido por el viejo agente comunista Carlos Rafael Rodríguez. En un momento dado, Felipe se puso de pie ante las cámaras y arremetió verbalmente contra Castro y su revolución, desbaratando los argumentos de Carlos Rafael y dejándolo en ridículo ante todo el pueblo de Cuba que estaba pendiente de aquella comparecencia televisada. Esto le ganó a Felipe la admiración de los muchos cubanos que, para entonces, ya se habían decantado como contrarios a la nueva dictadura y yo estoy seguro que también le ganó el callado respeto de muchos de sus adversarios.

Mi estancia en México fue bastante corta, duró alrededor de un mes. Llegó entonces el momento de venir para los Estados Unidos, sólo que, en esta ocasión, las circunstancias eran totalmente distintas. Si antes había llegado a la universidad, en Atlanta, como un alegre joven cubano, que vislumbraba un futuro lleno de ilusiones, ahora me dirigía rumbo a Miami, como un exiliado cargado de incertidumbres.

Estábamos a finales de octubre de 1959.

Capítulo 7
Cita con el deber: la Brigada 2506

> *Si la vida te da limones, haz limonada.*
> Dale Carnegie

Al llegar a Miami, lo primero que hice fue avisar a Irma, mi esposa, que ya podía comenzar los trámites para venir con el niño y reunirse conmigo, algo que pudo hacer prontamente y sin problemas. Verlos llegar y poder reunirnos nuevamente fue una gran alegría para mí.

Aquí, en Miami, recién llegados, vivimos en casa del general Martín Díaz Tamayo, cuya esposa, Rosaura, estaba emparentada con mi esposa. Díaz Tamayo (1904-1995) era un militar de brillante expediente, que, de orígenes muy humildes, se había superado y había ganado el respeto de sus compañeros. Había estado al lado de Batista desde 1933 y había combatido con vigor a Castro y sus guerrilleros en la región oriental de Cuba. Bajo los auspicios de la Agencia Central de Inteligencia de los Estados Unidos, avanzado ya 1958, había sido uno de los dirigentes de un complot militar que buscaba el derrocamiento de Batista y su sustitución por un gobierno de transición que hubiera evitado que Fidel Castro, a quien el propio Díaz Tamayo había identificado como comunista años antes, accediera al poder. Esto lo cuenta el mismo general en sus memorias, donde reconoce también que era ya demasiado tarde cuando se intentó la sustitución del gobierno de Batista.

En su casa estuvimos un corto tiempo, hasta que nos mudamos para uno de los apartamentos que poseía Anselmo Alliegro en la Pequeña Habana. La dirección exacta era 547 SW Calle 6, Apartamento 3. Allí tratamos de asentarnos de la mejor forma posible. Yo comencé a trabajar con la firma de ingeniería y arquitectura H. J. Ross, cuyas oficinas estaban en Biscayne Boulevard y la calle 17, muy cerca del night club Los Violines, un agradable lugar donde trabajaron, como meseros-cantantes, muchos artistas que habían triunfado antes en Cuba y aquí enfrentaban el exilio trabajando arduamente, con gran dignidad.

Los cubanos que estábamos entonces en Miami, los que algunos han llamado los pioneros del exilio, nos reuníamos casi todas las noches, hoy en casa de uno, mañana en casa de otro. Necesitábamos hablar de Cuba, intercambiar noticias sobre lo que estaba pasando allá. Abundaban también los rumores sobre los supuestos planes de *los americanos* con relación a Cuba.

Aquellos eran tiempos en los que estaban muy a flor de piel las divisiones y rencillas políticas de épocas anteriores, sobre todo entre ex militares, los adeptos a Batista por una parte y por otra, los que simpatizaban con Carlos Prío, el presidente del Partido Auténtico que había sido derrocado por el golpe del 10 de marzo. A esto se sumaba un grupo creciente de los que llamábamos *fidelistas arrepentidos*, que no le inspiraba confianza a los demás.

Yo no tuve problemas con nadie, porque yo no discutía sobre los viejos temas de la política cubana y, como yo era joven todavía, no me veían como miembro activo de ninguno de los diferentes grupos. En todos esos grupos había algunos que eran muy radicales, estaban en los extremos y esos son los que siempre han hecho muy difícil la unidad de los cubanos.

Yo me reunía con un grupo de ex militares, en el cual participaba también Manolito Blanco Navarro, hermano de Renaldo, mi gran amigo, que estaba preso en Cuba. En 1960, en una de aquellas reuniones, fue que supe de un grupo de cubanos que había sido reclutado por la CIA, y se entrenaban en Useppa, una pequeña isla situada en la costa oeste de la península de la Florida, cerca de la ciudad de Fort Myers. Aquello era una clara indicación de que algo estaban fraguando *los americanos* con relación a Cuba.

Poco tiempo después comenzó un más amplio reclutamiento para una fuerza militar de exiliados cubanos. Abrieron una oficina en la avenida 27 de Miami, no recuerdo exactamente el lugar, donde buscaban formar un grupo llamado «Operación 40», un grupo de inteligencia, del cual se decía que estaba destinado a ser *el futuro CIA de Cuba*.

En Miami, entonces, se ignoraban los detalles de las acciones militares a las que estaban destinados los hombres que se reclutaban. Pero, en cuanto a la Operación 40, se suponía que, según las fuerzas democráticas fueran tomando pueblos y ciudades en Cuba, los adscritos a dicha operación serían los encargados de analizar los documentos que dejasen atrás los castristas, interrogar a los prisioneros, etc.

Durante un corto período de tiempo, los entrenadores nos dieron unas clases aquí en Miami, en Homestead, si mal no recuerdo. Era, básicamente, técnicas de inteligencia, cómo conducir los interrogatorios, etc.

Un día, con muy poco tiempo de por medio, nos avisan la fecha en que debemos presentarnos en la oficina de la avenida 27, listos para ser llevados a los campamentos. Esto fue a finales de febrero de 1961. Anteriormente, en el 60, habían comenzado a abrir los campos de entrenamiento.

Irma no me puso obstáculo alguno para que cumpliera lo que yo estimaba era mi deber. Al marcharme yo, ella decidió regresar para la casa de Díaz Tamayo, donde siempre fuimos bienvenidos. En general, las familias de todos los que íbamos para los campamentos, aceptaron muy bien la situación que se les presentaba. Entendían que sentíamos un compromiso con el destino de Cuba, que debíamos luchar por rescatarla del comunismo y, aunque se preocupaban y se entristecían pensando en los peligros a los que estaríamos expuestos, aceptaban con entereza nuestra decisión.

Yo me despedí también de mis jefes y compañeros en la firma de arquitectos y les expliqué las razones de mi partida, algo que ellos comprendieron y aceptaron respetuosamente.

El día indicado llegué a la oficina de reclutamiento, donde ya esperaban otros cubanos. Algunos más fueron llegando y cuando se completó el grupo, que era de alrededor de 62 hombres, montamos en buses que nos llevaron al aeropuerto de Opa-Locka. Allí nos indicaron subir a un avión que, con sus ventanas cubiertas, esperaba por nosotros. No sabíamos a dónde íbamos, pero sí sabíamos cuál era nuestro destino final.

El vuelo transcurrió apaciblemente, sin complicaciones y alrededor de tres horas más tarde, la nave aérea descendió suavemente y se posó en tierra. Al descender, en una pista rústica, no había nada en el paisaje que indicara con precisión en dónde estábamos, pero sí pudimos percibir que nos encontrábamos en medio de lo que parecía ser una intrincada selva de exuberante vegetación y en un país muy montañoso.

Tan montañoso era, que aquel lugar estaba como a siete mil pies de altura, en las faldas de un volcán... Después sabríamos: estábamos en la finca Helvetia, un abandonado cafetal, en el municipio de El Palmar, limítrofe con los departamentos de Ratalhuleu y Quetzaltenango, en Guatemala. La finca era propiedad de Roberto Alejos, hermano del entonces embajador de Guatemala en Washington, Carlos Alejos, miembros de una de las más prominentes familias políticas del país centroamericano. Ellos le habían proporcionado aquel sitio a la CIA para nuestro entrenamiento.

Allí nos recibieron instructores estadounidenses, que nos dieron la bienvenida con pocas palabras. Cuando ya estábamos en la base, el primer cubano que vi fue Mirto Collazo, un artemiseño grande, corpulento, de pelo ensortijado y sonrisa fácil. A todos nos alegró encontrarnos con él y, después, con otros cubanos que nos habían precedido.

Nos llevaron hasta unas tiendas de campaña, con piso de tierra, que nos servirían como vivienda mientras estuviésemos allí. Cada tienda de campaña alojaba a cuatro o seis hombres. Las condiciones de vida eran extremadamente duras en aquel lugar. No había baños, no teníamos duchas. Nos bañábamos cada dos o tres semanas, cuando bajábamos a un río, a tres mil pies de altura. Nuestras necesidades fisiológicas las teníamos que hacer en la tierra, sentados sobre una tabla a la que habían hecho varios huecos, uno junto al otro, sin privacidad alguna. La comida era lo mismo todos los días. Era jamón enlatado, Spam, con arroz. Para beber, nos daban Kool-Aid y el arroz lo cocinaban con el Kool-Aid que había sobrado el día anterior. Así, si hoy nos daban Kool-Aid de fresa, el arroz era de color rojo al día siguiente; si era de limón, sabíamos que al otro día tendríamos un arroz amarillo, pero no el arroz amarillo que nosotros conocemos, sino algo mucho menos apetitoso.

Nos levantaban todos los días a las cinco y media o seis de la mañana y entonces, era a correr, a marchar. Caían unos aguaceros terribles, torrenciales, con unas gotas gigantescas que yo nunca las había visto tan grandes, pero, nos caían arriba todos los días. Yo recuerdo que, en Cuba, cuando llovía y yo me mojaba, me daba catarro. Allí, no. No agarré un solo catarro en el tiempo que estuve allí, a pesar de que los aguaceros eran casi todos los días.

En el campamento teníamos dos médicos que, aparentemente, el único medicamento que tenían a mano era el popular anticatarral Coricidín, unas píldoras rojas que te daban para cualquier enfermedad que tuvieras. Si tenías tos, te daban Coricidín, si te fracturabas un hueso, te daban Coricidín; lo que tuvieras, te daban Coricidín, más nada, no había otra cosa.

Allí había receptores de radio, pero estaban controlados por la jefatura. Nosotros no teníamos radios, ni otra manera de enterarnos de las noticias. No teníamos ningún tipo de esparcimiento y el entrenamiento era los siete días de la semana. Correo, sí teníamos y de vez en cuando recibíamos cartas de la familia.

Yo no sé si aquellas condiciones de vida tan extremas formaban parte del entrenamiento, si eran algo diseñado para endurecernos y hacernos resistentes ante las peores situaciones que pudiéramos encontrar en el cumplimiento de nuestra misión. Sin embargo, ese no parece haber sido el propósito de acuerdo con periodistas y con oficiales de la Administración Kennedy que, independientemente unos de los otros, parecen haber llegado a la conclusión de que se trataba, simplemente, de un mal trabajo de selección del lugar y de su adecuación, de acuerdo al propósito de entrenar hombres para una misión secreta.

Por ejemplo, una investigación de Associated Press, publicada en abril del 2000, cita una evaluación interna de la operación de Playa Girón, llevada a cabo en febrero de 1962 por el entonces Inspector General de la Agencia Central de Inteligencia, Lyman B. Kirkpatrick, la cual, entre otras cosas, dice:

«Un peor lugar para entrenamiento que el de Guatemala, difícilmente hubiera podido elegirse. No sólo esto, sino que las condiciones allí empeoraron aún más. En septiembre, el campo de entrenamiento estaba plagado por lluvias torrenciales, escasez de alimentos y problemas con cocodrilos... El uso de Guatemala para una base de entrenamiento fue, en cuanto a la seguridad, desafortunado. La base no era fácil de ocultar, ni podía ofrecerse una buena explicación sobre la misma».

Yo no la pasé muy mal, a pesar de aquellas grandes deficiencias, simplemente porque yo he tratado siempre de tener una actitud positiva ante la vida. Siempre he pensado que, lo que pasa, conviene. Cuando te sucede algo malo, es por algo, te podía haber pasado algo peor. Me adapté al campamento, al igual que antes me había adaptado a las infernales condiciones en la prisión de La Cabaña, que eran las peores que yo nunca he vivido.

Las galeras de La Cabaña eran antiguas caballerizas de los tiempos de la colonia española. Allí teníamos un inodoro y una ducha para noventa y dos hombres. A pesar de ello, yo me bañaba todos los días y el agua allí era muy fría, helada. Esto les extrañaba a algunos de mis compañeros de prisión, pero yo les decía que eso era lo que teníamos y yo me adaptaba para poder sobrevivir.

Recuerdo que les decía: *«Miren, esto es lo que hay. Si nos condenan a muerte, bueno, pues, es la familia la que sufre, nosotros no vamos a sufrir nada. Si nos meten 30 años, pues, es mejor que el paredón, si nos meten 20, es mejor que 30 y si nos meten 10, vamos a tratar de hacer una fiesta aquí, en la galera, para celebrar».*

Ellos se reían y movían la cabeza, pero, al final, decían casi todos que yo estaba en lo cierto. Yo recordaba lo que había pasado en La Cabaña, y las dificultades del campamento me parecía mínimas en comparación.

Allí en el campamento todos nos llevábamos bien. Tres de los que eran del grupo de la Operación 40, siempre estábamos juntos: Pepín Medina, Rafael Arce y yo. Nos decían los tres pavos de la Operación 40, porque nos juntábamos en todas las labores.

No quiere esto decir que no hubiera problemas, o que en todo hubiera una perfecta armonía. Hombres somos, no ángeles y cuentan las Sagradas Escrituras que aún los ángeles han tenido problemas entre ellos.

Lo cierto era que el tiempo iba pasando y había algún descontento en el campamento. Algunos paracaidistas miembros de la Brigada, se habían ido para México, habían cruzado la frontera y habían desertado. Otros habían sido detenidos y estaban presos en El Petén, en el norte de Guatemala.

Nunca supe en realidad porqué estaban presos aquellos compañeros de la Brigada. Lo único que se decía era que se habían insubordinado, en enero de 1961, porque no estaban de acuerdo con la marcha de las cosas. Estos hechos y los rumores sobre las deserciones me hacían pensar que la invasión tenía que ser inminente, ante la posibilidad de que la Brigada se fuese desintegrando si no se entraba rápidamente en acción.

Yo calculo que éramos alrededor de mil cien o mil doscientos hombres los que estábamos en el campamento. Unos habían llegado antes que mi grupo y yo y otros fueron llegando después. Por ejemplo, nosotros llegamos en febrero, en marzo comenzó a llegar gente masivamente y algunos llegaron incluso en los primeros días de abril, casi sin tiempo para entrenamiento, pero, había que reforzar la Brigada... Esa fue la situación. A mí me parecía que éramos pocos, pero, todos pensábamos que habría otros campamentos, de los cuales no sabíamos por cuestiones de seguridad.

Algo que creo es importante señalar es que, no obstante las duras condiciones del campamento, los problemas existentes y la incertidumbre que teníamos sobre varios aspectos de la misión para la cual nos preparábamos, algo que aceptábamos como secretos necesarios, allí la moral era muy alta. Todos estábamos imbuidos de un gran espíritu patriótico y nunca dudamos de que la victoria estaría de nuestro lado.

Creo que yo soy uno de los pocos, quizás el único entre los miembros de la Brigada, que formó parte de la misma después de haber estado preso en las cárceles de la Cuba castrocomunista, algo que ocurrió a raíz de mi participación en la primera conspiración contra Fidel Castro, en agosto de 1959, como ya he contado en estas, mis memorias.

Conocí el terror del régimen en la galera 13 de la prisión de La Cabaña, contigua a la galera 14, que era la de los ya condenados a muerte. Al frente de aquella fortaleza y prisión estaba el macabro Che Guevara. Las privaciones y humillaciones que allí recibí durante dos meses y veintiún días, no evitaron, más bien me estimularon para que, tan pronto se me presentó la oportunidad, me alistara en la Brigada 2506 y cumpliera así con el compromiso contraído con los valerosos presos de la galera 14, el compromiso de regresar en la primera ocasión que se me presentara.

Siempre he creído que el que quiere, puede, y al repasar esta parte de mi vida, pude comprobar que es así.

Lo cierto es que llegó la orden, el momento, de que nos teníamos que trasladar desde donde estábamos. Había llegado la hora de la verdad. Estábamos en Guatemala, en Retahuelu. Allí nos montaron en aviones, sin decirnos tampoco a dónde íbamos, y nos llevaron a Nicaragua, a Puerto Cabezas. Íbamos contentos e ilusionados, porque, al fin, íbamos para Cuba, íbamos, por fin, a liberarla del comunismo

Capítulo 8
Playa Girón: la triste realidad

> *Nunca, nunca, nunca, nunca*
> *te des por vencido*
> Winston Churchill

Al llegar a Puerto Cabezas, lo primero que vimos fueron los aviones de la Brigada, los B26, pintados con los mismos colores de la Fuerza Aérea de Castro. Por otra parte, en el muelle, cinco barcos mercantes que esperaban por nosotros. Eran el Houston, el Atlantic, el Río Escondido, el Caribe y el Lake Charles. Otros dos barcos, de los llamados LCI, *(Landing Craft Infantry),* o lanchones de desembarco, esperaban en otro lugar. Uno de ellos era el Blagar, que era donde iba la jefatura de la Brigada y el otro era el Bárbara J, que se uniría más tarde al desembarco.

Los barcos saldrían de diferentes puntos e irían por distintas rutas hasta reunirse en un punto cercano a Cuba, lo que haría más difícil que fueran detectados e identificados como partes de una misma misión. A mí y a los otros miembros de la Operación 40 nos correspondía ir en uno de los mercantes, el Lake Charles. Junto con nosotros, el Lake Charles transportaba también al equipo médico de la Brigada, así como la gasolina y las bombas para los aviones.

Nuestro barco zarpó de Puerto Cabezas dos días después que los otros. Unos alegan que el combustible no le había llegado a tiempo, que el barco que había venido de Panamá para darnos el combustible no había querido acercarse al nuestro porque el mar estaba muy picado y su tripulación temía la posibilidad de un accidente debido a la carga tan peligrosa que llevábamos, las bombas y la gasolina para los aviones. Otros alegan que el retraso estaba planificado de antemano, ya que tanto el equipo médico, como nosotros, los de la Operación 40, debíamos actuar después de que la Brigada hubiese tomado los primeros pueblos; los médicos para atender a los heridos que habría en esos pueblos y nosotros para realizar las tareas de inteligencia.

Estábamos programados para desembarcar dos días después del *D-Day*.

Nos echamos, por fin, a la mar, ansiosos y dispuestos, anticipando la excitación de llegar a un pedazo de tierra cubana liberada por nuestros compañeros. Yo sentía un mundo de ilusiones en mi corazón, pensaba en los amigos que esperaban en las galeras 13 y 14 de La Cabaña, y no podía evitar sentirme, al menos en una modesta medida, parte de una historia épica.

Ya podía adivinarse en el horizonte una pequeña franja de tierra. Estábamos muy cerca de Cayo Guano del Este, 24 millas náuticas al sur de Playa Girón... Nos separaban minutos solamente del momento de pisar tierra cubana. Entonces, aplastantemente, llegó la contraorden.

Desde un portaviones se nos ordenaba regresar, no seguir avanzando. Según nos dijeron, todo estaba perdido.

Un rayo que hubiese caído en la cubierta del Lake Charles no hubiera tenido un efecto más devastador: la Brigada, que había desembarcado dos días atrás, estaba sin municiones. Los barcos que cargaban el parque para la operación, el Houston y el Río Escondido, habían sido hundidos. Sabríamos después que varios aviones nuestros habían sido derribados y sus pilotos, al igual que muchos otros brigadistas, habían resultado muertos. Aquellos muertos eran nuestros amigos, nuestros compañeros de armas y de sueños.

Allí, en el Lake Charles, nos sentíamos destrozados. Lo que unos minutos antes era la alegría y la excitación de una jornada de cuyo éxito no teníamos dudas, se tornaba ahora en aquella constatación durísima de la realidad, que era todo lo contrario de lo que anticipábamos y significaba el sacrificio heroico y por el momento, inútil, de un montón de cubanos jóvenes, de hombres buenos que no habían vacilado y habían asumido aquel enorme riesgo solamente por amor a Cuba.

Algún tiempo después nos enteraríamos de que diez hombres de los nuestros, de la Operación 40, habían sido asignados al buque insignia, el Blagar y habían desembarcado en Cuba, junto con el resto de la Brigada. Cuatro de ellos habían caído en combate y cuatro fueron heridos, de modo que el nuestro fue el grupo de la Brigada que, proporcionalmente, tuvo más bajas.

Sabríamos también que Castro había tomado nuestro desembarco como excusa para deshacerse de hombres valiosos que estaban presos desde antes. En la madrugada del 18 de abril fueron fusilados en La Cabaña, entre otros, Virgilio Campanería y Alberto Tapia Ruano. El 19, fueron ejecutados en Pinar del Río siete cubanos y dos estadounidenses, estos eran Angus McNair y Howard F. Anderson. Al siguiente día, 20 de abril, fueron fusilados en La Cabaña, Humberto Sorí Marín, Rogelio Hernández Corzo (*Francisco*), Rafael Díaz-Hanscom, Eufemio Fernández y Manuel Lorenzo Puig Miyar.

Ahora, sin poder asimilar aún todo lo ocurrido, se nos ordenaba poner rumbo a la isla de Vieques, en Puerto Rico, pero eso cambió después de casi un día completo de navegación: Debíamos regresar a Puerto Cabezas, Nicaragua.

Regresamos, pues, a nuestro punto de partida, donde nos recibió el comandante Manolo Villafaña, jefe de la Fuerza Aérea de la Brigada. Al llegar pude ver, en el muelle, a mi entrañable amigo Julito González Rebull, en cuyo rostro se reflejaba una honda tristeza: había perdido a casi todos sus compañeros, los pilotos.

Aquella tristeza era compartida por todos los involucrados en el fallido intento libertador. Con ella bajamos a tierra, con ella pasamos nuestras horas de insomnio. Súmese a esto la casi total falta de información en la que se nos mantenía, el desconocimiento de qué había pasado realmente en Playa Girón, del por qué habíamos sido abandonados. Nadie con autoridad o rango suficiente, civil o militar, nos dio nunca una explicación.

Y no solamente a nosotros. Saber, tiempo después, que los miembros del Consejo Revolucionario Cubano, nuestra jefatura civil, todos cubanos prestigiosos, algunos de los cuales tenían a sus hijos entre los miembros de la Brigada, habían sido encerrados en las barracas de Opa-Locka, prácticamente presos e incomunicados durante el desarrollo de la operación de Bahía de Cochinos —partida, desembarco, desenlace, etc.— fue algo muy duro de asimilar e imposible de entender.

Solamente se nos dijo que nos preparáramos para ser llevados de regreso a Miami, cada uno para su casa. Todo había terminado.

En el paso de los años que desde entonces han transcurrido, el episodio de Playa Girón ha sido analizado por una gran cantidad de expertos y de supuestos expertos. Periodistas, académicos, historiadores, militares, oficiales de inteligencia, políticos, observadores, combatientes y algunos de sus protagonistas principales, así como uno que otro diletante, han escrito libros y ensayos universitarios, han participado en simposios y conversatorios, programas radiales y reportajes históricos; han dictado conferencias, se han enzarzado en debates políticos y, aparentemente, han diseccionado cuanto puede ser diseccionado y han destapado cuanto secreto pudiera ser destapado, con relación a estos hechos históricos que, para muchos, son eso simplemente: páginas del libro de nuestros tiempos y para otros, como el que esto relata aquí, son vivencias experimentadas en carne propia y en carne viva, heridas aún no cicatrizadas, pues, todavía duelen, arden todavía.

Para mí, uno de los factores principales en la historia de la concepción, el planeamiento, desenvolvimiento y final de la tragedia de Playa Girón, o «*el fiasco de Bahía de Cochinos*», según quien lo narre, fue el hecho desafortunado de que el plan fuese concebido en los tiempos finales de una administración en la Casa Blanca, la del general Dwight D. Eisenhower, republicano, y fuera ejecutado en los días iniciales de la siguiente administración, la del demócrata John F. Kennedy.

Los funcionarios de ambas administraciones, que estaban a cargo del desarrollo y la ejecución de los planes, no parece que estuvieran en posesión de una evaluación realista de la situación de Cuba en aquellos momentos, pareciera que buena parte de ellos no entendía muy bien el fenómeno de la *revolución cubana,* y que no pocos aplicaban en sus apreciaciones viejos estereotipos sobre los gobiernos latinoamericanos, que no tenían mucho que ver con la naturaleza sui géneris del caso cubano Evidentemente, subestimaron demasiado a Fidel Castro y al fanatismo que éste suscitaba en sus seguidores, tanto dentro como fuera de Cuba.

El plan original diseñado por el Pentágono y la Agencia Central de Inteligencia en tiempos de Eisenhower contemplaba un desembarco de no menos de tres mil hombres por la costa de Trinidad, unos 160 kilómetros al este de Playa Girón. Se escogía Trinidad por su cercanía al macizo montañoso del Escambray, a donde se suponía que nos dirigiéramos los brigadistas tras los enfrentamientos iniciales en el punto de desembarco, si fuera el caso que las fuerzas armadas castristas lograban movilizarse con la rapidez necesaria para repeler la invasión en la costa, tan pronto ésta ocurriese.

Allí, en las montañas, los brigadistas comenzaríamos una guerra de guerrillas semejante a la llevada a cabo por el Segundo Frente del Escambray contra el régimen de Batista, apenas dos años y medio atrás. Para poder mantener la acción de las guerrillas, se precisaba de un aeropuerto cercano, en el cual pudieran aterrizar aviones con el avituallamiento necesario; armas, comida, elementos logísticos, etc.

Aquella zona cercana a Trinidad carecía de ese vital elemento, un aeropuerto adecuado. A la pista de aterrizaje del aeropuerto más cercano le faltaban 300 metros para que pudiesen aterrizan en ella los B-26. Esto, más la ausencia del mínimo de tres mil hombres requeridos por el Pentágono, hizo que los funcionarios de la nueva administración, la de Kennedy, cambiaran el plan original y escogieran a Playa Girón como sitio del desembarco, pues en sus cercanías había un aeropuerto que podía ser utilizado en las misiones de apoyo a la fuerza insurgente interna en que se convertiría la Brigada.

Además, todo el territorio aquel estaba rodeado por la Ciénaga de Zapata, lo cual se estimaba que impediría a las fuerzas del régimen rodear al núcleo de la Brigada. Había una sola carretera, la que comunicaba con el Central Australia y se suponía que, una vez que los paracaidistas tomaran esa carretera y los batallones 2 y 5 desembarcaran en Playa Roja, podrían contener cualquier cosa que viniera por esa carretera, como, en efecto, así fue.

Sin embargo, había otros elementos geográficos y de accesibilidad, sobre todo, que hacían cuestionable la idea de desembarcar por Playa Girón. Existen otros detalles, muchos en realidad, que ponen en tela de juicio las decisiones tomadas tanto por el equipo de Eisenhower, como por sus sucesores, los del equipo de Kennedy.

Uno de los detalles que ha sido más discutido y que es señalado generalmente como causa principal del fracaso de la operación, es la cancelación de la cobertura aérea que se suponía el gobierno de Estados Unidos brindaría al desembarco. El presidente Kennedy decidió, a última hora, no proporcionar dicha cobertura a la Brigada, porque hacerlo hubiera significado dejar al descubierto, ante el mundo, la participación directa de Estados Unidos en una acción militar en contra de un pequeño país vecino al cual el Congreso no había declarado la guerra. Pero lo cierto es que la retirada de ese elemento vital dejó los cielos de la Ciénaga de Zapata abiertos a la aviación castrista y, por ende, puso a los que desembarcaban a merced de la misma.

Sin restarle ni un ápice a la negativa importancia de esa desafortunada decisión, hay que recordar, al mismo tiempo, que este fue uno solamente en una cadena de errores que sellaron la suerte del proyecto, algo que veremos en mayor detalle un poco más adelante.

Además del grueso de la brigada que se entrenaba en Guatemala, había otro grupo, ciento cincuenta hombres más o menos, al mando del comandante Higinio (Nino) Díaz, que se estaba entrenando en Louisiana, y el cual debía desembarcar en un punto cercano a Baracoa, la ciudad primada de Cuba y la más oriental de todas. El objetivo de esto era hacer creer a los castristas que la invasión iba por Oriente y no por Trinidad. Antes de desembarcar, Nino Díaz envió uno de sus hombres a tierra en misión exploratoria y éste, al regresar a bordo, reportó una gran presencia militar en el área, capaz de repeler exitosamente el desembarco de aquella pequeña fuerza, lo cual determinó que esa misión fuera abortada y sus integrantes regresaran sin haber desembarcado.

Es a principios de enero de 1961 cuando a Kennedy le fue dada la información, el *briefing* y él se entera de que hay un grupo de cubanos entrenándose, pero, lamentablemente, no eran los cuarenta mil hombres que esperaban los más optimistas, ni siquiera los tres mil que se calculaba serían el mínimo necesario para llevar a vías de hecho el plan concebido por miembros del equipo de Eisenhower; eran solamente mil cien o mil doscientos hombres para desembarcar en una Cuba donde el 90% de la población respaldaba al gobierno que tenía en ese minuto, que eran partidarios de un Fidel Castro que aún no se había desenmascarado y contaba, además, con el apoyo no sólo del pueblo cubano, sino, además, de casi todo el mundo. Era invadir una nación donde el pueblo respaldaba a su gobierno, un gobierno que tenía en su arsenal escuadras de tanques rusos nuevos y contaba con una capacidad de movilización, entre soldados y milicianos, de un millón de hombres.

¿Mil cien soldados contra aquella masividad de apoyo popular y capacidad militar? Kennedy pensó que aquello no tenía lógica y trató de impedir que aquellos planes se implementaran tal como estaban concebidos en aquel momento. ¿Dónde estaban los otros, los cubanos que se quedaron *patrullando las calles de Miami,* y nunca acudieron a una oficina de reclutamiento para integrar la Brigada?

Había que tomar una decisión y no había tiempo para dilatarla mucho. Se le daba el *go ahead* al desembarco, se enviaban a

Cuba aquellos mil cien hombres, o se les regresaba a Miami y se cancelaba la operación.

El Consejo Revolucionario hizo mucho énfasis en que se siguiera adelante con los planes, que la Brigada desembarcara en Cuba. La Brigada, de veras, quería desembarcar en Cuba, ir a Cuba, donde esperábamos que muchos cubanos se nos sumarían, algo que fue frustrado por Castro al proceder, velozmente, al encarcelamiento preventivo de millares de opositores a lo largo y ancho del país, apenas minutos después de que se produjera el desembarco.

Cualquiera pudiera preguntarse por qué la insistente determinación de la Brigada de llevar adelante la operación de todas maneras. Es una pregunta cuya respuesta es difícil de entender por alguien que no haya vivido las circunstancias históricas que alimentaban las ilusiones de victoria de nosotros, los enemigos de la dictadura castrista. Tal vez era algo de ingenuidad y a ello contribuía, ciertamente, nuestra falta de información respecto a muchos aspectos de lo que estaba pasando y no teníamos, por tanto, una visión completa de los planes a ejecutar, de la correlación de fuerzas entre nosotros y nuestros adversarios, ni de la real actitud del pueblo de Cuba en aquellos momentos. Ignorábamos también el número exacto de integrantes de nuestras fuerzas y las proporciones totales que tendría el desembarco.

Confiábamos en nuestros aliados, *los americanos,* cuya relación con los cubanos en sus luchas por la independencia había sido mayormente positiva. El solo hecho de ver personal americano entrenándonos en Ratalhueleu, en la Base Trax, saber que nos estaban dando aviones B26, saber que era el gobierno de Estados Unidos el que había conseguido que Guatemala prestara su territorio para el entrenamiento, y que Nicaragua permitiese a nuestros aviones despegar de su aeropuerto para volar hacia Cuba en misión de guerra, además de permitir que la Brigada partiera desde Puerto Cabezas con rumbo a Cuba, todo ello, aumentaba nuestra confianza en el apoyo de Washington.

Además, estaba en nuestros pensamientos la verdad incontrovertible de que, hasta entonces, dondequiera que los americanos se habían metido, habían triunfado. Teníamos una alegre confianza en nuestra capacidad de combate, en nuestra determinación de liberar a Cuba y en el apoyo de Estados Unidos.

La decisión era una disyuntiva muy difícil para Kennedy, un presidente inexperto, que había tomado posesión de su cargo menos de tres meses atrás, pero, el Consejo quería el desembarco, la Brigada misma quería el desembarco... Kennedy cedió y el resto es historia, esta triste historia que todavía vive y padece el pueblo de Cuba.

Un detalle que no debe ser pasado por alto, es que los hombres que estaban al frente de la operación habían sido heredados por Kennedy de la Administración Eisenhower. Es decir que esos importantes funcionarios, cada uno con poder de decisión en su área de comando, debían llevar a cabo un plan muy diferente al que ellos mismos habían concebido originalmente.

Charles Cabell era el máximo responsable de la operación en su condición de vicedirector de la CIA. Entre sus subordinados, los que, como él mismo, venían de la Administración Eisenhower, estaban, Richard Bissell, Jefe de los Servicios Clandestinos, y Jake Esterline, Jefe del Equipo de Trabajo para Cuba (*Cuban Task Force*). Igualmente, los responsables en última instancia, los funcionarios superiores, venían del gobierno de Eisenhower: Allen Dulles, Jefe de la CIA, el general Lyman Lemnitzer, Jefe del Estado Mayor Conjunto; el almirante Arleigh Burke, jefe de la Marina y McGeorge Bundy, Jefe del Consejo Nacional de Seguridad.

Casi todo lo que se argüía en contra de seguir adelante con la operación de Playa Girón, quedó demostrado por los hechos, a los cuales se sumaron, además, detalles imprevisibles, pero, tan importantes como el hundimiento del Río Escondido y el Houston, los barcos que llevaban el parque y las municiones. La Brigada, en tres días, se quedó sin municiones, tras lo cual 1202 miembros de la misma fueron hechos prisioneros.

En fin de cuentas, yo creo que algo fundamental en la evolución de los hechos que determinaron ese desastre, fue la tremenda falta de experiencia que había, en aquellos momentos, en el gobierno de Kennedy. Era un presidente muy nuevo, había tomado posesión en enero, y a los tres meses sucede esto. Conclusión: no estaban preparados.

Exponer y analizar todo lo que ha sido argumentado y debatido por las diferentes fuentes que se han ocupado de este tema durante tantos años, no es la misión de este libro, donde, en cuanto a este asunto, solamente trato de ofrecer mi visión de los hechos como uno más de los participantes en ellos y los afectados por su desenlace.

Sin embargo, para que todos podamos tener un entendimiento claro y realista del porqué del fracaso de aquella heroica aventura que pudo haber cambiado para bien el destino de Cuba y evitar, de paso, los ríos de sangre que el injerencismo castrista ha hecho correr en América Latina y en otros lugares del mundo, compartiré con ustedes, en el adendum que sigue, algunos de los puntos más relevantes y reveladores del informe rendido al respecto, en febrero de 1962, por Lyman B. Kirkpatrick, que era entonces el Inspector General de la Agencia Central de Inteligencia (CIA) de Estados Unidos, informe al cual me he referido anteriormente.

Este informe, que se mantuvo en secreto por más de 35 años, fue finalmente desclasificado a finales del anterior milenio y fue publicado por el periódico de Miami El Nuevo Herald, a partir del 1º de marzo de 1998, publicación de la cual he tomado las informaciones incluidas en el adendum. El mismo consta de más de cien páginas, por lo que no es posible reproducirlo aquí en su totalidad. Pero, creo que basta con las acotaciones del mismo que compartiré con ustedes para entender las razones fundamentales del fatal desenlace de la operación de Playa Girón.

Ahora bien, ni ese fatal desenlace, ni la asignación de culpabilidad en el mismo, ni los errores cometidos, ni el dolor de nuestras heridas, pueden empañar ni empequeñecer la heroicidad demostrada por los miembros de la Brigada 2506, su arrojo y su real compromiso con la causa de la libertad de Cuba. Más allá del hecho de ser yo mismo uno de sus miembros, yo me descubro ante todos mis compañeros de la Brigada, con verdadera gratitud y verdadera admiración y agradezco a Dios el haberme permitido ser parte de aquel hermoso esfuerzo. Para nuestros mártires, los que dieron su vida en el patriótico empeño de Girón, mi respeto, mi admiración y mi gratitud de cubano. Que Dios les dé el descanso eterno. Y para el noble ideal que animó su sacrificio, mi promesa de fidelidad hasta el fin de mis días.

Adendum N° 1

> *No reconocer la verdad es peor que ignorarla, pues en ella radica la clave del mañana.*
>
> Pearl S. Buck

Según lo presentó a sus lectores el periódico El Nuevo Herald, el 1º de marzo de 1998, el informe de quien era el Inspector General de la CIA a principios de la década de los 60, Lyman B. Kirkpatrick, sobre la acción de Playa Girón, es una evaluación minuciosa y franca de los múltiples detalles que conforman una operación militar anfibia, detalles que escapan a la percepción de la mayor parte de las personas, legas en la materia, pero que se van clarificando según van siendo analizados por el experto.

Yo trataré de exponer aquí algunos de esos detalles, los que me parecen más importantes y que pueden responder mejor a las preguntas que todavía formulamos los que, de una u otra forma, fuimos afectados por los hechos históricos que tuvieron lugar en la península de Zapata, costa sur de Cuba, entre los días 17 y 19 de abril de 1961.

Cabe destacar que, en la preparación de este informe fueron entrevistados alrededor de 125 empleados de la Agencia (CIA) de todos los niveles y que se estudió una gran cantidad de documentos.

El gobierno de Estados Unidos adoptó el proyecto de lo que sería la acción para derrocar al régimen de Castro el 17 de marzo de 1960 cuando el presidente Eisenhower aprobó un documento de la propia Agencia titulado «*Un programa de acción encubierta contra el régimen de Castro*». El presupuesto para cubrir esta actividad se calculó en $4´400,000.00.

Una condición de imposible cumplimiento y efectos contraproducentes

Ya desde el principio del extenso documento, en la introducción con la cual lo presentó el periódico, se establece para la ejecución del plan de acción, una condición que no se puede olvidar si se quiere entender bien el porqué de algunas decisiones que se tomaron en la concepción y desarrollo de la acción, decisiones que influyeron notablemente en el resultado final: *la mano del gobierno de Estados Unidos no aparecería,* dice el informe.

Yo creo que es fácil entender que tratar de ocultar la participación protagónica del gobierno estadounidense en una operación que involucraba directamente, entre combatientes y personal de asistencia antes, durante y después de los hechos, a cerca de dos millares de personas, más la procedencia del equipamiento militar de aire, mar y tierra; así como la participación en los hechos de más de mil hombres, todos los cuales residían en este país hasta pocos días antes de la acción sin ser ciudadanos de Estados Unidos, ni siquiera residentes, era, desde su concepción, una misión imposible. Además, el lastre de tener que actuar sosteniendo esa ficción, contribuyó, en no poca medida, al fracaso de la misma.

Seguidamente copiaré algunos de los párrafos del informe, seleccionados por mí sin un orden específico, con el solo objetivo de exponer algunos de los errores y desaciertos que contribuyeron al lamentable final de aquel proyecto de liberación de Cuba y que, a mi entender, demuestran que esto no se produjo solamente por una decisión presidencial, sino por una cadena de equívocos y falsas apreciaciones de la realidad cubana de aquellos momentos.

Requisitos indispensables fuera del control de los planificadores y ejecutores del plan

Por ejemplo, en cuanto a condiciones que era necesario que existieran en Cuba para que la operación fuese exitosa, condiciones que estaban fuera del control de los organismos de inteligencia de Estados Unidos, se decía, entre otras cosas:

«El 22 de junio (1960), el subdirector de la Agencia Central de Inteligencia informó al Consejo Nacional de Seguridad sobre el proyecto…. En este informe se expresaron dudas de que un esfuerzo puramente clandestino pudiera medirse con la creciente capacidad militar de Castro, apuntando que la ejecución de la fase militar de las operaciones dependería de la existencia de fuerzas disidentes dispuestas a resistir y que todavía no habían aparecido grupos de ese tipo lo suficientemente fuertes».

«En agosto, la Rama WH/4 preparó documentos para usar en informes al Presidente y al Estado Mayor Conjunto respectivamente… El documento para la información al Estado Mayor Conjunto puntualizaba que "obviamente la ejecución exitosa de cualquier operación paramilitar en gran escala depende de una amplia resistencia guerrillera en toda el área».

Aquí caben algunas observaciones que me parecen pertinentes. En los párrafos anteriores y en otros que aparecen en el informe, se enfatiza la necesidad del apoyo de la oposición interna en Cuba en forma de actividad guerrillera en la zona del desembarco, así como de cubanos desafectos que se sumarían a la fuerza expedicionaria para combatir a las fuerzas del régimen. Esto último, los cubanos que se sumarían a la Brigada, llegó a calcularse en alrededor de 30,000 hombres, algo sumamente desproporcionado y de muy difícil realización, dado el aislamiento y las condiciones del terreno donde ocurriría el desembarco.

Por otra parte, la propia Agencia decidió no avisar a los miembros del clandestinaje del día y la hora en que debía producirse el desembarco, para evitar que la información cayera en el conocimiento de la contrainteligencia castrista y para no perder el elemento sorpresa. ¿Cómo, pues, podrían los que esperaban en Cuba «*el día de la invasión*» sumarse a la Brigada sin estar sobre aviso? Además, la Agencia subestimó abismalmente la capacidad de la dictadura para encarcelar a millares de opositores apenas ocurrido el desembarco, algo que contribuyó enormemente a su éxito en la confrontación.

El frente político

El informe dice, en diferentes secciones: «*Tras una serie de reuniones en Nueva York y en Miami, el 11 de mayo de 1960, se acordó* (la creación de) *un Frente Revolucionario Democrático, FRD, nominalmente unificado, compuesto por varios grupos políticos cubanos*».

«*Aunque los dirigentes cubanos habían formado un "frente" a pedido de la Agencia, no era una entidad fácil. Sus integrantes no estaban de acuerdo ni entre sí, ni con los oficiales del caso de la Agencia en relación con la política o las operaciones a seguir*».

«*Temprano en la vida del Frente Revolucionario Democrático se desarrollaron luchas por el poder. Los dirigentes cubanos querían tener voz sobre el curso de las operaciones paramilitares. Ya en mayo de 1960, uno de los principales dirigentes estaba exhortando a una invasión en bastante gran escala, desde un tercer país*».

«*Mientras el proyecto avanzaba, adquiriendo embarcaciones, aviones y bases, entrenando hombres, negociando con gobiernos extranjeros, buscando aclaraciones políticas, publicando revistas y periódicos, sacando trasmisiones de radio y tratando de introducir armas, hombres y propaganda dentro de Cuba por mar o aire, el Frente Revolucionario Democrático, en cuyo nombre se realizaba gran parte de esta actividad, progresaba poco hacia la unidad*».

«*Sus miembros renunciaban encolerizados y tenían que ser persuadidos para que regresaran. Cada grupo quería que sólo se enviaran abastecimientos a sus propios seguidores en Cuba, mientras que los grupos internos se mostraban renuentes a recibir infiltrados a nombre del Frente...*».

«*Planes tentativos para un gobierno provisional fueron discutidos por primera vez con los dirigentes del Frente Revolucionario Democrático en diciembre. Esto desató una serie de intrigas y discusiones que demoraron el proyecto de reclutamiento y no hicieron nada por avanzar la causa de la unidad. A mediados de enero la Base de Miami informó que "el problema general es simplemente mantener el Frente como una fachada operativa hasta la intervención militar y el establecimiento de un gobierno provisional". La base señaló que hasta que no se respondiera cómo y quién iba a seleccionar el gobierno, "estamos en un punto muerto».*

«Este punto muerto se mantuvo hasta muy cerca de la fecha clave y sólo se resolvió mediante un ultimátum al Comité Ejecutivo del Frente, donde se les dijo a sus miembros que debían ponerse de acuerdo en un presidente del Consejo Revolucionario o arriesgarse a perder todo apoyo ulterior»

«En la medida en que el proyecto creció, la Agencia redujo a los dirigentes exiliados al status de títeres, perdiendo por consiguiente las ventajas de su participación activa».

En todo lo anterior resaltan, a mi entender, dos actitudes de parte de la dirigencia cubana, es decir, los ejecutivos del Frente Revolucionario Democrático primero, los cuales integrarían después el Consejo Revolucionario. Lo primero es algo loable: *«Los dirigentes cubanos querían tener voz sobre el curso de las operaciones paramilitares».* Es decir, los cubanos nominalmente al frente de la operación no se conformaban con jugar un papel puramente decorativo y dejarlo todo en manos del gobierno de Estados Unidos, algo a mi entender consecuente con su deber de cubanos y con la responsabilidad pública que asumían.

Lo segundo es distinto, es la presencia entre esos dirigentes de un mal que parece acompañarnos a los cubanos desde que adquirimos conciencia como nación: la falta de unidad, los excesos del personalismo y las ambiciones de poder, algo que conspira permanentemente contra cualquier proyecto liberador o cualquier otro proyecto de envergadura que aporte algo de prestigio o poder a quienes participan del mismo. Es algo que, por mucho que digan algunos que es parte de la naturaleza humana y no exclusivo de los cubanos, no deja de ser vergonzoso y contraproducente y que, es triste decirlo, ha retrasado en mucho la liberación de Cuba del régimen castrocomunista.

Un detalle que es importante tener en cuenta es el hecho de que el Frente Revolucionario Democrático no tenía ni un solo militar entre sus directores.

Respuesta del exilio a la creación de la Brigada

«En los primeros meses de 1961, el proyecto enfrentó muchos y complejos problemas... la cuota de reclutas de la Brigada todavía estaba por la mitad y se hizo un llamado a los campos de entrenamiento para que enviaran equipos especiales de reclutamiento a Miami».

«El 28 de enero de 1961 la fuerza invasora tenía 644 reclutas; el 3 de febrero eran 685; el 10 de marzo eran 862; para el 22 de marzo llegaban a 973 y el 6 de abril (once días antes del desembarco) llegaban a 1,390».

«La brigada invasora comprendía 1511 hombres, todos ubicados en los barcos de la invasión con la excepción de una compañía de infantería aerotransportada de 177 hombres»:

Aquí volvemos a un tema igualmente vergonzoso, comentado en otras ocasiones en estas páginas: la insuficiente respuesta de aquellos primeros exiliados cubanos al llamamiento para integrar una fuerza armada e ir a pelear en Cuba en plan de libertadores. El proyecto inicial calculaba la fuerza necesaria entre tres mil y cinco mil hombres. Al final, fuimos menos de 1,500.

No destaco estos hechos de innegables connotaciones negativas para nosotros, los cubanos anticastristas, para poner a nadie en la picota. Los que no se presentaron para luchar por la libertad de Cuba, son parte de mi pueblo y está lejos de mí todo deseo de establecer clasificaciones entre los que fuimos a Girón y los que se quedaron en Miami.

Lo hago, porque estoy convencido de que si los cubanos, como nación, no enfrentamos las verdades de nuestra historia y no admitimos nuestros errores, será imposible que logremos tener la estatura moral y la capacidad necesarias para poder constituir un día una nueva y más sólida República de Cuba.

Y, en el caso particular de lo ocurrido el 17 de abril de 1961, para que, al hablar y adjudicar culpas, no caigamos en lo ridículo, ni en lo injusto, ni en lo improductivo.

Fallas operacionales y de organización
«A fines de septiembre de 1960 se produjo casi simultáneamente la primera operación marítima y el primer lanzamiento de carga en paracaídas sobre Cuba. La primera resultó exitosa. El lanzamiento en paracaídas fue el primero de una serie de fracasos y terminó con la captura y ejecución de un agente paramilitar en quien el proyecto había puesto grandes esperanzas».

«La Agencia se vio tan involucrada en la operación militar que dejó de valorar de manera realista sus posibilidades de éxito... La Agencia no consiguió desarrollar y establecer una organización de resistencia bajo condiciones relativamente favorables. Las operaciones aéreas y anfibias fueron deficientes... La Agencia no consiguió adecuada información sobre los puntos fuertes del régimen de Castro y sobre la magnitud de la oposición, y no consiguió evaluar de manera correcta la información disponible...».

«...al proyecto le faltaba un comandante único, de tiempo completo y de alto nivel que tuviera amplios poderes y capacidades establecidas, suficientes para llevar a cabo esta misión tan grande y difícil...».

«El resultado de esta compleja y estrafalaria situación organizativa fue que, en esta tarea tan tremendamente difícil, la Agencia no utilizó sus fuerzas de manera apropiada ni las aplicó de manera efectiva».

Aquí hemos visto un pequeño muestrario de errores cometidos por falta de cuidado y coordinación, no creo yo que por mala fe, de parte de distintas personas, lo cual muestra claramente, a mi entender, que resulta muy difícil adjudicar las responsabilidad de la derrota a una persona, una decisión o una sola causa. El asunto, como vemos, era mucho más complicado.

Entre dos administraciones

«El presidente Eisenhower había dado una autorización general el 29 de noviembre y la había reafirmado el 3 de enero de 1961, pero el inminente cambio de gobierno estaba demorando las actividades...»

«Así, durante los meses inmediatamente anteriores a la inauguración presidencial del 20 de enero de 1961, la Agencia estuvo reclutando y entrenando tropas cubanas, por demás procediendo con un cambio de planes no formulado definitivamente aún, ni planteado por escrito, sin seguridad de que la invasión, que ahora era la esencia del plan, fuera a ser autorizada finalmente por el nuevo gobierno. La Agencia seguía adelante sin saber precisamente hacia dónde iba».

Este último párrafo, sobre todo, muestra la gran torpeza de haber elegido para llevar a cabo el proyecto de liberación, una época de transición presidencial, cuando los funcionarios de la administración saliente, los que concibieron el plan, no se sienten comprometidos con la ejecución del mismo, y los funcionarios de la administración entrante heredan un proyecto del cual no es probable que se sintieran totalmente responsables por no haberlo originado.

Problemas de comunicación y disciplina

«Mientras tanto, los reclutas que habían estado en el campamento desde hacía varios meses no habían tenido contacto con el frente político y se estaban preguntando por qué clase de futuro cubano se esperaba que fueran a luchar. Estallaron disturbios y los dirigentes del proyecto persuadieron a tres figuras del Frente Revolucionario Democrático para que visitaran el campamento y tranquilizaran a los hombres.» (En febrero de 1961, Manuel Artime, Tony Varona

y el Dr. Antonio Maceo visitaron la base Trax. En marzo del mismo año, el Dr. Miró Cardona, visitó la base Trax, como presidente del Consejo Revolucionario. Anteriormente, el coronel Martín Elena había estado allí)

«...Los cubanos que estaban haciendo consultas en Nueva York no estaban de acuerdo con diversos aspectos de una plataforma postcastrista. El campamento de Guatemala estaba teniendo problemas de contrainteligencia».

Esto es una muestra mínima de los problemas de comunicación y disciplina que aquejaban al proyecto. Por una parte, había mucha desconexión entre la jefatura cubana y los brigadistas que se preparaban para combatir en Cuba. Por otra parte, no faltaban cubanos levantiscos entre la tropa, de la cual hubo incluso deserciones y hasta rebeliones que tuvieron que ser contenidas con el encarcelamiento de algunos de los revoltosos que fueron enviados a una cárcel en El Petén, Guatemala.

Por si fuera poco, el secreto que debía rodear el proyecto se evaporó rápidamente. En Miami y, por ende, en Cuba, se conocía del proyecto, se murmuraban interioridades y se discutía sobre la fecha del desembarco. Hubo incluso periódicos en Miami que publicaron fotos de los campamentos. A pesar de todo, se siguió adelante sin cambiar nada.

Cobertura aérea

«Los ataques aéreos continuaron durante todo el día. Los once B-26 de la fuerza exiliada cubana que estaban disponibles para apoyo cercano e interdicción no fueron rivales para los jets T-33 (de Castro). Sin embargo, por lo menos cuatro de los otros aviones de Castro fueron derribados por el fuego de las ametralladoras de los barcos, auxiliados por apoyo aéreo amigo».

«A fines del 16 de abril, víspera del Día D, fueron cancelados los ataques aéreos destinados a eliminar el resto de la fuerza aérea castrista a la mañana siguiente. El mensaje llegó al campa-

mento demasiado tarde como para detener las operaciones de desembarco puesto que la decisión de cancelar el ataque aéreo se tomó después del lanzamiento de la fuerza invasora».

«...Se esperaba que una cobertura aérea desde el portaaviones de la Marina Essex protegiera la misión del 19 de abril, pero un malentendido sobre el momento de la acción destruyó su efectividad».

«Sin embargo, a pesar de esta acción aérea y a pesar de las 1,800 bajas sufridas por las fuerzas de Castro, la capacidad de la brigada para resistir dependía en última instancia del reabastecimiento de municiones, el cual ahora se había vuelto imposible...».

Como podemos ver y sin desconocer lo negativo de la suspensión de la cobertura aérea en la zona de combate, queda claro en este informe que ese importante error fue uno más en una cadena de errores que, por sí solos, condenaban al fracaso la acción emprendida. Nótese cómo el informe señala la superioridad de los jets T33 de Castro al enfrentarse a los aviones B26 de la Brigada.

Lo que debió hacerse, pero no se hizo

«...Debe hacerse notar específicamente que el jefe paramilitar del proyecto había recomendado enfáticamente que se abandonara la operación si no se permitía el respaldo táctico o aéreo adecuado».

«El 17 de febrero, la Agencia presentó un documento (Anexo B) al Presidente... el documento describía la creciente fortaleza del régimen de Castro con el apoyo del bloque soviético y observaba: Por consiguiente, dentro de cierto tiempo, probablemente no más de seis meses, el derrocamiento de Castro será militarmente impracticable a no ser que se comprometa en combate una fuerza militar organizada de considerable magnitud. Ya no estará abierta la opción de acción por parte de la oposición cubana».

«...el grupo especial todavía no había acordado un plan de sustitución y se expresaron fuertes dudas de que nada que no fueran obviamente fuerzas militares estadounidenses iba a ser suficiente para conseguir la caída de Castro».

«La Agencia cometió por lo menos cuatro errores de planeamiento extremadamente serios:

No sometió el proyecto, especialmente en sus últimas y frenéticas etapas, a una evaluación fría y objetiva de parte del mejor talento operativo disponible, particularmente por los no involucrados en la operación, tales como el Jefe de Operaciones y los jefes de más antigüedad. Si así hubiera sido se hubieran evitado los dos errores siguientes:

Omisión en informar al presidente que el éxito se había hecho dudoso y recomendarle que la operación fuera cancelada y que se estudiara de nuevo el problema de derrocar a Castro.

Omisión en reconocer que el proyecto se había vuelto un asunto público y que el esfuerzo militar se había hecho demasiado grande para ser manejado por la Agencia».

«El oportuno y objetivo examen de la operación en los meses anteriores a la invasión... hubiera demostrado a los funcionarios de la Agencia que las operaciones paramilitares clandestinas habían fracasado casi totalmente, que no había un movimiento clandestino efectivo controlado para unirse a las fuerzas invasoras y que la habilidad de Castro para combatir y doblegar la oposición interna debía considerarse sumamente mejorada;

También hubiera suscitado la pregunta de por qué Estados Unidos debería contemplar el enfrentamiento de 1,500 soldados, no importa lo bien entrenados y armados que estuvieran, contra un enemigo considerablemente superior en número y en armamento, en un terreno que no ofrecía nada más que la vaga esperanza de un masivo apoyo local».

«...En un punto en este ciclo degenerativo debían de haber ido al presidente y haberle dicho francamente: "Aquí están los hechos. La operación debe de suspenderse. Pedimos más instrucciones».

Creo que los ejemplos que he recapitulado aquí, bajo el título de «Lo que debió hacerse, pero no se hizo» hablan por sí mismos: desde su propia concepción, la operación estaba condenada al fracaso, algo que se fue haciendo más evidente aún al añadírsele los errores que se fueron cometiendo según se avanzaba hacia la consumación del plan. No es por casualidad que el Inspector General de la CIA, la agencia encargada de llevar el proyecto a vías de hecho, señale reiteradamente el criterio de que la operación debió haber sido cancelada.

Esclarecedor también es el resumen de la evaluación.

Resumen de la evaluación
El informe dice, ya en su parte final:

1. *Al evaluar el desempeño de la Agencia es esencial evitar que se concluya de manera inmediata, tal como muchas personas han hecho, que la principal causa de la derrota de la invasión fue la orden del Presidente de cancelar los ataques aéreos del Día D.*
2. *Discutir esa sola decisión simplemente haría surgir la siguiente pregunta fundamental. Si el proyecto hubiera estado mejor concebido, mejor organizado, mejor manejado y si hubiera contado con un personal más capacitado, ¿se hubiera sometido alguna vez esa precisa cuestión a la decisión presidencial? ¿Y se hubiera presentado bajo las mismas circunstancias inadecuadas en cuanto a la información?*
3. *Además, es esencial tener en mente la posibilidad de que la invasión estaba condenada de antemano, que un desembarco inicialmente exitoso de 1,500 hombres finalmente hubiera sido aplastado por los recursos militares combinados de Castro, fortalecidos con el material suministrado por el bloque soviético.*

4. *La causa fundamental del desastre fue que la Agencia no dio al proyecto, a pesar de su importancia y de su inmenso potencial nocivo para Estados Unidos, el trato eminente que requería: organización apropiada, suficiente personal altamente calificado, y dirección y control permanentes de la mayor calidad.*

5. *Las insuficiencias en estas áreas vitales trajeron como resultado presiones y distorsiones que, a su vez, causaron numerosos y serios errores y omisiones de operación, falta de conciencia de los peligros que acechaban, la falta de acciones para contrarrestarlos y graves errores de decisión. En los altos niveles no hubo un escrutinio concentrado y constante del proyecto, ni la aplicación de un criterio experimentado e imparcial de las amenazantes situaciones que se desarrollaron.*

Quiero reiterar que los fragmentos del «Informe del Inspector General de la CIA sobre la operación de Bahía de Cochinos» que he reproducido en este adendum los he agrupado de acuerdo al tema que tratan, sin un orden específico y cuidando de no sacarlos fuera de contexto. Todo lo que aparece en *cursiva* es copia fiel de lo expresado en dicho informe. Lo que está intercalado entre paréntesis son aclaraciones de mi parte para la mejor comprensión del lector.

Resumiendo, en cuanto al problema de Cuba y la participación de Estados Unidos en ese problema, no podemos ignorar el origen del mal: Fidel Castro llegó al poder, entre otros factores, gracias a la torpeza de la Administración Eisenhower al forzar a Batista a irse de Cuba sin tener lista una sucesión democrática confiable y contando, peor aún, con la presión ejercida por algunos de sus diplomáticos y otros funcionarios que exigían que Castro fuese el sucesor.

Por otra parte, Eisenhower, siendo como era un experimentado y capaz militar no parece haberle prestado mucha atención al plan que él mismo aprobó para derrocar a Castro. Sus funcionarios involucrados en el proyecto no parece que hayan hecho una evaluación realista de la situación en Cuba, sobre todo en cuanto a los recursos y el apoyo con que contaba el régimen, ni parece que hayan tomado en serio la cadena de errores y chapucerías que, desde su inicio minaron el proyecto.

Así, lo que generó su administración en sus postrimerías, tal vez en la indiferencia de la despedida, lo heredó la Administración Kennedy en la torpe inexperiencia de sus inicios.

Nadie puede negar la negativa influencia que tuvo en el resultado final la decisión del presidente Kennedy de suspender la cobertura aérea durante el desembarco. Sin embargo, deben de tenerse en cuenta las opiniones documentadas aquí por el Inspector General en cuanto a la superioridad de los jets y los *sea furies* de Castro, la multiplicidad de errores que plagaron el proyecto, la falsa apreciación de las posibilidades de los cubanos en la Isla para sumarse a los expedicionarios y las opiniones repetidamente expresadas en el informe en el sentido de que la superioridad numérica y de armamentos de Castro acabaría por imponerse de cualquier manera. De ahí que el informe recoja la convicción de más de uno de los oficiales de la propia Agencia que proponían la cancelación de la operación.

Conclusión

Simplemente para enfatizar, quiero reiterar algunos de los detalles que me parecen determinantes en el resultado final de la expedición de Playa Girón:

El empeño de la Administración de Eisenhower en ocultar la mano de Estados Unidos en los hechos de Bahía de Cochinos, desde su concepción hasta su puesta en acción, lastró el buen desarrollo del plan por algo que, de todas formas, era de imposible cumplimiento por las razones que ya se han apuntado.

Mantener el equipo de encargados de la misión que fueron designados por la Administración Eisenhower, especialmente después de los cambios importantes que se hicieron al plan original, no fue la mejor decisión de la nueva Administración. Kennedy debió tener allí personas no sólo capacitadas, sino, además, de su íntima confianza, que hubieran podido hacerle ver con toda franqueza, lo improcedente de la operación.

El canciller Dean Rusk, miembro prominente del equipo del nuevo presidente, advirtió que no era el momento correcto para invadir Cuba. ¿Por qué lo hizo?

Lo hizo porque el plan que heredó Kennedy no tenía pies ni cabeza. No existían los 40,000 hombres de los que se habló al principio para integrar la fuerza expedicionaria. No existían los 3,000 que el equipo de Eisenhower dijo eran el mínimo requerido, solamente existían 1,200 de los cuales solamente la mitad estaban listos para un combate. La otra mitad no estaban debidamente entrenados.

En cuanto al plan de desembarcar por Trinidad, desechado porque a la pista del más cercano aeropuerto le faltaban 300 metros para que allí pudieran aterrizar y despegar los B26 después del desembarco, se ha dicho que aquella pista pudiera haberse extendido tras el desembarco. Yo me pregunto: ¿quiénes iban a extender la pista en medio de un combate? Extender la pista pudiera tomar semanas, pero, algunos «expertos» de Miami dicen que pueden hacerlo bajo el fuego enemigo ¡en tres horas!

¿Cuál era la supuesta ventaja de desembarcar por Trinidad?... Pues, facilitar que la Brigada llegara a las lomas del Escambray, pero, ¿había alguien en la Brigada que conociera aquel lomerío? ¿Cuántos hubieran llegado con vida... mil, quizás? ¿Qué pasaría si Fidel Castro mandaba 25,000 soldados para allá, al mando del Che Guevara, que sí conocía el Escambray? Los campesinos de la zona, ¿nos hubieran ayudado o se hubieran puesto de parte del Che, al quien ya conocían y habían apoyado anteriormente? ¿Hubiera sobrevivido alguno de nosotros frente a millares de soldados respaldados por todo un pueblo?

En realidad, más allá de la responsabilidad de nosotros, los cubanos, hay dos grandes culpables en los Estados Unidos: el presidente Eisenhower por dejarse influenciar por los simpatizantes de Fidel Castro en el Departamento de Estado al impedir que el Dr. Rivero Agüero, un cubano decente y honesto tomara posesión como presidente de Cuba en enero de 1959, e imponiéndonos el comunismo en nuestra patria, y el presidente Kennedy por seguir los consejos del gobierno anterior y permitir el desembarco ocasionando la muerte de más de cien heroicos brigadistas que perecieron tratando de liberar a Cuba.

Tal vez alguien piense que una digresión larga y detallada como ha sido esta, no debe tener lugar en una biografía. A los que así piensen, debo repetirles que el episodio de Playa Girón impactó de tal manera mi vida, como integrante que fui de la Brigada 2506, y la vida de todos los cubanos, los de Cuba y los del exilio, que, sin entender adecuadamente aquel episodio histórico, no podrían entenderse muchos de los aspectos de nuestra existencia.

Además, me anima la esperanza de que, con la exposición de estos hechos, estoy ayudando a muchos de mis compatriotas a entender mejor nuestra propia historia, a asumir las responsabilidades que nos corresponden y a subsanar nuestros errores, pensando que todavía la liberación de Cuba es un deber que tenemos pendiente.

Capítulo 9
Robert F. Kennedy – El rescate de los brigadistas

> *Cuando hay muchos hombres sin decoro, hay hombres que llevan en sí el decoro de muchos.*
> José Martí

Íbamos de regreso a Miami, en las peores circunstancias que hubiera sido posible imaginar. Durante el vuelo de regreso, yo trataba de ir procesando en mi mente todo lo ocurrido, cómo, en el curso de unas pocas horas, todo había cambiado y todo ello aderezado ahora por las noticias que habíamos recibido al volver a Puerto Cabezas.

Allí nos enteramos, entre otras muchas informaciones y rumores, de que nos habían derribado siete aviones B26 con sus tripulaciones a bordo. Había muchos muertos, en realidad, la Brigada perdió más de ciento veinte hombres en la invasión. Supimos también que se le había podido infligir grandes bajas a las fuerzas fidelistas.

Otras fuentes, algunas provenientes de *los americanos,* afirmaban que habían sido cerca de dos mil las bajas que habíamos causado al ejército de la dictadura. Como cosa cierta, se sabía que Hugo Sueiro y sus compañeros del Batallón 2, le había ocasionado muchas bajas al batallón de Osmani Cienfuegos. Yo pensaba, con tristeza, en el hecho cierto de que la Brigada se había quedado sin parque, sin municiones, que había combatido corajudamente hasta la última bala, y al final, habían terminado en las manos de Castro.

Con esos pensamientos en mi mente, llegamos a la base aérea de Homestead para un agridulce encuentro con los que nos esperaban allí. Fuimos recibidos cordialmente por los oficiales de la Base, sin ceremonia alguna, sin que nadie nos hablara, nadie que nos explicara el porqué de los hechos. Para mí, era evidente que había una inocultable premura en cuanto a nosotros, como si quisieran doblar la página rápidamente. Proveyeron el transporte y fuimos llevados individualmente, cada uno a su casa.

El reencuentro con mi esposa y mi hijo Alex fue lo único agradable en aquellos días oscuros. Fue, además, una total sorpresa para ellos, pues no habían sido avisados de antemano. Encuentro, además, a un exilio que hablaba de la bravura de la Brigada, se empezaba a hablar de *la traición de Kennedy*, que si los americanos no desembarcaron, que si sus pilotos no pelearon. Nosotros, los brigadistas, éramos calificados como héroes, de forma tal, que muchos de aquellos que no se integraron a la Brigada, cambiaron su argumentación y si antes decían que no se habían presentado cuando el reclutamiento porque pensaban que no era necesario, que, estando los americanos con nosotros, ya estaba ganada la pelea; ahora alegaban que no se habían presentado porque sabían que aquello iba a ser un fracaso, que los americanos «*nos iban a embarcar*», etc.

Si bien el respeto y la admiración de los más era algo muy reconfortante, ese oportunismo que mostraban otros, los más locuaces, era algo desalentador. Sin embargo, creo que ya dije anteriormente que no está en mi naturaleza el dejarme aplastar fácilmente por las circunstancias, por lo tanto, hice acopio de mi fortaleza espiritual y me dije: la vida tiene que seguir.

Estuve unos días en Miami y después me trasladé a Washington DC, donde estaban mis padres y mi hermano. Una vez allí comencé inmediatamente a trabajar con el arquitecto Ronald Senseman, un nombre bien conocido y muy respetado en la profesión. Con él trabajé unos meses, hasta que hice un viaje a Miami de carácter exploratorio, tratando de ver las posibilidades de trabajo en la que ya llamábamos *la capital del exilio*.

Regresamos a Miami, Irma, Alex y yo. Empecé a trabajar con H. J. Ross, una compañía constructora y tras unos meses allí, decidí sacar la licencia de *general contractor*. Una vez que obtuve la licencia, empecé la construcción de pequeñas obras. Construí, el Flagler Medical Center para Tony Pérez y algunas obras más.

Algún tiempo después, me integré plenamente a los esfuerzos que entonces se llevaban a cabo para constituir una agrupación de los participantes en la acción de Playa Girón, lo que se llamaría la Asociación de Veteranos de Bahía de Cochinos. Se discutía si debíamos llamarla Asociación de Veteranos o Asociación de Combatientes, pero, al final, todos la llamaríamos simplemente, la Brigada 2506, hasta el día de hoy. Trabajar para mí mismo me daba libertad de movimiento y el manejo de mi tiempo, que podía distribuir entre el trabajo y esas actividades.

Me dediqué a tratar de ver qué se podía hacer por los brigadistas presos en Cuba, proyecto en el cual yo era parte de un grupo bastante grande. Los americanos comenzaron a reintegrar a los miembros de la Brigada que estábamos en Miami y en otros lugares. Por ejemplo, los oficiales que dirigieron a los hombres rana, Grayson, Lynch, etc. formaron dos grupos para infiltraciones en Cuba, uno bajo el mando de Vera, quien fuera el segundo jefe de los paracaidistas y el otro, liderado por Roberto Pérez San Román. Esos grupos comienzan a trabajar y para ellos, para el resto de los brigadistas y para el exilio, eran como una prueba de que seguíamos en pie de lucha, de que no todo estaba perdido.

Por cierto, un episodio de los muchos ocurridos durante la acción de Paya Girón, es, para mí, un claro ejemplo de la voluntad de lucha que animaba a la mayor parte de los brigadistas. Vera, el segundo jefe de los paracaidistas, había estado allí, en el escenario de la lucha, de una manera muy peculiar. El avión que lo tira a él sobre Playa Girón, no lo hizo bien, y Vera cayó en plena Ciénaga de Zapata. Cuando, con mucho esfuerzo, él logra salir de allí, ya la Brigada se había quedado prácticamente sin municiones y no hay nada que hacer. Él logra ir para La Habana, se asila en una embajada, regresa a Miami e inmediatamente se reincorpora a la lucha dirigiendo uno de aquellos dos grupos para infiltraciones. Esto, para mí, es algo admirable.

Con Roberto Pérez San Román, Jefe del Batallón de Armas Pesadas de la Brigada en Miami en 1961

Por aquellos días de finales de abril de 1961 me viene a ver el Dr. Carlos Jones, eminente letrado cardenense. Su hijo Jorge, a quien llamábamos Yoyi, un muchacho excelente con un prometedor futuro por delante, fue uno de los cuatro miembros de la Operación 40 muertos en combate. Abrazar a su padre en aquellas circunstancias fue algo muy emotivo para mí.

Para mi sorpresa, el Dr. Jones me pide que lo acompañe a visitar a Robert F. Kennedy, hermano del presidente y a la sazón, Secretario de Justicia de los Estados Unidos. Jones había sido, en Cuba, en su Cárdenas natal, abogado de George Skakel, el padre de Ethel, la esposa de RFK. Bobby, como todos llamaban al Attorney General, y Ethel habían visitado en alguna ocasión la Ciudad

Bandera y allí se había forjado la amistad que los unía al abogado cubano.

Claro está que acepté enseguida la invitación del Dr. Jones y hacia Washington fuimos los dos. Bobby Kennedy nos recibió cordialmente y al minuto pude captar su sencillez, su inteligencia y su sinceridad, virtudes todas que se transparentaban en su conversación, directa y sin rebuscamientos.

El Attorney General impresionaba, además, por sus vastos conocimientos de política y de historia, a pesar de su juventud. Tenía entonces 35 años, era la persona más joven en ser parte de un gabinete presidencial en Estados Unidos, desde los tiempos de Alexander Hamilton. Quienes lo conocían, fuesen aliados o adversarios políticos, sabían bien que él no ocupaba su alta posición por ser hermano del presidente, sino por su gran capacidad para el desempeño de la misma.

Bobby tenía una insaciable sed de información respecto a todo lo ocurrido antes, durante y después de la fallida operación de Playa Girón. Preguntaba insistentemente sobre los más ínfimos detalles de la preparación y la ejecución del plan y no disimulaba su admiración por la valentía mostrada por la Brigada sobre las arenas cubanas, ni tampoco sus preocupaciones por la suerte de los brigadistas presos en la Isla, preocupaciones que yo compartía de una forma especial.

Personas que lo conocieron, autores de libros sobre su persona, y políticos que compartieron con él en aquellos tiempos, han dicho que Bobby Kennedy sintió el fracaso de Playa Girón como algo muy personal, como una deuda que le quedaba con el pueblo de Cuba y como algo por lo cual Fidel Castro debía pagar y habría que hacerle pagar. Yo también me llevé esa impresión tras haberme reunido con él.

Agradecí al Dr. Jones la extraordinaria oportunidad que su invitación me había proporcionado y ya de regreso en Miami continué al mismo tiempo con el trabajo de la compañía de construcción y con las actividades de la Brigada.

Seguí entonces, con gran interés, en mi auto-impuesta tarea de ver si era posible hacer algo por los compañeros de la Brigada que habían sido capturados en Cuba y allí guardaban prisión. Mientras tanto, RFK decide formar un comité para estudiar qué errores fueron los cometidos y quienes los cometieron en la operación de Playa Girón. Esto, ya después de que su hermano, el presidente, había asumido total responsabilidad por lo ocurrido durante un discurso que pronunció ante la Asociación Nacional de dueños de Periódicos, en una cena que tuvo lugar en el hotel Statler Hilton del Distrito de Columbia, tres días después del desembarco.

De lo que sigue, ya he adelantado algo en otra parte de este libro, pero es necesario contarlo de nuevo ahora. Eran momentos en que la cuestión de Girón se debatía intensamente en todos los foros políticos y periodísticos del país y así fue que me invitaron a participar en un programa para la televisión de los estados de Nueva Inglaterra. Yo estaba siendo entrevistado por un panel de cuatro periodistas y uno de ellos me pregunta quién era, en mi opinión, el responsable del *Bay of Pigs fiasco.*

Yo le respondí que al presidente ya no se le podía acusar, porque él mismo había reconocido su responsabilidad en el caso. Se puede acusar a una persona cuando ésta niega su culpabilidad, pero, una vez que esa persona ha reconocido sus culpas, ya no hay que acusarla.

Y añadí algo que tal vez ellos no esperaban: «*En mi opinión* —les dije— *una buena parte de esa responsabilidad recae sobre los más de cuarenta mil cubanos en edad militar que se quedaron "patrullando las calles de Miami" y no fueron a los campamentos*».

Debo decir aquí que todavía hoy mantengo ese criterio que, si bien me abochorna como cubano, creo que a todos mis compatriotas que lean esto les puede servir de base para una seria introspección que, reitero, necesitamos hacer como pueblo, para sanación de la conciencia nacional, para reconocer nuestros errores con la debida humildad, y, sobre todo, para corregirlos y no reincidir en ellos, recordando que, tristemente, vergonzosamente, Cuba aún espera por nosotros.

El caso fue que, a raíz de aquel programa televisivo, Bobby me llamó y me invitó a desayunar en su casa de McLean, Virginia. Conversando allí, me dijo que iba a formar un comité para el rescate de los brigadistas presos en Cuba, con lo cual yo me alegré mucho, pues yo veía en esa gestión una gran posibilidad de que los prisioneros pudieran ser liberados.

El general, entonces en retiro, Maxwell Taylor, fue llamado a presidir el comité. Otras figuras bien conocidas a nivel internacional como el almirante Arleigh Burke, jefe de la armada estadounidense y el jefe de la Agencia Central de Inteligencia, Allen Dulles, también formaban parte del mismo.

El 29 de marzo de 1962 comenzó el amañado juicio a los brigadistas en Cuba y mis amigos y yo, los cubanos todos en general y, muy especialmente, los miembros del Consejo Revolucionario, estábamos tensos y expectantes, aguardando lo peor como destino de aquellos que habían desembarcado en Cuba buscando su libertad y habían terminado perdiendo la suya propia. Sus vidas estaban en manos de un cruel verdugo, Fidel Castro.

Algo que nos inquietaba a todos era saber que la vida de nuestros compañeros prisioneros en Cuba dependían de los caprichos y las conveniencias políticas de Fidel Castro, ya que Cuba era, y sigue siendo lamentablemente, un país sin leyes ni instituciones. No podíamos olvidar que el 8 de septiembre de 1961, catorce brigadistas habían sido convictos bajo acusaciones de haber cometido torturas y asesinatos en tiempos de Batista, es decir, antes de la expedición de Playa Girón. Cinco de aquellos catorce fueron fusilados y los nueve restantes condenados a 30 años de prisión. Entre los ejecutados están Ramón Calviño, Emilio Soler Puig y Jorge King Yun.

El 6 de abril de 1962 debían ser dictadas las sentencias que se les impondrían a los brigadistas. El día anterior, Bobby me vio en Washington, nos reunimos, y yo le dije que esa noche tendríamos una reunión con el Dr. Miró Cardona y otros miembros del Consejo en el hotel Manger Annapolis, en Washington, DC. Bobby me pidió el número de la habitación donde nos íbamos a reunir, yo se lo di y, de paso, le dije que había un número grande de brigadistas que estaban dispuestos a ir a Cuba en son de paz y asumir la misma condena que impusieran al resto de la Brigada, si así fuera necesario. Le adelanté que ese era uno de los temas que íbamos a hablar con Miró Cardona esa noche. Recuerdo que me acompañaban en esa ocasión el Dr. Arturo Pérez Heredia, que era el jefe médico del tercer batallón de la Brigada y Felipe de Diego, uno de mis compañeros en el equipo de la Operación 40.

Efectivamente, esa noche nos reunimos en el hotel Manger Annapolils. Entre otros, estaban allí el Dr. Miró Cardona, el Dr. Tony Varona, y el Dr. Ernesto Freyre. Estaba también Néstor Carbonell, el prestigioso abogado y gran patriota, miembro también de la Operación 40 que había estado con nosotros todo el tiempo en el Lake Charles, listo para desembarcar en Playa Girón.

En medio de la reunión, sonó el teléfono. Si recuerdo bien, fue precisamente Néstor Carbonell quien contestó la llamada. Era Bobby y pedía hablar conmigo. Manifestó que podía informar a los allí reunidos que, al día siguiente, en el juicio a los brigadistas, no habría pena de muerte, no habría fusilados. Todos serían condenados a 30 años.

Yo así lo comuniqué al pleno de la reunión y todos exhalamos un gran suspiro de alivio. En medio de aquel encuentro que había sido convocado bajo la nube negra de la adversidad que nos envolvía, era un motivo de alegría saber que no habría fusilados, que los tres jefes de la Brigada, Artime, San Román y Oliva, no perderían sus vidas.

Bobby me había dicho que quería verme al día siguiente, a las tres de la tarde, en su oficina del Departamento de Justicia. Le pedí al Dr. Miró Cardona que nos acompañara, pues yo estimaba que era conveniente una reunión del Consejo Revolucionario con RFK, sobre todo con relación a los prisioneros. El Dr. Miró Cardona delegó en Tony Varona y Tony, a su vez, dijo que él prefería que fuese el Dr. Ernesto Freyre en su lugar, ya que éste estaba más en contacto con los familiares de los prisioneros.

Hay que recordar que, en mayo de 1961, Fidel Castro había propuesto canjear los prisioneros de la Brigada por 500 tractores grandes. Poco después, fijó el recate en 28 millones de dólares.

Freyre nos acompañó y esa fue una reunión para la historia, ya que fue en el transcurso de la misma, que Bobby le dijo a Freyre que le podía ofrecer a Fidel Castro 26 millones de dólares en alimentos y medicinas como rescate, a cambio de la liberación y vuelta a Estados Unidos de los prisioneros de la Brigada. Ese día y allí, fue que comenzó realmente la liberación de la Brigada de Asalto 2506.

Al día siguiente Freyre viajó a La Habana para presentar la oferta a Fidel Castro. En Cuba, su primer contacto sería Berta Barreto, la viuda del diplomático y escritor cubano Guy Pérez Cisneros, cuyo hijo, Pablo, era brigadista.

Pérez Cisneros fue miembro de la delegación de Cuba y tuvo un papel destacado en la asamblea de la Liga de las Naciones que adoptó la Carta Universal de los Derechos del Hombre en 1948. Estuvo también en Colombia como parte de la delegación cubana para la firma de la carta de la OEA, también en 1948, cuando ocurrió el violento episodio conocido como «*el bogotazo*». Fidel Castro que, como conté anteriormente, había participado en aquellos sucesos, logró regresar a Cuba gracias a la protección que le brindó a él y a los demás cubanos involucrados en la revuelta, el embajador cubano en Bogotá, Carlos Tabernilla y a los buenos oficios del embajador Pérez Cisneros.

Fidel Castro no se distinguió nunca por ser una persona agradecida, pero, aquí hay que anotar que, cuatro años después del *bogotazo,* Francisco Tabernilla Dolz, hermano del embajador, se convirtió en Jefe del Ejército en Cuba a raíz del golpe del diez de marzo. Al triunfar la revolución castrista, la viuda del embajador Tabernilla fue el único miembro de su familia que no fue despojada de su casa, ni fue hostigada por el nuevo régimen. En ese mismo orden de cosas, Conchita Fernández, la devota secretaria del Fidel, conocedora de aquellos hechos, mantenía una buena relación con la Sra. Barreto, la viuda de Guy Párez Cisneros.

Conchita había sido anteriormente secretaria del líder del Partido del Pueblo Cubano, (ortodoxo) Eduardo Chibás, partido en el cual había militado el propio Fidel Castro. Esto resultó ser algo providencial para establecer el canal de comunicación con Castro necesario en aquellos momentos. Conchita, a través de Celia Sánchez, amante y confidente de Fidel, puso a éste al día de la oferta que, para él, tenía Ernesto Freyre, como presidente del Comité de Familiares de los Prisioneros de la Brigada.

Al día siguiente, Celia llamó a la Sra. Barreto y la puso al habla directamente con Fidel Castro. El «*máximo líder*» había ignorado anteriormente la presencia de Freyre en La Habana y no había querido escuchar siquiera la oferta de rescate que éste debía presentarle. Pero, en esta ocasión, anunció que estaba listo para reunirse con el Comité de Familiares en casa de Berta Barreto y pidió que Erneido Oliva, segundo al mando de la Brigada, prisionero en Cuba en aquellos momentos, estuviera presente. Freyre y los otros miembros del Comité, Álvaro Sánchez, Enrique Llaca y Virginia Betancourt, volaron a La Habana y fueron directamente a casa de Berta Barreto, donde, al rato, Fidel se hizo presente.

Como es sabido, aquella oferta subió hasta los cincuenta y tres millones de dólares. Después, Kennedy designó al abogado James Donovan a cargo de las negociaciones con los castristas. El 21 de diciembre de 1962, Fidel Castro y James B. Donovan firmaron el acuerdo del canje de 1,113 prisioneros por cincuenta y tres millones de dólares en alimentos y medicinas y fue así como, al final, se produjo la liberación de la Brigada.

Antes, el 14 de abril del mismo 1962, 56 brigadistas heridos en combate y otros cuatro, un total de 60, fueron liberados y transportados a Estados Unidos, algo que el propio Castro ofreció como un gesto de buena voluntad, aparentemente complacido e interesado en el rescate ofrecido. Entre los liberados estaba Enrique Ruiz Williams, quien había sido designado por los miembros de la Brigada que quedaban en prisión, para que los representara y ayudara en la recaudación de fondos para el rescate, con lo cual Bobby estuvo de acuerdo.

La alta consideración de Robert Kennedy hacia los miembros de la Brigada fue demostrada por él en otras oportunidades. Quiero destacar una de ellas, porque en ella se pone de relieve el lado humano de aquel hombre que, en mi opinión, estaba llamado a un destino superior que, por su temprana muerte, no se pudo concretar.

Gustavo Villoldo era un buen amigo, miembro también de la Brigada 2506. Pasado el episodio de Playa Girón, él comenzó a trabajar con la CIA, como parte de un equipo de infiltración... En una ocasión me viene a ver su esposa y me dice que él está fuera de Miami, con la CIA y que Alejandro, su hijo pequeño, está padeciendo de una tetralogía de Fallot, una peligrosa enfermedad congénita del corazón y que es necesario operarlo.

En el hospital de niños de Miami, que entonces se llamaba Variety Children´s Hospital, le pedían cinco mil dólares por la operación, suma que, en aquellos tiempos, era una fortuna para la mayor parte de los cubanos exiliados. Ella no tenía esos recursos, ni tenía manera de ponerse en contacto con Villoldo, dada la naturaleza del trabajo que éste realizaba.

Yo llamo a Washington, hablo con Bobby. Él me pide todos los detalles del caso, pregunta cómo comunicarse con ella y al día siguiente un comandante de la Fuerza Aérea de la base de Homestead, la va a ver, la acompaña a Washington, y allí operan al niño en el hospital Walter Reed, todo completamente gratis.

Bobby y Ethel, su esposa, los visitan en el hospital mostrando un genuino interés en el bienestar de ellos. El niño se recuperó satisfactoriamente, pero tenía insertados unos cables en su corazón, los cuales debían ser removidos al cabo de dos años.

Cuando llega el momento de esa segunda operación, la de remoción de los cables, ya RFK no forma parte del gobierno, ya no era el Fiscal General de la nación, su hermano, el presidente, había sido asesinado, y él era entonces uno de los dos senadores por el estado de New York. Cuando lo llamé, su secretaria, Angela Novell, me dice que el senador está en Las Bahamas y que ella le dará mi mensaje tan pronto él llame.

Esa misma tarde él me estaba llamando. Le explico el caso:
—*Do you remember the Villoldo kid?*... —*Of course*...

Le explico que ya está listo para la segunda operación, que es necesario operarlo ya, y que la situación económica es la misma. Me pide los datos, se los doy. Uno o dos días después, un civil, enviado por la oficina del senador, fue a ver a la Sra. Villoldo, y le entregó los pasajes para el viaje a Washington. Al llegar allá, ya la esperaban en el aeropuerto. De allí la llevaron al Walter Reed, al mismo hospital, con el mismo médico, la segunda operación fue todo un éxito. Al igual que la primera vez, los Villoldo no tuvieron que pagar ni un centavo.

No fue esta la única ocasión en la que Bobby Kennedy me demostró su gran calidad humana y, en particular, su aprecio por la Brigada 2506. Cuando vino a los Estados Unidos una comisión de los brigadistas presos en Cuba, a los cuales Castro permitió venir a fin de conseguir los tractores y otros elementos que el propio dictador pedía como rescate, y que, además, venían con el compromiso de regresar a su prisión una vez concluida su misión, yo llamé a Bobby, le conté lo que estaba pasando y le confié mis temores de que tuvieran que regresar a Cuba con las manos vacías.

Él me dijo: —«*Llégate aquí, a Washington*». Fui para allá, él me mandó a Maryland a un lugar específico donde me dieron la propiedad de siete tractores. Se los entregué a Ulises Carbó, el prominente periodista, brigadista además, que formaba parte de aquella comisión que debía regresar a Cuba. Aquella donación fue una importante contribución al propósito que se deseaba, es decir, a engrosar el rescate exigido por el cínico verdugo que tenía en sus manos la vida de tantos patriotas. Bobby respondió siempre positivamente y de buena gana a cualquier empeño o necesidad que tuviese la Brigada y esto lo demostró muchas veces, pero sobre todo en aquellas gestiones para lograr el regreso de los brigadistas a Estados Unidos. Fue él el factor principal en la obtención del rescate exigido por Castro, que sumaba más de sesenta millones de dólares.

A pesar de la amistad que se forjó espontáneamente entre Bobby Kennedy y yo, él nunca me confió sus propias impresiones sobre la tragedia de Playa Girón. Él era, ante todo, alguien que, debido a la alta posición que tuvo en el gobierno de Estados Unidos, respetaba mucho su juramento de fidelidad a la confidencialidad inherente a toda gestión gubernamental, máxime cuando estas implican acciones militares. Eso sí, como dije anteriormente, él tenía un permanente interés en saber todo lo concerniente a nuestra infortunada misión, a la cual se sentía ligado personalmente.

Yo considero que el asesinato de Robert Kennedy, el 6 de junio de 1968, privó a Estados Unidos de un líder verdaderamente apasionado por la democracia y la justicia. Cuando lo asesinaron en Los Ángeles, ya él estaba en un camino cierto hacia la presidencia y yo estoy seguro de que hubiera sido un gran presidente. La causa de Cuba, no lo dude nadie, perdió también con su muerte, a un amigo que se sentía personalmente comprometido con la liberación del pueblo cubano.

Algo que me ha llamado la atención es que ninguna Junta Directiva de la Brigada 2506, incluyendo aquellas de las cuales yo fui Secretario, (1968-1969) bajo la presidencia de Alfredo González Durán, haya tenido la iniciativa de rendir un homenaje póstumo a Robert F. Kennedy, la persona que hizo más que ninguna otra por sacar a los brigadistas de las prisiones de Fidel Castro y traerlos de vuelta a los Estados Unidos. Una foto de

Bobby Kennedy debiera estar en el museo de la Brigada, pues se trata de una deuda de gratitud a su memoria, por cuanto él hizo por nosotros.

Junta directiva de la Brigada 2506 (1967-1968)
donde fui elegido Secretario

Capítulo 10
Uno se equivoca en la vida... Muerte de los Kennedy

> Perdona siempre a tu enemigo.
> Nada hay que le enfurezca más.
> Oscar Wilde

Los brigadistas que estaban presos en Cuba regresaron a Miami el 23 de diciembre de 1962, justo a tiempo para reunirse con sus familiares en una jubilosa Nochebuena, jubilosa por su liberación tras el trauma de la derrota, pero, al mismo tiempo teñida de dolor por las duras experiencias vividas y la pérdida de los compañeros caídos en el intento liberador.

Antes, Fidel Castro había recibido el rescate exigido, recaudado por el comité presidido por el abogado Donovan, gracias a la generosidad de diversas instituciones de este país y a las contribuciones de millares de exiliados cubanos, que superaban sus propias limitaciones económicas en favor de los héroes con los cuales se sentían endeudados. A última hora, faltaban cuatro millones para completar los cincuenta y tres del rescate. RFK designó al general Lucius Clay, quien rápidamente recaudó tres millones, mientras que el arzobispo de Boston, Cardenal Richard Cushing, gran amigo de la familia Kennedy, puso el millón restante.

Junto con la alegría por el regreso de mis compañeros, yo recibí una alegría adicional: con ellos venía mi gran amigo Renaldo Blanco Navarro que había sido arrestado junto conmigo y los demás encausados por la traición de Eloy Gutiérrez Menoyo y William Morgan. Renaldo había sido condenado a 20 años por los tribunales castristas y lo menos que yo esperaba era que él fuera liberado junto con los brigadistas. Cuando supe de su excarcelación y regreso a Miami, junto con el júbilo de la buena nueva, sentí también una gran curiosidad por saber cómo se había producido aquel milagro.

Resulta que, una vez dispuesto el regreso de los brigadistas a Miami, Fidel Castro va a despedir a la jefatura de la Brigada en la base de San Antonio de los Baños. Aprovechando aquella circunstancia, algunos brigadistas, entre ellos Hugo Sueiro, le piden al dictador, que posaba de magnánimo en aquella ocasión, que libere a Renaldo Blanco Navarro y permita su regreso a Miami junto a la Brigada y esto lo razonan de una manera muy hábil, tratando de convencer a Castro de que ese gesto sería de conveniencia mutua.

Manolo, hermano de Renaldo, había sido también miembro de la Brigada, pero él había desembarcado en Cuba antes del 17 de abril, en una misión de infiltración. En Cuba es arrestado y encarcelado a la espera de juicio, pero, al ocurrir el desembarco de Playa Girón, es fusilado sumariamente. Nelson, el más pequeño de los tres hermanos, era igualmente miembro de la Brigada, fue uno de los capturados en Girón y estaba en esos momentos esperando ser devuelto a Miami junto con los demás prisioneros.

—«*Usted está obligando a Nelson, el más pequeño de los Blanco Navarro, a continuar combatiendo a su gobierno, porque el hermano que le queda está preso aquí*».

Por una parte, el razonamiento sonaba convincente y por otra, es sabido que Fidel Castro respetaba mucho, como enemigo, a Hugo Sueiro, ya que, siendo muy joven todavía, era quien había ocasionado más bajas a sus tropas en Playa Roja y todos lo consideraban un gran militar.

Fidel no se comprometió a nada en aquel momento, dijo que él vería si se podía hacer algo y se marchó, pero, lo cierto es que, rápidamente, sacaron a Renaldo del presidio de Isla de Pinos, lo trasladaron a la base de San Antonio de los Baños, lo llevaron donde los brigadistas esperaban el avión y vino con ellos para Miami.

Seis días después del regreso de la Brigada, el 29 de diciembre, el presidente John F. Kennedy y Jacqueline, su esposa y Primera Dama, viajaron a Miami para darle la bienvenida. El emotivo encuentro tuvo lugar en el estadio Orange Bowl, que se llenó de cubanos que querían ser testigos de aquella histórica ocasión. Yo no estuve allí, ese día estaba fuera de Miami, pero más de un amigo compartió conmigo el relato de lo ocurrido... el desfile de la Brigada entre atronadores aplausos, la solemnidad del momento en el que la bandera de la Brigada le fue entregada al presidente por uno de los jefes de la Brigada, Erneido Oliva y, sobre todo, la promesa del presidente de devolver aquella bandera «*en una Habana libre*», promesa que no pudo cumplir pues, menos de un año después, sería asesinado en Dallas, Texas.

Toda esta ebullición de la cubanía en Miami, todo este reavivamiento patriótico que se prendía a la esperanza de que continuaría la ayuda de Estados Unidos para seguir adelante con los esfuerzos por la liberación de Cuba, ocurría apenas dos meses después de la Crisis de los Misiles. Lejos estábamos los exiliados cubanos de sospechar que en las conversaciones sostenidas entonces entre Washington y Moscú para evitar un conflicto nuclear que parecía inminente, Estados Unidos se había comprometido a cesar toda actividad tendiente a un cambio de régimen en Cuba y más aún, a no permitir que los cubanos exiliados llevaran a cabo acciones hostiles contra la dictadura castrista desde territorio estadounidense. Era lo que conoceríamos después como el Pacto Kennedy-Kruschev que, a todos los efectos prácticos, convertía al gobierno de Estados Unidos en guardián y protector del régimen castrista.

Años después, la directiva de la Asociación de Veteranos de Playa Girón, es decir, de la Brigada, reclamó a la Casa Blanca que le fuera devuelta aquella bandera, ya que no se había cumplido la promesa hecha por Kennedy, de devolverla en una Habana libre. La bandera le fue devuelta a la Brigada y, sin que lo notáramos entonces, aquello fue quizás todo un símbolo del nuevo status quo entre La Habana, Washington y Miami.

Tras el acto en el Orange Bowl, terminaba el año 1962 con la ilusión de la libertad de Cuba prendida nuevamente en los corazones cubanos. Pero, aun así, se imponían las realidades del vivir nuestro de cada día.

Un buen número de brigadistas se alista en el Ejército de Estados Unidos, en respuesta a una oferta hecha por Kennedy. A mí, en realidad, no me atraía la posibilidad de hacer carrera militar. Me quedé en Miami, dispuesto a continuar trabajando con mi compañía de construcción, con la cual me iba bastante bien y a continuar con mis actividades en la Brigada.

Esas actividades me llevaban en algunas ocasiones al área de New York y New Jersey, donde vivían muchos brigadistas y junto a ellos realizábamos actos patrióticos y gestiones a favor de la libertad de Cuba.

Precisamente, en uno de esos viajes a New York, en una conversación con amigos y compañeros que vivían allí, en *la Babel de Acero*, alguien comentó cómo cada vez era más frecuente la llegada al exilio de antiguos fidelistas, cubanos que habían creído en las promesas de Fidel Castro y habían sido fuertes partidarios de la revolución en sus primeros tiempos en el poder, pero a los cuales los hechos les fueron mostrando el verdadero rostro tiránico y comunista del «*máximo líder*» y su régimen.

Algunos de esos ex fidelistas habían cometido abusos o se habían mostrado ofensivos con los que no simpatizaban con la revolución y debido a ello trataban de mantener un bajo perfil al convertirse ellos mismos en lo que antes despreciaban, «*gusanos desterrados*».

—«Bueno, ahí lo tienen ustedes —comentó uno de los participantes en el coloquio—. *Uno de los que llegó hace poco es el teniente Calzadilla, que jodió tanto a mucha gente cuando se iban de Cuba. Aquí está, en Nueva York, trabajando de ascensorista en un hotel*».

Al oír yo aquello, sentí cómo el alma se me agitaba dentro del cuerpo y le pedí al que había hablado que me llevara a ese hotel: yo quería ver al teniente Calzadilla.

Llegamos al lobby del hotel, me parece que era en Manhattan. Bajó un elevador, se abrieron sus puertas, salieron los que lo ocupaban, todos, menos el ascensorista que, simplemente se asomó para ver si alguien iba hacia los pisos superiores. Era Calzadilla, el antiguo funcionario del Ministerio de Relaciones Exteriores de Fidel Castro.

Yo les había pedido a los amigos que me acompañaban que se quedaran en el lobby, quería estar solo con el ex castrista devenido en ascensorista de un hotel newyorkino, con tan buena suerte que nadie más entró al elevador. Éramos él y yo nada más.

El cerró la puerta interior del ascensor, movió la palanca y comenzamos a subir. No me había reconocido. Me preguntó a qué piso me dirigía. Yo lo miré fijamente:

—Calzadilla —le dije— *¿tú no te acuerdas de mí?*

—*No, la verdad es que no me doy cuenta quien es usted* -me contestó.

—*Cuando íbamos de la embajada de México al aeropuerto* —le dije— *tú me dijiste que mirara bien las palmas, porque yo no las volvería a ver otra vez. ¿Qué haces tú aquí?*

Calzadilla bajó la mirada y me dijo con firmeza en la voz, pero hablando bajito: —*-Bueno, uno se equivoca en la vida...*

Le indiqué que me dejara en el lobby y no le dije más nada, pues mi intención no era humillarlo, sino hacerle ver su error al tener que tragarse aquellas palabras que me había dicho en Cuba. Él no volvió a levantar la cabeza hasta que yo salí del elevador.

Esto debe haber ocurrido a principios o mediados de 1963. Al año siguiente habría elecciones presidenciales en Estados Unidos y ya el ambiente político se estaba caldeando de aspiraciones, no sólo a la presidencia, sino a muchos otros puestos electorales también. Allí en New York, como en todo el país, los periódicos daban cuenta de declaraciones y movimientos de los posibles candidatos y en los programas dominicales de opinión el tema era cada vez más frecuente y ese tema, lógicamente, se hacía presente en las conversaciones de nosotros, los cubanos exiliados.

En New York y New Jersey, al igual que en Miami, los cubanos nos interesábamos por la contienda presidencial que se aproximaba, partiendo de nuestro interés por la libertad de Cuba. Especulábamos y discutíamos sobre cuál candidato sería más favorable a nuestra causa, si el propio John Kennedy, que aspiraba a la reelección, o si el ex vicepresidente de Eisenhower, Richard Nixon, a quien muchos daban nuevamente por seguro candidato republicano.

Yo seguía el desarrollo de la justa electoral con mucho interés. Cuando llegué como exiliado a Miami en 1959 había encontrado una situación parecida, pues el año siguiente, 1960, sería también un año de comicios presidenciales. John Kennedy, el actual presidente, estaba en plena campaña, fiel a la promesa que había hecho cuatro años atrás, cuando le fue negada la vicepresidencia con el entonces candidato de su partido, Adlai Stevenson. Y Richard Nixon, por su parte, ya tenía embolsillada la nominación republicana, de forma tal, que lo que se esperaba en 1964 era en realidad un *re match,* la *pelea de revancha,* entre Kennedy y Nixon.

Yo di mis primeros pasos en la política de Estados Unidos haciendo campaña por Kennedy en 1960. Me integré en los *Viva Kennedy Teams* que se formaron entonces para ayudar en su aspiración al joven senador por Massachutses que, a la brillantez de su intelecto, unía un admirable expediente como combatiente de la marina estadounidense en la Segunda Guerra Mundial, en la cual, su arrojo personal le había ganado un *corazón púrpura* nada menos.

Sin duda, el *bichito político* que me había picado cuando aspiré a la presidencia del Pan American Club de la Universidad de Georgia Tech, en mis años de estudiante, se había quedado muy vivo en mi corazón.

Mirando retrospectivamente ahora, me doy cuenta de que mi modesta participación en la campaña demócrata de 1960, de alguna forma me sirvió también de motivación para mi posterior decisión de alistarme para la lucha por Cuba, para ir a los campamentos y formar parte de la Brigada 2506. Kennedy había hecho de Cuba uno de los principales temas de su campaña presidencial, así como las islas de Quemoy y Matsú, amenazadas por la China comunista de Mao-Tse-tung. En ambos casos, él acusaba contundentemente a los republicanos de mostrarse flojos ante el enemigo comunista y prometía que tal cosa cambiaría de ser él elegido presidente.

Claro está, aquello era música para mis oídos. Además, cuando comienza la campaña reeleccionista de JFK, mi amistad con su hermano Bobby se había afianzado. Yo puedo decir que Bobby Kennedy era muy genuino, mi sincero en su interés por Cuba, en su admiración por la Brigada 2506 y su determinación de no dejar que Fidel Castro fuera el último que riera en nuestro enfrentamiento con su dictadura.

Y en cuanto a los errores del presidente en relación con Playa Girón, yo me daba cuenta de que esos errores habían sido producto de la inexperiencia y el mal asesoramiento, no de la mala fe. Tuvo él que lidiar con una acción de guerra defectuosa, concebida y preparada sin su participación y lanzada a destiempo. Creer otra cosa es creer que un presidente de Estados Unidos buscó a sabiendas una derrota militar, algo sencillamente inconcebible. ¿Decisiones erróneas? Sí, más de una. ¿Mala fe? Yo no lo creo.

Así pues, está claro que mi amistad con Bobby y el haber participado en la primera campaña presidencial de JFK, fueron factores importantes en mi cercanía y posterior integración al Partido Demócrata, tan pronto obtuve la ciudadanía americana. Pero, no fueron esas mis únicas razones. Yo seguía desde afuera los vaivenes de la política local en Miami y pude ver la manera en que los congresistas locales, Claude Pepper y Dante Fascell, ambos demócratas, conducían sus relaciones con la comunidad cubana de Miami en aquellos momentos en que la mayoría de nosotros no éramos ciudadanos americanos y por lo tanto, no podíamos votar por ellos. Eran serviciales y trataban de pasar leyes favorables a «los de abajo», entre los cuales se encontraban entonces la mayor parte de las familias cubanas.

Desde luego, eran otros tiempos y era otro tipo de política, muy distinto a lo que vemos hoy. Claude Pepper ha sido, en mi opinión, el político que, con sus leyes, influenció más y para bien la vida de millones de hombres y mujeres en este país. Él participó en la creación del sistema de seguridad social, el *Social Security*, y también en la adopción del Medicare. Hay que ver cómo viviríamos hoy en Estados Unidos, sin esas dos instituciones y no hubo en sus tiempos como congresista iniciativa alguna en favor de nuestra comunidad, que no contara con su respaldo. Dante Fascell tuvo una trayectoria política muy parecida a la Pepper. Esto, a pesar de que, en su momento, hubo candidatos cubanos aspirando en contra de ellos, como Evelio Estrella y Evaristo Marina, que yo creo que aspiraban por aspirar, pues era sabido que, contra Pepper o contra Fascell, no se podía.

De manera que el hecho de que mi vocación política se encausara dentro del Partido Demócrata tiene mucho que ver con mi amistad con Robert Kennedy, y mi cercanía a Pepper y a Fascell. Influía en esto, además, el hecho de que la filosofía política imperante entonces entre los demócratas era muy parecida a la que había dado cuerpo en Cuba a la Constitución de 1940 y había promovido la adopción de las leyes sociales de los gobiernos surgidos de ella: Batista en 1940, Grau en 1944 y Prío en el 48.

Tan es así que, por ejemplo, el gran presidente republicano Ronald Reagan, fue demócrata en los inicios de su trajinar político; y había sido antes un líder sindical de los actores de Hollywood.

Claro está que, a nivel local, el Partido Demócrata cometió muchos errores en el tratamiento de los asuntos que interesan a nuestra comunidad y en la promoción de candidatos hispanos. Los republicanos han sido más hábiles en ese sentido y esto trajo como consecuencia lo que hemos visto en el paso de los años, el gran éxodo de los votantes cubanos al Partido Republicano.

De más está decir que, en el curso de la participación de los cubanos y sus descendientes en la política estadounidense, esto no se veía antes tan claramente como lo vemos ahora. Pero, mirándolo todo objetivamente, no me parecer estar yo muy equivocado en estas apreciaciones.

Retomando ahora el hilo de nuestro relato, tras los hechos de Playa Girón, activo en los negocios y en las actividades patrióticas de la Brigada, es en la década de los 60 que dos grandes tragedias sacuden a este país, cambian abruptamente el panorama político y, en buena medida, afectan el destino de Cuba.

El 22 de noviembre de 1963, un francotirador de marcadas simpatías castro-marxistas llamado Lee Harvey Oswald, asesina al presidente Kennedy en Dallas, Texas. La presidencia pasa a manos del entonces vicepresidente Lyndon B. Johnson y el atentado crea un clima de vulnerabilidad como no se había experimentado antes en los Estados Unidos. El atentado ha sido investigado hasta la saciedad por los organismos correspondientes, y la conclusión ha sido que Oswald actuó solo y por su propia cuenta, a pesar de sus vínculos con el régimen de Castro y con la Unión Soviética. Sin embargo, esta conclusión no ha logrado convencer a grandes sectores de la población que creen en la existencia de algún complot interno o externo como responsable del magnicidio.

Por otra parte, el 6 de junio de 1968 muere en Los Ángeles, California, Robert F: Kennedy, entonces senador por New York y aspirante a la nominación presidencial por el Partido Demócrata, víctima de un atentado en su contra perpetrado por un refugiado palestino, cristiano y de nacionalidad jordana, llamado Sirhan Bishara Sirhan. Investigado también hasta la saciedad este otro asesinato político, la conclusión a la que llegaron los investigadores es que, al igual que Oswald, Sirhan actuó por su cuenta, movido, en su caso, por su odio contra Israel y el apoyo que el senador Kennedy brindaba a ese país.

Todo lo que se pueda argumentar en cuanto a la muerte de estos dos hermanos tan importantes en la historia de Estados

Unidos, queda en el campo de la especulación. Decir que ambos estaban en la mirilla de Fidel Castro, entre otros potenciales asesinos, no es nada incierto, ni descabellado. Probar que Castro tuvo algo que ver con estos crímenes, ya es otra cosa.

Sin embargo, esta realidad no basta para satisfacer todas las dudas que existen en cuanto a estos dos asesinatos políticos. Ciertamente, llama mucho la atención que Oswald le haya podido dar dos tirros en la cabeza al presidente Kennedy, estando éste a bordo de un automóvil en movimiento y disparando Oswald con un rifle Carcano, italiano, que le costó $14.00, es decir, no era un arma de alta potencia.

Igualmente, llama la atención también que Lee Harvey Oswald, el asesino, hubiera sido un activo propagandista a favor del Fidel Castro en la ciudad de New Orleans y que, con anterioridad al atentado, hubiese visitado la embajada de Cuba en México.

Por otra parte, Castro sabía que los Kennedy habían contemplado la posibilidad de eliminarlo a él físicamente. El presidente nunca se había repuesto del fracaso de Playa Girón, algo que nunca olvidó y no es de dudar que hubiera querido pasarle la cuenta al dictador cubano. Y lo mismo puede decirse de su hermano Bobby, el ministro de Justicia, el senador por New York, el aspirante presidencial: anticastrista siempre.

Habiendo conocido a Robert Kennedy, yo puedo afirmar que su muerte privó a la causa de la libertad de Cuba de un verdadero aliado, comprometido mucho más que cualquier otro político estadounidense con el fin de la dictadura castrocomunista. De haber llegado él a la presidencia de este país, es, en mi opinión, muy probable que a estas alturas sería otra y mucho mejor, la historia de Cuba.

La muerte de los Kennedy me afectó mucho, sobre todo y por razones obvias, la de Robert, mi amigo Bobby. Y los emotivos tributos que este pueblo rindió a los dos Kennedy, me acabaron de convencer de la belleza y la satisfacción de dedicarse al servicio público, algo que cada día me interesaba más.

Capítulo 11
Nuevos derroteros – Políticos de la Florida

> *No tomes la vida muy en serio, pues nadie ha logrado salir de ella con vida.*
> Elbert Hubbard

Estando en Miami, siendo activo en la Brigada, y frecuentando lugares donde usualmente los cubanos de Miami se reunían en los años 60, era muy difícil no coincidir en algunas ocasiones con líderes del escenario local y llegar a conocer a algunos de los políticos más prominentes a ese nivel, pues algunos de ellos procuraban acercarse a nuestra comunidad, unos, porque compartían sinceramente nuestros ideales de justicia, libertad y democracia y otros, por puro cálculo político, previendo que, en un tiempo relativamente corto, muchos de aquellos cubanos irían adquiriendo la ciudadanía americana y, con ésta, el derecho al voto.

En ese trajinar cívico es que conozco a Steve Clark, uno de los políticos más sazonados que he conocido y, sobre todo, un amigo leal y un gran ser humano. Clark, al igual que sus amigos cubanos, no era *miamense* de nacimiento, era un *trasplantado*. Había nacido en Kansas, en 1923 y su familia se mudó para Miami siendo él un adolescente. En 1963 aspiró exitosamente a comisionado de la ciudad y cuatro años después, en 1967, fue elegido alcalde de su *adoptive hometown*. En 1970 se convirtió en alcalde de Metro-Dade, que era como llamábamos entonces a lo que hoy es el condado Miami-Dade. La perdió en 1972 frente a Jack Orr. Recuperó esa posición en 1974 y la mantuvo hasta su muerte en 1996.

Además de la pasión por la política y muchas coincidencias en nuestra visión de las cosas, nos unía el hecho de que, al igual que yo, Clark se había dedicado durante muchos años al negocio de la construcción junto a sus tres hermanos. No me fue nada difícil trabar con él una fuerte y duradera amistad.

De igual manera conocí a Dave Kennedy, un político sagaz, buen amigo y alguien que tenía la virtud de conocer sus propias limitaciones. Dave, que no tenía parentesco alguno con los Kennedy de Massachutses, sabía, sin embargo, que su apellido no lo perjudicaba en nada en el mundo de la política, todo lo contrario. Era natural de Baltimore, Maryland, lugar donde había nacido en 1934, pero, al igual que casi todos los que hemos carenado en las arenas de Miami, no le tomó mucho tiempo sentirse tan sudfloridano como cualquier nativo. En 1961, cuando el flujo de cubanos hacia Miami crecía aceleradamente, Kennedy fue elegido comisionado de la ciudad y en 1970 se convirtió en alcalde municipal. Fue un visionario que promovía el cuidado del medio ambiente cuando pocos hablaban de eso y, gracias a su iniciativa, se creó el Parque del Bicentenario entre Biscayne Boulevard y la bahía, inaugurado precisamente en 1976 durante la celebración de los doscientos años de la Declaración de Independencia de los Estados Unidos. Hombre más bien de filosofía centrista, en las elecciones de 1968 fue vicepresidente del comité de *Demócratas por Nixon,* pues el candidato de su partido, Hubert Humphrey estaba demasiado a la izquierda para su gusto.

En 1973, Dave Kennedy, a la sazón alcalde de Miami, fue formalmente acusado de participar en una conjura para obtener sobornos y el entonces gobernador, Reubin Askew lo suspendió como alcalde, pero cuatro o cinco meses más tarde, fue reinstalado en su puesto, al ser desestimados los cargos en su contra por un juez del condado Sarasota. Limpio ya su nombre y con buenas posibilidades de ser reelegido, Kennedy, sin embargo, decidió no aspirar, pero, al dejar de ser un oficial electo, se convirtió en una fuerza política en sí mismo, alguien cuyo apoyo se disputaban los aspirantes a posiciones electivas en nuestra zona.

Clark era una persona que le caía bien a todo el que lo conocía. Era muy agradable, y siempre, desde el comienzo de nuestra presencia por estos lares, él simpatizó con los hispanos, especialmente con los cubanos, aunque, en realidad, no le dio mucha importancia al nombramiento de hispanos en posiciones prominentes tanto en la ciudad de Miami como en el condado Dade. Dave Kennedy fue mejor que Steve Clark en ese sentido. Eso sí, Steve era una persona muy agradable, simpático, siempre dispuesto a hacerle un favor a cualquiera que lo necesitara. Mi relación con él siempre fue muy buena, muy buena. Viajamos juntos durante muchos años y yo disfruté mucho de su amistad.

Dave Kennedy, para quien no lo conociera bien, era más serio que Steve. Steve bromeaba mucho, siempre se estaba riendo. Dave Kennedy parecía ser más serio que Steve Clark, pero, en privado, no lo era, era simpático, mujeriego... pero sólo se mostraba así cuando entraba en confianza con alguien. Kennedy tenía ambiciones políticas de mayor alcance que Clark, ambiciones legítimas que nunca pudo materializar, pero, con ellas en mente, le daba mayor importancia al hecho de nombrar hispanos en puestos de importancia y por lo tanto, él si nombraba hispanos, cubanos sobre todo, a posiciones en las distintas juntas o *boards* de la ciudad y entre esos, estuve yo, algo que les contaré más adelante.

Pero, no fui yo solamente. Kennedy nombró a muchos otros cubanoamericanos en distintos *boards*. Él buscaba los más capacitados, pero en sus nombramientos influían también, como ya dije, sus planes para su propio futuro político. Él, aparentemente, pensaba en aspirar un día a la gobernación del estado.

Mientras escribo esto, vienen a mi mente recuerdos muy gratos de experiencias vividas junto al alcalde Clark, con quien viajé varias veces en misiones oficiales. En una ocasión, a principio de los años 70, viajamos a San Diego, California, donde se celebraba la conferencia de alcaldes de Estados Unidos. Maurice Ferré era entonces el alcalde de Miami, pero no podía asistir a la conferencia por complicaciones de su agenda y, siendo yo el vice alcalde, me designó para que yo representara allí a nuestra ciudad. Clark iba como alcalde del Condado, y nos acompañaba Chuck Hall, alcalde entonces de Miami Beach.

Fueron tres días de reuniones de los alcaldes y una de sus noches decidimos ir a Tijuana. Otros alcaldes se nos sumaron y al final éramos cuatro o cinco alcaldes en una limosina. Cruzamos la frontera sin problemas, el tráfico era ligero y estuvimos en Tijuana, bebiendo, como hasta las dos o las tres de la madrugada, que decidimos regresar... Pero, cuál no sería nuestra sorpresa que, a esas horas de la madrugada, la fila de carros que iban rumbo a Estados Unidos, a California, tenía más de una milla de largo. Eran, probablemente, personas que vivían en México pero trabajaban en Estados Unidos y debían estar en sus trabajos a primera hora de la mañana.

Nosotros teníamos actividades propias de la conferencia de alcaldes en la mañana y necesitábamos dormir un poco y bañarnos para estar en buenas condiciones, por lo tanto, decidimos ir por una carrilera especial reservada para la patrulla de carreteras. Cuando estábamos cerca de la garita donde hay que chequear para entrar a California, un patrullero nos hace parar. El agente medía bien seis pies y medio, se paró en el medio de la carretera y allí, en la semipenumbra de la madrugada, parecía de mayor estatura aún. Yo pensé «*con lo que hemos bebido, hay que ver cómo sorteamos esta situación, pues pudiera terminar de manera muy poco favorable para nosotros*».

Chuck Hall que, junto con Clark, era uno de los que más había bebido, dijo —«*Déjenme manejar esta situación*» y, sin darnos tiempo a nada, se bajó del carro y partió para arriba del agente con gran determinación, y le preguntó: —«*¿Ud. sabe quién soy yo?*».

Y aquel patrullero, en plena carretera entre México y Estados Unidos, en plena madrugada, le contestó muy suavemente: —«*Sí, yo sé: usted es Chuck Hall, el alcalde de Miami Beach*».

Todos nos quedamos boquiabiertos ante la inesperada respuesta. Resulta que el patrullero había estado destacado en Dade County, había patrullado algún tiempo en Miami Beach, y había reconocido al alcalde. Desde luego, nos dejó ir, nos acompañó hasta la garita y pasamos sin dificultad alguna.

En otra ocasión, Steve Clark y yo fuimos invitados a México. La idea era conocer Cancún, pues se iba a poner en marcha un plan de desarrollo turístico de ese hermoso balneario de la península de Yucatán, una obra en la que ponía todo su empeño e influencia Miguel Alemán Valdés, quien había sido presidente del país entre 1946 y 1952 y desde 1961 estaba a cargo del Consejo Nacional de Turismo.

El propio Alemán fue nuestro cicerone en el entonces rústico paraje; nos llevó por todo el lugar, nos explicó sus planes de desarrollo y recuerdo que hizo mucho énfasis en subrayar que no se iban a cometer allí los mismos errores que, según él, se habían cometido en Acapulco, donde, decía, «*ni siquiera hay viviendas para los empleados de los hoteles*».

Fuimos a Tulum y a Chitchen Itzá, pero al llegar allí, Clark fue atacado por «*la venganza de Monctezuma*», el mal estomacal que aflige a muchos turistas primerizos en México. Steve pasó los próximos dos o tres días sin poder salir del hotel, pues tenía que ir al baño constantemente. Yo lo sustituí en todos los actos públicos que tuvimos en esos días.

El acto de despedida en el último día de aquella visita, se celebraba en Mérida, Yucatán. El gobierno mexicano había contratado al Conjunto Folclórico Nacional y a un famoso mariachi. Steve dijo sentirse ya completamente bien e insistió en decir él el discurso de despedida.

Y así fue. Yo le serví de traductor y él comenzó diciendo que había disfrutado mucho de México, porque había estado «*en Tulum, en Cancún y en el bathroom*». Desde luego, no era fácil para mí traducir aquello delante de la oficialidad mejicana, pero, por suerte, la mayoría de los allí presentes entendió muy bien lo que él decía y se rieron mucho. Y así eran las ocurrencias de Steve Clark, de las cuales no siempre salíamos airosos.

Como cierta vez que habíamos sido invitados a España y estando en Jerez de la Frontera, nos llevaron a las bodegas de la familia Domecq, donde nos ofrecieron una cata de sus mejores vinos. Steve les preguntó si no tenían un bourbon, o un ron... Aquello les cayó como un jarro de agua fría a nuestros anfitriones: ¡pedir un ron en el punto focal de los mejores vinos de España!... Yo no sabía dónde meter la cara, aunque interiormente me reía de aquella monumental metida de pata, movida por la ignorancia y la franqueza, pero, sin mala intención.

Aquellos viajes nuestros irritaban mucho a nuestros adversarios políticos y, en primer lugar, al Miami Herald, a pesar de que, la mayor parte de las veces los viajes respondían a invitaciones que nos hacían, es decir, no se usaban fondos oficiales para ellos. Solamente si el viaje era movido por algún interés específico de la ciudad, es decir, si se trataba de una gestión oficial, había de por medio dinero de los contribuyentes. Yo fui siempre muy escrupuloso en deslindar lo oficial de lo privado, porque creía que así debía ser y porque quería evitarme problemas.

Eso, sin embargo, no lograba aplacar la animosidad del Miami Herald. Con Clark, llegó un momento en que él no le daba entrevistas al Herald, que lo acusaba de darle un trato preferencial a su hermano en las construcciones, en las contratas del gobierno. Clark era amigo de sus amigos y si los podía favorecer, lo hacía sin buscar ninguna compensación para él mismo.

A Dave Kennedy el Herald lo trataba muy bien en un principio, porque al periódico le interesaba favorecer al gobierno del condado y Kennedy ya le había entregado algunos negocios importantes, como el puerto y el aeropuerto, al condado. Pero, cuando Kennedy fue señalado por aquellas acusaciones de corrupción, le viraron la espalda y lo criticaron mucho, antes de que él fuera exonerado en el correspondiente juicio.

Ahora bien: de todos aquellos políticos con los cuales yo tuve un trato cercano, el más admirable de todos era el gobernador Reubin Askew.

Gobernador de la Florida (1970-1978)
Hon. Reubin Askew

Askew era un hombre realmente virtuoso y al mismo tiempo, humilde. Era muy religioso, pero no asumía poses de santurrón, y a pesar de su alta posición política se comunicaba muy bien con cualquier persona, porque era un hombre de extracción humilde y entendía muy bien las dificultades que se le presentan día a día a las familias que dependen de un salario pobre.

Él había nacido en Oklahoma en 1928, el menor de seis hermanos. Sus padres se divorciaron siendo él muy pequeño y su padre fue el gran ausente de su vida, debido a lo que el propio Askew describía como «*un serio problema de alcoholismo*», algo que probablemente tuvo mucho que ver con su rechazo al alcohol. Askew era totalmente abstemio y tampoco fumaba. De niño, lo mismo trabajaba como limpiabotas, que vendía de puerta en puerta los dulces que hacía su mamá para ganar algo extra con lo cual ayudarse a sobrevivir, pues lo que ella ganaba cosiendo y como camarera, apenas era suficiente para alimentar a la familia.

Cuando él tenía nueve años, su mamá decidió mudarse para Pensacola, en el *Panhandle* de la Florida. Con mucho sacrificio él pudo matricularse en la universidad estatal (*Florida State University*) y años después completó sus estudios en la escuela de leyes de la Universidad de la Florida (UF).

Askew también sirvió al país como paracaidista durante la Guerra de Korea y como oficial de inteligencia. Cuando yo lo conocí, ya como senador de la Florida, gozaba él de un sólido prestigio, sobre todo por su honradez y era considerado como uno de los mejores senadores del estado, lo mismo por amigos que por adversarios.

Yo recuerdo que cuando el ex alcalde de New York John Lindsey acariciaba la idea de convertirse en presidente, estuvo en Tallahassee, como parte de una gira exploratoria de sus posibilidades. Sabiendo él que el único deporte que Askew practicaba era el tennis, le trajo una raqueta de regalo y se la entregó en medio de una conferencia de prensa. Askew, allí, delante de todo el mundo, le dijo: —«*Alcalde, lo siento, pero tengo que preguntarle el precio, porque si vale más de $25, tengo que reportar el regalo*». Esto lo dijo muy naturalmente, sin afectación alguna, pues todos allí sabían que cualquier regalo que le hicieran de más de $25, él lo donaba para el capitolio, para que se quedara como propiedad del estado.

Muchos lo señalaban como futuro presidente. Yo estuve en la Convención del Partido Demócrata de 1976, que se celebró en el Madison Square Garden de New York y recuerdo muy bien que prominentes figuras de nivel nacional trataron de convencer a Askew para que aspirara a la nominación presidencial, pero él rehusó hacerlo alegando que una campaña presidencial exigiría recaudar mucho dinero y él rechazaba ese proceso. Aquello terminó con la nominación de Jimmy Carter, ex gobernador de Georgia, como el candidato de los demócratas. Askew fue uno de los pocos gobernadores de la Florida que fue reelegido por los votantes. Terminó su mandato en 1979, y ahí concluyó su carrera política.

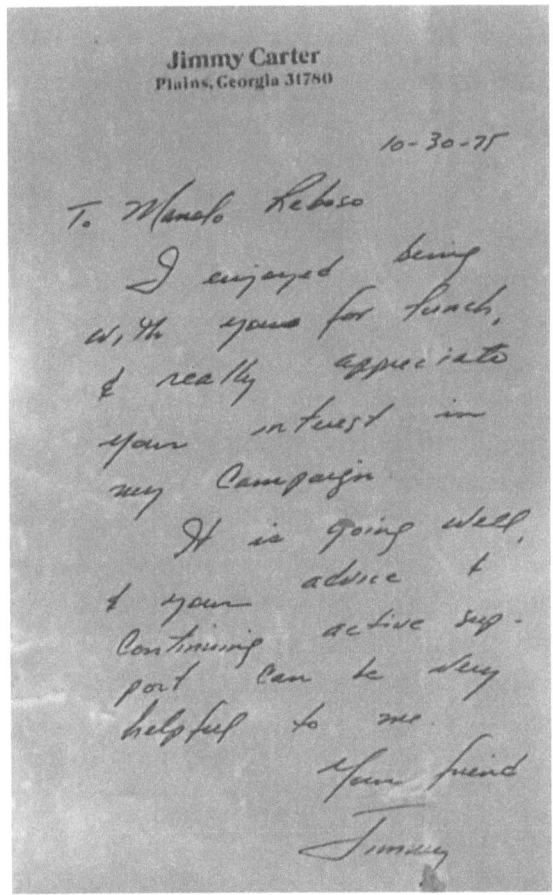

Carta personal del ex Gobernador de Georgia Jimmy Carter de octubre de 1975.

Steve Clark, David Kenney y Reubin Askew fueron los tres políticos que influyeron más determinantemente en mi decisión de entrar en ese mundo hermoso y gratificante del servicio público. No solamente que me ayudaron a dar mis primeros pasos como oficial electo, sino que, además, fueron para mí ejemplos a seguir por la ejecutoria de cada uno de ellos, ejecutoria no libre de errores, porque ellos eran seres humanos y todos los seres humanos cometemos errores. Pero nunca vi en ellos intenciones viles, ni actitudes egoístas y fui testigo de muchas ocasiones en las que ellos tuvieron que sacrificar sus intereses personales en beneficio de la comunidad.

Otros políticos que debo mencionar en ese capítulo son Dante Fascell y Claude Pepper, a los cuales ya me he referido anteriormente y Bob Graham, ex gobernador de la Florida y ex senador de la República.

Graham es un hombre de gran personalidad y un tremendo ser humano y es uno de los políticos estatales que ayudó mucho a los cubanos y los valoraba muchísimo, como era el caso de Pepe Villalobos. A mí me consta cuánto influyó Villalobos para que Graham nombrara a cubanoamericanos en diferentes *boards* estatales y promulgara leyes que ayudan al exilio cubano. Es una lástima que Graham no llegara a presidente de Estados Unidos, porque es un hombre muy honesto que se dedicó a la política solamente como un medio de mejorar la vida de los demás.

Sin haber estado tan cerca de Graham, Pepper y Fascell como lo estuve de Askew, Clark y Kennedy, ellos tres fueron también buenos amigos a quienes recuerdo con gratitud y hombres cuyo paso por la política fue algo inspirador para mí.

Permítanme ahora regresar a los años 70...

Capítulo 12
El primer cubano en el gobierno estatal

> *Hay cuatro clases de seres humanos: el que no sabe y no sabe que no sabe; ése está perdido, olvídate de él; el que no sabe y sabe que no sabe, ése quiere aprender, enséñale; el que sabe y no sabe que sabe, ése está dormido, despiértale y el que sabe y sabe que sabe, pero no hace alarde de lo que sabe. Ése es un sabio, síguele.*
>
> Sabiduría popular

En 1970, Dave Kennedy, alcalde de Miami, me nombra como miembro de la Junta de Planificación y Zonificación de la ciudad. Era la primera vez que un cubano accedía a ese importante organismo urbano y me cupo a mí el honor de ser escogido para integrar ese equipo auxiliar de gobierno que hasta entonces había sido un reducto anglosajón, no obstante la creciente diversificación étnica que Miami ya entonces experimentaba.

Yo diría que ese nombramiento marcó mi entrada al mundo de la política local, algo a lo cual yo venía prestando mayor atención e interés cada día, a raíz, precisamente, de mi amistad con Steve Clark y con el propio alcalde Kennedy. En poco tiempo pude aprender el engranaje y el quehacer de la Junta y le *cogí el gusto* a aquella posición, que me permitía observar el manejo de la ciudad, que me proporcionaba asiento donde mismo se sentaban los comisionados y que ampliaba mis contactos en el mundo de la política. Fue en esa época que Dave Kennedy me presentó a Reubin Askew, a la sazón senador estatal del área de Pensacola.

Precisamente en aquel año, 1970, el ambiente político en la Florida estaba en una fase de pleno dinamismo. Era entonces gobernador de la Florida Claude Kirk, el primer republicano que lograba llegar a ese cargo desde tiempos de la Reconstrucción. En noviembre de ese año habría elecciones y Kirk aspiraba a la reelección. Su campaña reeleccionista se basaba casi exclusivamente en su oposición a la desegregación racial, parte de sus reaccionarios intentos de mantener a la Florida como un bastión del antiguo sur de los Estados Unidos.

Askew, un demócrata de corazón, más que de partido, decidió enfrentarlo. Pero, no fue fácil, otros tres políticos demócratas; el Fiscal General del estado Earl Faircloth, el presidente del senado estatal, Jack Mathews, y el entonces alcalde del condado Dade, Cuck Hall, aspiraban a la nominación del partido para retar a Kirk en los comicios de noviembre y algunas encuestas y algunos analistas señalaban que Askew era el que menos apoyo tenía, pues, aunque todos lo admiraban por sus cualidades personales, su propia decencia era vista como algo que no lo ayudaba mucho frente a un candidato agresivo y poco ético como Claude Kirk.

Dave Kennedy era el director de la campaña de Askew aquí, en el sur del estado, y, tras conversar con el propio Askew en dos o tres ocasiones, él me pide que yo me haga cargo de su campaña entre los hispanos. Yo acepté la encomienda con gran entusiasmo, fui nombrado *Chairman Hispano* en el estado y me di en cuerpo y alma a aquella misión.

Esta participación directa en una campaña electoral fue para mí como una escuela, no solamente de política electoral, sino, además, de varios aspectos del modo de pensar de *los americanos,* de su manera de ver las cosas y pude entender que muchos de los errores que tradicionalmente han cometido los gobernantes y los diplomáticos de Washington al trazar sus políticas para América Latina, tienen que ver más con sus estereotipos y su desinformación sobre los pueblos del continente que con alguna presunción de superioridad o de arrogancia ante los mismos.

A algunas de las personas con mayores responsabilidades en la campaña de Askew, por ejemplo, les llamaba mucho la atención de que, antes de visitar determinadas ciudades del estado, donde debíamos tener eventos y reuniones con los votantes y con algunas personas de influencia en esa área en particular, yo trataba de informarme sobre la procedencia de los hispanos del lugar, dónde trabajaban y qué porcentaje de ellos estaba registrado para votar.

Uno de aquellos miembros del equipo me preguntó en cierta ocasión, creo que fue cuando se estaba coordinando una visita de campaña al área de Orlando, por qué yo *sudaba tanto* sobre esos detalles cuando lo que se acostumbraba en casi todas las campañas era repetir el mismo discurso, con ligeras variantes, en las distintas ciudades que se visitaban. Yo traté de explicarle que no era lo mismo hablarles a los cubanos que a los mejicanos o a los puertorriqueños, pues se trataba de pueblos que, aunque tenían muchas similitudes, tenían también grandes diferencias culturales, históricas, etc.

El hombre, un joven empresario, me decía que no podía ser tan diferente, que era lo mismo hablarles a *los gringos* (así me dijo) de Miami que a los de Jacksonville y que no podía haber mucha diferencia en ese aspecto con los hispanos.

Yo traté de explicarle que «*los hispanos*», tal como el *mainstream americano* los percibe, esa masa uniforme de piel más o menos oscura que habla español, no existe en realidad. El hombre se extrañó mucho de lo que yo decía y tuve que ponerle como ejemplo las diferencias entre un argentino y un guatemalteco típicos para que entendiera un poco.

Le expliqué también que, aunque todos hablamos español, cada pueblo tiene sus propios modismos y sus propios acentos y que, en muchos temas de política nacional e internacional, lo que interesa mucho a los colombianos, por ejemplo, no tiene mucha importancia para los dominicanos.

No sé si aquel *americano* salió de aquella conversación conmigo más confundido que cuando comenzamos a hablar, pero espero que no haya sido así. Lo verdaderamente triste y preocupante es que esas percepciones equivocadas sobre «*los hispanos*» en Estados Unidos me las he encontrado después en diferentes ocasiones y circunstancias a lo largo de mi quehacer político.

En aquellos momentos esto no representó un gran problema para mí, porque yo tenía plena libertad de acción al conducir la campaña hispana de Askew, pero es algo que aún me preocupa, pues creo que percepciones equivocadas de esa naturaleza dificultan mucho las relaciones entre los hispanos de Estados Unidos y sus gobernantes, así como las relaciones de Washington con los pueblos y gobiernos latinoamericanos.

Hubo que trabajar fuertemente para lograrlo, pero Reubin Askew ganó la nominación demócrata para la gobernatura de la Florida en una elección intrapartidista de segunda vuelta en la cual era su rival Earl Faircloth. Ahora había que echar rodilla en tierra para derrotar al titular republicano y retornar la razón y el derecho a Tallahassee.

Por mi parte, yo me sentía fuertemente entusiasmado, creía en lo que estaba haciendo al tratar de convencer a los votantes hispanos de que eligieran a Askew y aunque se trataba de mi primera experiencia puramente política en Estados Unidos, y el trabajo era intenso, en realidad, a mí me resultaba fácil.

Me resultaba fácil, porque se trataba de defender a un hombre bueno, religioso, honrado y abierto con todo el mundo, contra un racista recalcitrante del cual los hispanos sobreetendían que sus conceptos sobre ellos no eran diferentes a lo que expresaba y lo que daba a entender sobre los afroamericanos, que no era nada bueno, ni justo.

En sus ataques contra Askew, Kirk lo calificaba como «*un niñito de mamá que no tiene el coraje necesario para enfrentarse a los legisladores... un tipo muy dulce escogido por los liberales... para que les sirva de frente*», mentiras que es triste ver cómo son utilizadas todavía hoy, por políticos que tratan de cubrir su falta de argumentos descalificando a sus contrarios.

Yo viajaba con Askew a diferentes partes del estado para actos y reuniones de campaña, les hablaba en español a los hispanos de Tampa, Jacksonville, etc, y les hacía ver las marcadas diferencias, sobre todo en cuanto a la calidad humana de los dos candidatos.

Askew ganó la gobernatura por un margen de 14 puntos porcentuales sobre Claude Kirk y no hay ni qué decir del regocijo reinante entre todos los que habíamos ayudado en su campaña. A mí personalmente, su victoria me produjo gran satisfacción y me llevó al convencimiento de que la política bien entendida, el servicio público, era mi verdadera vocación, pues yo había disfrutado cada minuto de aquella campaña.

Por otra parte, aquel esfuerzo electoralista reforzó grandemente mi convicción en los ideales democráticos y el poder de la verdad. En ocasiones como aquella yo no podía dejar de escuchar una voz interior que me decía «*esto es lo que yo quiero para Cuba*».

Eso fue en noviembre de 1970, el triunfo electoral de Reubin Askew. Tomó posesión del cargo en enero de 1971 y comenzó enseguida la reestructuración del gobierno estatal.

Todos los gobernadores tenían entonces —no sé si esto existe todavía— lo que llamaban un *patronage committee* formado por personas de su confianza a lo largo y ancho del estado. Cada vez que se producía una vacante en el gobierno, ese comité le enviaba al gobernador una lista de tres nombres de la cual éste podía seleccionar a la persona indicada para llenar la posición.

A Askew no le agradaba el nombre de *patronage committee* y lo cambió a *advisory committee*. Además, redujo el número de sus miembros de 50 a 25. Fui nombrado por él como miembro de ese comité, convirtiéndome así en el primer cubano en la historia de la Florida en ocupar un puesto de tal categoría.

Sucedió que, casi inmediatamente después de la toma de posesión de Askew, se produjo una vacante en la Junta Escolar del condado Dade. Yo le recomendé a Alfredo González Durán para cubrir esa vacante. Había otras dos personas que habían sido recomendadas, pero yo, viendo la disyuntiva en la que esto ponía al gobernador, me adelanté y pude hablar personalmente con él. Le hice ver la importancia de que, por primera vez, un hispano tuviera un puesto en la Junta Escolar de un condado con una cantidad sustancial de estudiantes hispanos y no me costó mucho esfuerzo convencerlo. Askew nombró a Alfredo.

Lamentablemente, cuando el puesto que ocupaba Alfredo interinamente fue a elección, él perdió la posición. Recordemos que los votos hispanos en el sur de la Florida no eran todavía un bloque de peso como para decidir contiendas.

Al mismo tiempo, Askew empezó a reemplazar funcionarios en distintas posiciones y, en mayo de 1971, sin yo esperarlo, me propone la jefatura del Buró Internacional del Departamento de Comercio del Estado de la Florida, el organismo estatal que estaba a cargo del intercambio comercial y turístico con la América Latina. Yo acepté la oferta, aunque no estaba muy seguro de todo lo que el cargo implicaba. Sin embargo, me parecía que el hecho de que un cubano-americano exiliado fuera nominado para tal posición, era una oportunidad que no se debía dejar pasar. Esto era para mí algo verdaderamente importante.

Estuve una semana en Tallahassee, tratando de familiarizarme con todo lo relacionado a mi nueva posición. Me fue dado un local en el puerto de Miami para establecer allí mi oficina y allí comencé esta nueva etapa de mi vida.

El local era muy pequeño y su ubicación no era la adecuada para los planes que yo tenía en mente. Tenía dos empleados a quienes yo no había conocido con anterioridad y la realidad es que yo no me sentía muy optimista en cuanto a lo que se podía lograr en aquellas condiciones.

Yo estaba empeñado en hacer un buen trabajo, no solamente por mi prestigio personal, sino, además, porque sabía que, inevitablemente, mi desempeño en el cargo se tomaría como ejemplo y medida de la capacidad de los hispanos para ocupar posiciones de importancia a nivel del estado, ya que era yo el primer cubano, en ocupar una posición representativa del gobierno estatal ante gobiernos y empresas de otros países.

Así las cosas, me fui a Tallahassee al poco tiempo de haberme hecho cargo del Buró, pero ya mejor empapado en el funcionamiento y las posibilidades de esa posición. Hablé con Askew y le dije que yo estimaba que el mejor lugar para el funcionamiento del mismo era Coral Gables, debido a que en esa ciudad estaban radicadas la mayor parte de las compañías que se dedicaban al comercio con nuestros vecinos del sur y también estaban allí muchos de los consulados de los países de la región.

Askew entendió enseguida la lógica de lo que yo le pedía y me dijo que procediera, que buscara un local y que aumentara la nómina a diez empleados. El local lo encontré en el 301 de Almería Ave., alquilé todo el tercer piso de ese edificio frente a la Mercedes Benz de Coral Gables y procedí a nombrar los diez empleados.

Uno de ellos fue Otto Reich, que unos años después sería el embajador de Estados Unidos en Venezuela y sería también Sub Secretario de Estado para América Latina. Otto estuvo ahí conmigo durante un año, más o menos, y algún tiempo después vino para la ciudad de Miami y de aquí a Washington, donde consiguió un puesto en el Consejo de las Américas.

Lo primero que hice como jefe del Buró Internacional fue establecer contactos con los diplomáticos, o sea, con los cónsules que estaban destacados en Miami, la mayor parte de los cuales, como antes apunté, vivían y tenían sus oficinas en Coral Gables. Organicé un almuerzo con los cónsules que fue un éxito tremendo y a partir de entonces comenzaron los viajes a América Latina, viajes en los cuales yo incluía siempre algunas personalidades del comercio y la banca que buscaban hacer sus propios contactos en distintas partes del continente, contactos, tanto de turismo, como comerciales.

Por ejemplo, yo siempre trataba de incluir en esos viajes a personas como Luis Sabines, el presidente de la Cámara de Comercio Latina, la CAMACOL, como Manolo Arqués de los hombres de empresa y llevaba también a dueños de negocios que empezaban aquí, pero ya tenían importancia, para establecer vínculos con esos países y empezar a traer mercancías de los mismos. Uno de mis objetivos principales era atraer a los capitales, a los inversionistas latinoamericanos, para acá, labor que resultó muy prolífica y conveniente para nuestro estado.

Mientras tanto, yo seguía a la caza de posiciones que se abrían y donde era posible nombrar a hispanos bien preparados para las mismas y tuve la suerte de que Askew entendiera la necesidad de que los funcionarios de su gobierno fuesen verdaderamente representativos de las comunidades a las cuales servían.

Y no sólo eso: dondequiera que se presentaba una oportunidad de ayudar al progreso de nuestra comunidad, Reubin Askew respondía favorablemente a las peticiones que se le hacían. Por ejemplo, yo llevé ante él, a Tallahassee, a los dirigentes de la Federación de Profesionales Cubanos del Exilio, que presidía una excelente persona, el Dr. Cristóbal González Mayo. La Federación acogía a médicos, abogados, farmacéuticos, arquitectos, veterinarios como el propio González Mayo, etc. que se habían agrupado para luchar por reformas que les permitieran ejercer legalmente sus profesiones en el estado de la Florida.

En esta ocasión, ellos abogaban por que se les permitiera tomar en español los exámenes para la reválida de sus títulos, algo a lo que hacían mucha resistencia los diferentes *boards* de profesionales del estado, en ninguno de los cuales figuraba un hispano.

Es de justicia mencionar que, en este asunto, trabajaba con gran ahínco otro prominente profesional cubano, el Dr. Rafael Peñalver, padre. Pues bien, el gobernador accedió, a pesar de que algunos le decían que eso no le favorecía electoralmente, porque los que se oponían eran votantes de diferentes partes del estado y los cubanos, en su gran mayoría, no podían votar por no ser aún ciudadanos americanos. Olvidaban los que lo aconsejaban así que Reubin Askew era un hombre que, para decidir algo, buscaba dónde estaba la justicia y no dónde estaban los votos.

Cuando Askew cumplió sus dos términos como gobernador, los votantes eligieron para sucederlo a Bob Graham, para solidificar los que algunos observadores de la política han calificado como «*la época de oro*» del estado de nuestro estado. Con Askew se asentaron en la Florida los derechos civiles y se derrumbaron las aspiraciones de algunos de hacer de esta parte de la nación una fortaleza para lo peor del antiguo espíritu de la Confederación y con Graham, el estado se abrió a la modernidad dentro de un marco de decencia y civilidad que enalteció entre nosotros el ejercicio de la política.

En cuanto a los hispanos, la política de inclusión comenzada por Askew, fue consolidada por Graham, dos nombres sin los cuales no puede escribirse la historia de la integración de los hispanos, particularmente de los cubanos, en el proceso político de la Florida.

Capítulo 13
De la Florida a Latinoamérica

*El éxito es fácil de obtener.
Lo difícil es mantenerlo.*
Albert Camus

Yo tuve mucha suerte en cuanto a la decisión del gobernador Askew de nombrarme como Jefe del Buró Internacional del Departamento de Comercio del estado, porque, entre otros factores, se me entregaba para trabajar un campo casi virgen, donde era mucho lo que estaba por hacer. Pronto me di cuenta de que no tendría tiempo para aburrirme en mi nueva posición.

Como Jefe del Buró Internacional del Departamento de Comercio del estado de la Florida.

Al hacerme cargo del Buró, el estado de la Florida conducía sus asuntos internacionales a través de varios departamentos, agencias, etc. independientes unos de otros, y sin mayor coordinación entre ellos. No existía una política bien definida a seguir, ni protocolos de procedimiento. Por otra parte, algunas áreas de importancia inmediata o potencial no estaban siendo atendidas adecuadamente, debido a una gran falta de liderazgo en el sector.

La importancia de los asuntos internacionales para la Florida, un estado rodeado por el mar, en todas direcciones excepto al norte, con catorce puertos de aguas profundas y cinco aeropuertos internacionales trayendo negocios y turismo de todo el mundo, siendo algo tan obvio, era algo a lo cual no se le estaba prestando la atención merecida.

A pesar del creciente papel de este estado en la arena internacional, no se había establecido una política oficial, ni siquiera un criterio definido sobre los asuntos internacionales. Esto había conducido, lógicamente, a la duplicación de esfuerzos en muchos casos y a un inevitable debilitamiento de la presencia estatal en esa área. Por ejemplo, el desarrollo del turismo internacional, un factor fundamental para la economía estatal, había sido relegado a un sector poco atendido dentro de la División de Turismo del Departamento de Comercio. El desarrollo del intercambio internacional, que es y ha sido un factor principal en el balance económico de la nación en general y del estado en particular, había sido diluido dentro de la Oficina del Coordinador Internacional, dentro de un Buró de Desarrollo Internacional, dentro de la División de Desarrollo Económico del Departamento de Comercio.

Otros asuntos importantes, como la coordinación con diferentes agencias y organizaciones internacionales, así como la coordinación de nuestra parte de actividades de ayuda en caso de desastres, actividades emanadas aquí, en la Florida; las relaciones con el cuerpo consular; el desarrollo de un programa de visitantes importantes, como complemento a la oficina del gobierno federal en nuestra área, habían recibido poca o ninguna atención por parte del estado.

Por lo tanto, puse como prioridad principal organizar varias áreas de actividad en el Buró Internacional que se me había confiado, entre otras: el turismo y los asuntos culturales, el contacto con los cónsules, así como con universidades y organizaciones internacionales públicas y privadas; los asuntos internacionales de finanzas, intercambio y comercio; todo lo relacionado con el transporte de y hacia los puertos y los aeropuertos, así como la publicidad y nuestras relaciones con los medios de prensa.

Había, además, otros aspectos que eran competencia del Buró Internacional, a los cuales yo me propuse imprimir una dinámica un poco más visible, todo con el fin de hacer que los mismos rindieran una labor más efectiva. Esto sólo lo podía lograr promoviendo y apoyando relaciones más estrechas y mejor coordinadas entre el estado y la empresa privada en todo lo relacionado al comercio y el intercambio internacional, incluyendo facilidades para la inversión extranjera, así como el incremento de la promoción del turismo internacional hacia la Florida.

Pero, para lograr que lo anterior pudiera hacerse con la mayor efectividad posible, era necesario que todas las instancias del gobierno estuvieran bien informadas al respecto, de forma tal que nuestros proyectos encontraran suficiente apoyo e interés. Una de nuestras labores prioritarias sería, pues, asesorar y aconsejar al gobernador, a la legislatura y a las agencias relacionadas con nuestras áreas de interés con el fin de establecer una bien definida política estatal tendiente a estimular, junto con el Departamento de Comercio a nivel federal, todo lo concerniente al comercio internacional. En todo esto, era necesario, además, respaldar a todas las organizaciones no lucrativas, dedicadas al aumento del intercambio comercial.

Por otra parte, era necesario ayudar activamente a las misiones y exhibiciones internacionales que perseguían igualmente el auge del comercio entre la Florida y el exterior. Y no menos importante, era preciso darnos a conocer, dar a conocer nuestro estado, sus bellezas y sus oportunidades de negocios, a un nivel personal, de tú a tú, con funcionarios y oficiales de los gobiernos y la empresa privada de los países del continente, que, por su cercanía geográfica y sus conocimientos previos, serían las fuentes primordiales del nivel de intercambio que queríamos establecer.

Como puede verse fácilmente no era poca la tarea que tenía yo por delante como nuevo jefe del Buró Internacional del Departamento de Comercio de la Florida. Me concentré en mi trabajo, decidido a hacer un buen papel, no sólo por orgullo profesional, sino, además, porque no olvidaba que yo era el primer hispano, el primer cubano, en dirigir un sector importante del gobierno estatal y que lo que yo hiciera redundaría en los juicios que pudieran hacerse sobre nuestra comunidad.

Así pues, me remangué la camisa, junto con un excelente equipo que logré formar y, entre todos, logramos desarrollar un movido plan de trabajo, que produjo los jugosos beneficios que esperábamos obtener para la Florida.

Realizamos caravanas promocionales a Colombia y Venezuela y, una vez allí, hicimos seminarios a donde acudían empresarios locales interesados en hacer negocios acá. Igualmente, llevamos misiones comerciales a Centro América, donde nos fue muy bien.

Recuerdo en particular una misión comercial a Manaus, Brasil, en la cual fuimos acompañados por 23 empresarios de nuestro estado y se lograron ventas por más de $600,000.00.

También recuerdo una caravana comercial a México, Guatemala, Colombia y Venezuela que resultó muy exitosa y muy del gusto de los manufactureros que nos acompañaban.

Recuerdo también una misión comercial a República Dominicana y Haití que generó más de tres millones de dólares en ventas en su primer año. Y algo verdaderamente espectacular fue la conferencia de la COTAL (Confederación de Organizaciones Turísticas de América Latina) que tuvo lugar en Panamá, en mayo de 1972 y la cual logró congregar alrededor de tres mil representantes de las empresas de viajes de todo el continente, desde México hasta Argentina y Chile, la cual devino en una incomparable fuente de contactos para el mejor desempeño de nuestras actividades.

Otra actividad que resultó muy exitosa fueron las giras de familiarización con la Florida, a las cuales invitábamos, entre otros, a representantes de agencias de viajes de todo el continente, con los cuales recorríamos los principales lugares de atracción turística en nuestro estado.

En todas estas actividades tratábamos de involucrar a grandes empresas ya establecidas en el intercambio de y hacia la Florida. Buscábamos, sobre todo, la participación de líneas aéreas como Braniff y Avianca, que eran bien conocidas y cubrían, entre las dos, casi todo el continente. Del mismo modo, no emprendíamos misión alguna si no estábamos acompañados por un buen número de comerciantes y empresarios del estado, pues ellos eran nuestros promotores más eficientes.

Creo que se logró establecer en el Buró Internacional del Departamento de Comercio de la Florida unas estrategias para la acción y un ritmo de trabajo que mostraron su eficacia a través del tiempo.

Lo anterior es fácil de demostrar, pues basta con mencionar algunos de los muchos países que visité en cumplimiento de mis funciones. Con el gobernador Askew, viajé en una misión comercial a Colombia y Venezuela. Con el vice gobernador Tom Adams, viajé en dos ocasiones a Colombia. Recorrí con distintas misiones comerciales todo el sureste de México, visitando en distintas ocasiones los estados de Yucatán, Campeche, Tabasco, Guerrero, Quintana Roo, así como Ciudad México, la capital del gran vecino del sur. Creo que ya he mencionado la visita que, junto a Steve Clark, y a invitación del ex presidente mejicano Miguel Alemán, hicimos al estado de Guerrero para conocer lo que era entonces el proyecto de desarrollo de Cancún.

Viaje de la Amistad Bicentenial en 1975 a
Venezuela y Colombia con el Gobernador Askew

Otro país con el cual fortalecimos la relación e incrementamos el intercambio, fue la República Dominicana. En dos ocasiones estuvimos en Santo Domingo invitados por el síndico o alcalde, Guarionex Lluberes y en ambas visitas fuimos recibidos por el entonces presidente del país, el Dr. Joaquín Balaguer.

Dicen que lo único que es permanente en la vida, es el cambio y, como ya he contado, al ser designado interinamente como comisionado de la ciudad de Miami, en julio de 1972, me vi obligado a renunciar al Buró Internacional.

Sin embargo, la persona que yo recomendé para sustituirme en el cargo y que fue inmediatamente nombrada por el gobernador Askew, mi querido amigo Julito González Rebull, ya fallecido, hizo allí una excelente labor de continuidad y cimentó el trabajo que yo había comenzado hasta convertirlo en una de las bases más firmes para el desarrollo y crecimiento comercial y turístico de la Florida.

Recordemos lo que era este bello estado en aquellos tiempos y veamos lo que es hoy. Me parece que el enriquecimiento, en todos los sentidos, de lo que la Florida puede ofrecer hoy a visitantes y empresarios de todo el mundo, no hubiera sido posible sin el intenso trabajo de aquellos días.

Capítulo 14
El primer comisionado cubano

> *El pesimista ve dificultad en cada oportunidad,*
> *el optimista ve oportunidad en cada dificultad.*
> Winston Churchill

La exitosa campaña electoral que llevó a Reubin Askew a convertirse en gobernador de la Florida, y el hecho de haber ayudado yo a aquella victoria, la cual, en el principio, era vista como imposible por más de uno, incrementó mucho mi interés en los temas locales, en la política al respecto y en las cuestiones electorales. ¿Cómo se realizaban las encuestas?... ¿Cuál era la estrategia para conseguir donaciones de campaña?... ¿Cuáles eran las posiciones desde las cuales se podía ayudar a resolver los problemas de la comunidad?

Yo había hecho buenas migas con personas involucradas directamente en las campañas de Clark, de Dave Kennedy, de Askew. Yo preguntaba, trataba de aprender, y ese interés mío no pasó inadvertido para activistas y funcionarios, algunos de los cuales me invitaban a considerar la posibilidad de que, llegado el momento, yo aspirara a algún cargo electivo en la ciudad o en el condado.

Pero, lo cierto es que yo estaba muy contento con mi trabajo en el Buró Internacional del Departamento de Comercio de la Florida. Había podido acercar a diferentes grupos de empresarios de nuestra área a sus colegas de varios países del continente, tenía excelentes relaciones con los cónsules destacados en el Gran Miami y, a través de ellos, con sus gobiernos respectivos, el intercambio entre el sur de la Florida y México, Centroamérica, el Caribe y América del Sur se había incrementado para beneficio de todos, el gobernador estaba muy satisfecho con mi labor, e incluso la prensa nos dedicaba elogiosos comentarios.

Además, pude comprobar algo que yo creía y practicaba desde siempre: la persona que tiene interés en servir a los demás, no precisa tener un cargo oficial para hacerlo. Por ejemplo, en 1971 se cumplían diez años de la acción de Playa Girón y muchos cubanos, sobre todo los brigadistas, pensábamos que esa ocasión no debiera pasar inadvertida. Así pues, la directiva de la Asociación de Veteranos de Bahía de Cochinos, la Brigada, acordó levantar un monumento que honrara la memoria de los caídos en Playa Girón y así fue que se logró erigir la hermosa columna cubierta de mármol que está donde comienza el *Cuban Memorial Boulevard* (Calle 8 y Avenida 13, SW, Miami).

Miami - Little Havana: Cuban Memorial Plaza - Bay of Pigs Monument

The Bay of Pigs Monument, also known as the 2506th Brigade Memorial or Giron Monument, designed by Manolo Reboso and sculpted by Tony Lopez, was dedicated along Cuban Memorial Boulevard at the intersection of SW 13th Avenue and SW 8th Street in April 1972. The monument pays tribute to the efforts of 2506th Brigade, which made an unsuccessful effort in April 1961 to overthrow Fidel Castro's regime in Cuba. Reboso was a veteran of the Bay of Pigs invasion.

The memorial consists of a 12-foot-tall hexagonal column covered with gray marble tile and topped with an urn containing a perpetual flame. On the front of the column is a plaque depicting the 2506th Brigade's coat of arms, a Cuban flag wrapped around a cross. On each side of the column are commemorative inscription plaques. At the foot of the column is a small hexagonal base that rests on a larger hexagonal base which is ringed with a iron chain. The chain is threaded around six artillery shells mounted one at each corner of the larger hexagonal base.

Yo diseñé la columna hexagonal y el gran escultor cubano, ya fallecido, Tony López, puso todo su arte en el trabajo. En el tope de la columna está una llama eterna en memoria de los mártires de aquella jornada, en el frente, en bronce, está el escudo de la Brigada y en cada una de las caras del hexágono hay placas conmemorativas. En la base, alrededor de la columna, los cascos de seis cohetes de artillería sirven de apoyo a una cadena que rodea el conjunto.

Para mí fue de gran satisfacción poder participar no sólo del proyecto, sino que, a través de mi compañía de construcción pude, materialmente, echar las bases del obelisco. Carlos M. Couto fue el maestro de obras. La comisionada Rose Gordon consiguió el apoyo de Florida Power and Light para la instalación y el mantenimiento de la antorcha.

El monumento fue inaugurado el 17 de abril de 1971. El acto de la develación del obelisco y prender la antorcha fue muy solemne, con mucho público y contó con la presencia del alcalde Kennedy, y del senador Lawton Chiles. El presidente Nixon envió un mensaje, sumándose al homenaje. Aquello también me sirvió de acicate: si de simple ciudadano podía ayudar en obras de beneficio para la comunidad, ¿cuánto más si se cuenta con los recursos del poder local?

Así las cosas, sucedió que, a mediados de 1972, Irving Christie es nombrado juez, debido a lo cual debe renunciar a su puesto como comisionado de la ciudad de Miami. Éste lo hace así y entonces, el alcalde Kennedy me dice que él va a proponer que se me nombre a mí para sustituirlo. Yo veo aquello como una gran oportunidad. A través de mis múltiples contactos en la comunidad, yo estaba muy consciente de que, a los hispanos, y a los cubanos en específico, nos afectaban los problemas, pero no éramos parte de las soluciones. Que uno de los nuestros, yo, en este caso, pudiera estar donde se toman las decisiones, equivalía a tener voz y voto en la búsqueda de soluciones.

No se me escapaba la gran responsabilidad que aparejaba ser el primer cubanoamericano comisionado de Miami, sabía que tendría muchas miradas escudriñando mi trabajo y no todas bien intencionadas. Pero, esa responsabilidad no me intimidaba, pues, sin petulancia ni falsa modestia, yo confiaba en mí mismo y pensaba que si lo estaba haciendo bien en el Buró Internacional del Departamento de Comercio del estado, ¿por qué no habría de hacerlo bien igualmente en la Comisión de Miami?

Ahora bien, a pesar de que el alcalde Dave Kennedy me respaldaba, los comisionados debían votar y no todos me apoyaron en el primer momento. Los comisionados de Miami en aquellos tiempos, eran, además del saliente Irving Christie, el reverendo Theodore Gibson, una figura patriarcal de la comunidad afroamericana, la Sra. Rose Gordon, una exitosa empresaria en el giro de bienes raíces y el funerario Joseph Lionel Plummer, Jr., a quien todo Miami se refería como «J. L.».

Pues bien, J. L quería nominar a mi amigo Alfredo Durán para el puesto que dejaba Irving Christie. Alfredo, conté anteriormente, había sido nombrado por el gobernador Askew, a instancias mías, para cubrir una vacante en la Junta Escolar, pero, cuando esa posición fue a elecciones, Alfredo perdió y no pudo continuar allí. Alfredo y yo somos como hermanos y él, no sé si en deferencia hacia mí, no mostró interés en ser comisionado. Yo sí estaba interesado, el alcalde Kennedy era quien me proponía para el puesto, el reverendo Gibson me respaldó desde el primer momento y Rose Gordon se nos sumó después.

Lo de Alfredo nunca tomó cuerpo en realidad, por su propia negativa a ser considerado, pero había un grupo que proponía a Demetrio Pérez Jr., no recuerdo bien si sonaba algún otro nombre, el caso fue que, aparentemente, Plummer se sentía presionado, no quería tener que tomar una decisión y escapó de aquella situación ingresando en el hospital para no tener que votar, una maniobra que utilizó más de una vez cuando la comisión tenía entre manos algún tema peliagudo.

Así las cosas, el 6 de agosto de 1972 fui nombrado para cubrir el término del renunciante Irving Christie, el cual expiraba en noviembre de 1973. Esto me daba poco más de un año para familiarizarme con todos los aspectos de mi nuevo cargo y, en la práctica, comprobar si de veras me gustaba la posición y si valía la pena servir en la misma.

Tomando posesión en julio 1972 como el primer cubano americano comisionado de la Ciudad de Miami.

Me di cuenta de que lo primero que debía hacer para lograr un buen desempeño como comisionado de Miami, era aprender, aprender lo que yo podía hacer de acuerdo con las atribuciones del cargo, aprender a hacerlo de la mejor manera posible y aprender también cuáles eran las limitaciones, lo que no debía hacer.

En ese período inicial de aprendizaje fue fundamental la ayuda que recibí del entonces *city manager* Melvin Reese, quien, espontánea y generosamente, se convirtió en algo así como mi *city government coach.* Recuerdo vivamente sus sabios consejos, el primero de los cuales fue: —«*Nunca te vas a arrepentir de algo que no hayas dicho. Trata de hablar poco y hacer tu tarea, tu homework. Ven siempre listo para votar, analiza todos los puntos y mientras menos hables, mejor, sobre todo ahora, al principio*».

Así lo hice. Seguí sus consejos y me guié mucho por él. Cada vez que tenía una duda, yo llamaba a Melvin Reese.

Dave Kennedy también me ayudó mucho, a pesar de que no estábamos de acuerdo en dos o tres asuntos. Kennedy era de la filosofía que lo mejor era liberar al gobierno de la ciudad de muchas de sus obligaciones. Ya la ciudad le había cedido el puerto y el aeropuerto al condado y entre los planes de Kennedy estaba darle al condado los parques de la ciudad, para lo cual él tenía ya los tres votos que necesitaba, contando con el de Irving Christie, pero, al renunciar éste y entrar yo en su lugar, se le ponchó aquel plan al alcalde, pues yo no era partidario de esa idea. No se le dio nada más al condado y Kennedy lo aceptó de buen grado.

Tan pronto comencé a formar parte de la comisión de Miami, me di a la tarea de recorrer los distintos vecindarios, para empaparme de sus necesidades. Al mismo tiempo puse un gran esfuerzo en conocer y establecer contactos con aquellas personas a las cuales yo les veía mayor interés en sus comunidades respectivas y que ejercían alguna influencia sobre sus vecinos.

Había un problema común a toda la ciudad en aquellos momentos y era la falta de representación que teníamos los cubanos, los hispanos en general y las personas de color en las organizaciones que controlaban los poderes en Miami. Los anglosajones controlaban todos los aspectos de la vida en el sur de la Florida, y, en términos generales, eran muy reticentes en cuanto a compartir alguna cuota de su poder con nosotros, pues muchos de ellos nos veían como intrusos que veníamos a desplazarlos.

Por ejemplo, el problema de la escasez de viviendas asequibles para personas de recursos limitados, como lo eran casi todos los que llegaban de Cuba, era muy difícil de resolver o de aliviar siquiera y una de las causas principales era que muchos propietarios no querían alquilar sus casas o apartamentos a cubanos, porque, generalmente, se trataba de familias numerosas y, además, muchas veces, dos familias se ponían de acuerdo para vivir en una misma casa y así compartir los gastos.

Yo no perdía oportunidad alguna de proponer a cubanos capacitados cuandoquiera que se presentaba una vacante en cualquier organismo de la ciudad, pero trataba de hacerlo con mucha discreción para no alarmar al *establishment anglo* y trataba de ser muy cordial con ellos y esto lo hacía sinceramente, tratando de que dejaran de vernos como conquistadores que llegaban a ocupar su territorio.

Los cubanos que estaban aquí desde los primeros días del dominio castrista en Cuba y los que subsecuentemente iban llegando -lo que hoy llamamos *el exilio histórico*- teníamos un problema muy peculiar: casi todos estábamos convencidos de que nuestra estancia en los Estados Unidos era algo temporal y que, en un corto tiempo, podríamos regresar a una Cuba libre a reasumir allí nuestras vidas normalmente. Esta forma de pensar era, a mi entender, algo enaltecedor, porque ponía a las claras el amor del cubano por su patria, pero, como dije anteriormente, era, al mismo tiempo, un problema muy peculiar, porque obstruía en buena medida nuestra integración en el lugar donde vivíamos.

Un gran número de exiliados no se interesaba en hacerse ciudadanos de Estados Unidos, ni quería echar raíces aquí, ni comprar una casa siquiera, mucho menos inmiscuirse en los asuntos locales, porque, «*¿para qué?... si ya para Nochebuena estaremos de regreso en Cuba?*».

Al contrario de lo que los sociólogos profetizaban cada vez que hacían un estudio sobre los cubanos de Miami, esta forma de pensar se mantuvo durante muchos años, yo diría que hasta finales de los 70 o principios de los 80, en que las necesidades de la vida cotidiana, el acceso de los hijos a las universidades, los requisitos para trabajos bien remunerados y la evidente necesidad de la participación política, aún por las características propias de la situación de Cuba, pusieron muy en claro para todos que se puede ser, a un mismo tiempo, un buen cubano y un buen ciudadano estadounidense, sin que haya en ello contradicción alguna.

Pero, eso vino después. Lo cierto es que cuando yo llegué a la Comisión de Miami, adelantar nuestras prioridades no era algo fácil, porque el voto cubano no constituía aún una fuerza electoral de consideración. Las pequeñas conquistas que entonces se lograban en beneficio de los nuestros, se debían más a la influencia de unos pocos cubanos acaudalados que contribuían a los fondos de campaña de algunos políticos locales y dejaban sentir su peso en favor de una que otra propuesta beneficiosa para nuestra gente.

Además de todo lo anterior, no hay que olvidar que, aunque fuese nombrado interinamente, yo era el primer cubano que llegaba a la comisión de Miami, y esto provocaba un escrutinio muy severo de mi actuación, sobre todo de parte de los organismos y las personas que tradicionalmente habían dominado, y dominaban aún, el escenario político.

Yo no renuncié a mi posición en el Buró Internacional del Departamento de Comercio del estado de la Florida inmediatamente después de haber sido instalado como comisionado de la ciudad de Miami, sencillamente me parecía que podía desempeñar las dos posiciones ya que yo no veía ningún conflicto de intereses y, en realidad, ninguno de los otros comisionados había tenido que dejar sus trabajos respectivos al ser elegidos, ya que el empleo con la ciudad de Miami se consideraba como un *part time job,* cuyo salario era la ridícula suma de $5,000.00 anuales.

Pero, el caso fue que los editorialistas de The Miami Herald, no perdieron tiempo en darle a aquella situación un tinte escandaloso y pidieron que yo renunciara a una de las dos posiciones ya que, según ellos, no debía nadie estar empleado al mismo tiempo por el estado y por la ciudad.

Me di cuenta de que, más allá de la discusión legal, la alharaca del Herald podía crearme una imagen negativa entre esos millares de personas que solamente leen los titulares de la prensa y tan pronto pude, me fui a Tallahassee y le presenté mi renuncia al gobernador, que tuvo palabras muy generosas para conmigo. Al mismo tiempo, como mencioné anteriormente, le pedí que nombrara a Julito González Rebull para el puesto que yo dejaba, y así lo hizo. Yo estaba seguro de que Julito continuaría el buen trabajo en ese departamento y no me equivoqué.

Comenzó el año 1973, que sería un año de cambios importantes en mi vida, tanto en lo personal como en lo político. Anteriormente, mi matrimonio con Irma había terminado en divorcio y en febrero del nuevo año me casé con la mujer que era entonces mi novia, Nora Díaz. Con ella tendría otros tres hijos: Noreen, Melissa y Manolo (Manny).

Continuando esta historia, en 1973 ya yo me movía con soltura en todo lo que tenía que ver con el gobierno local. Pensaba, al comenzar el año, que debía prepararme con tiempo para lo que sería mi primera contienda electoral, pues mi puesto iría a elecciones en noviembre de ese año. Lejos estaba yo de imaginar que se desencadenaría una serie de acontecimientos que cambiarían sustancialmente el panorama político de Miami y marcarían lo que tal vez pudiéramos llamar el comienzo del poder político hispano en el sur de la Florida.

En la noche del 6 de abril de 1973, el alcalde de Miami, Dave Kennedy, fue arrestado en una parada de camiones, junto a los jueces de circuito Murray Goodman y Jack Turner, el Reverendo Temperance Wright, que era un líder de la comunidad afroamericana, la Sra. Mina Davidson, y Frank Martin, un colorido personaje que controlaba las operaciones de la plaza del mercado de la 12 Avenida del NW en Miami, a tal punto que era conocido como «*el alcalde de la plaza*» y que, al mismo tiempo, gozaba de gran influencia en los círculos políticos de Miami.

Todos fueron formalmente acusados de conspirar para perpetrar un soborno. Kennedy era amigo de la Sra. Davidson y, de acuerdo a la acusación, el objetivo era, a través de la influencia de

Frank Martin, conseguir que el juez Turner redujera la sentencia dictada contra un hijo de ella por un caso de drogas. Por otra parte, se acusaba al «*alcalde de la Plaza*» y al reverendo Wright de tratar de convencer al juez Goodman de reducir también una sentencia dictada, en este caso, contra un hombre condenado por delitos de índole sexual. Se informó que desde 1971, los departamentos de policía de Miami y el condado Dade, tenían abierta una investigación, y, según la Fiscalía, que todos los implicados habían sido grabados en sus conversaciones respecto al caso en cuestión.

Aquello fue como una bomba de gran potencia que explotara en el centro de Miami y tuvo repercusiones nada favorables para la ciudad en la prensa nacional. Más allá de toda consideración política, yo me sentí tremendamente mal y fuertemente impactado por la noticia, pues Dave Kennedy era mi amigo, yo sabía que era, además, un hombre honesto, un político decente y un buen ser humano, al cual yo agradezco toda la ayuda que me dio en mis comienzos en la política local. Las acusaciones que se hacían en su contra, a mí me resultaban difíciles de creer.

Pero, actuando de acuerdo con las leyes estatales, tan pronto Kennedy fue formalmente encausado, el gobernador Askew lo suspendió como alcalde de Miami en espera del proceso legal correspondiente. Ahora tocaba a los comisionados, yo entre ellos, nombrar un alcalde interino hasta tanto se aclarara completamente la situación de Dave Kennedy.

La tarea que teníamos por delante no era nada fácil.

Capítulo 15
El nuevo alcalde

> *Se necesitan dos años para aprender a hablar y sesenta para aprender a callar.*
> Ernest Hemingway

Cuando el gobernador Askew, en abril de 1973, destituye al alcalde Kennedy al ser éste acusado formalmente de conducta criminal, nos deja a los comisionados con la espinosa labor de nombrar un alcalde interino, todo esto de acuerdo a lo dispuesto por las leyes del estado.

La encomienda no era nada invitadora para nosotros, los ediles de Miami, pues eran momentos en que, debido precisamente al escándalo de las acusaciones contra el alcalde, teníamos que hacer el nombramiento en medio de un ambiente de gran desprecio popular por la política y por los políticos, que ya sabemos de la ligereza con la cual la mayor parte de las personas juzga a todo un grupo humano, los políticos en este caso, cuando la reputación de un miembro prominente de ese grupo se ve seriamente cuestionada. En esas condiciones la responsabilidad de nombrar un sustituto se hacía doblemente pesada.

Por otra parte, estábamos a siete meses escasos de las elecciones y esto nos obligaba a quienes aspirábamos a algún cargo electivo, a ser doblemente cuidadosos en la selección, para evitar el riesgo de darle municiones a los adversarios. Y por si fuera poco, estaba también ese ingrediente, tan propio de la naturaleza humana, que hace que cuando ejerces la potestad de elevar a alguien a una posición destacada en la comunidad, contentas a uno, el nominado, pero disgustas a tres o cuatro, aquellos que aspiraban a que se les nombrara a ellos en lugar de aquel por quien habías votado.

Sin embargo, teníamos que hacerlo, era nuestro trabajo y fiel a mi costumbre de no darle largas ni preocupaciones a lo que nos es inevitable, me puse inmediatamente a barajar nombres para lograr hacer la mejor selección posible.

Aunque tal vez a mí mismo, o a cualquiera de los otros comisionados, nos hubiera tentado calzarnos la alcaldía provisional considerando que pudiera transformarse en un trampolín para una futura permanencia en la misma, todos sabíamos que eso estaba fuera de toda posibilidad, debido a las alianzas internas y los patrones de votación entre nosotros. Plummer y Rose Gordon votaban siempre de común acuerdo y casi siempre en contra de las propuestas mías y las de Father Gibson, que, al igual que ellos, votábamos siempre de la misma forma. Al no haber un quinto voto para desempatar, hubiera sido una soberana pérdida de tiempo y de energía proponer a uno de nosotros cuatro, por lo cual eso ni siquiera se intentó, pues estábamos de acuerdo en que no nos hubiéramos puesto de acuerdo.

Existía, eso sí, la figura del vice-alcalde, que era el reverendo Gibson, pero, de acuerdo a nuestros estatutos, él podía sustituir al mayor, pero sólo de forma ceremonial, mientras no fuera designado un alcalde interino. Teníamos que hilar fino, pues.

Los primeros que fueron a mi casa para tratar el asunto fueron el activista Eliseo Riera Gómez y mi gran amigo, el exalcalde Steve Clark.

Clark había perdido las elecciones para alcalde del condado frente al empresario Jack Orr y me pedía que yo lo nombrara para la alcaldía provisional de Miami. Era muy difícil negarme a ello, dados los lazos de amistad y gratitud que me unían a Clark, pero yo sabía que su nombramiento no era viable, pues él había salido muy maltrecho de la aún reciente campaña contra Orr, por lo cual no me comprometí a apoyarlo, más bien traté de hacerle ver que sería más inteligente esperar algún tiempo antes de lanzarse con una nueva aspiración política.

Por su parte, Dave Kennedy me pedía que tuviese en mente a Athalie Range, una destacada empresaria y líder comunitaria de los afroamericanos, que había sido comisionada anteriormente. Kennedy me decía que, si yo nominaba a la Sra. Range, eso me aseguraría el voto negro en las futuras elecciones y, sin duda, su opinión merecía mi atención. Luego entonces, apenas comenzar la búsqueda de un alcalde interino, ya teníamos dos fuertes aspirantes, Steve Clark y Athalie Range.

Y en eso, llegó Fusté.

Tomás García Fusté estaba en la cúspide de su popularidad y ejercía una gran influencia sobre el público hispano, el cubano particularmente, en Miami y en todo el condado. En Cuba, él había sido un solicitado modelo de agencias de publicidad y su rostro aparecía en periódicos y revistas, en anuncios de televisión y en vallas publicitarias. Anunciaba particularmente una marca de cigarrillos, cuya venta se beneficiaba grandemente de su prestancia y simpatía.

Había salido de Cuba entre los primeros después del arribo de Fidel Castro al poder y, al contrario de lo sucedido con la mayor parte de sus compatriotas, sus horizontes se ampliaron considerablemente en Miami. Comenzó a incursionar en la radio hispana del área, primero con programas de entretenimiento y, en corto tiempo, en espacios periodísticos, a través de los cuales se convirtió en un popular analista político especializado en el caso cubano.

Poco a poco fue ascendiendo en posiciones administrativas en el ámbito radial y con el tiempo, llegó a ser la figura principal de varias radioemisoras en las cuales trabajó como W.F.A.B, conocida como «La Fabulosa»; con la cual estaba entonces, W.Q.B.A, «La Cubanísima», W.C.M.Q., etc. De igual manera, su influencia en el ámbito político estadounidense creció exponencialmente.

Fusté es un caso de asombrosa perdurabilidad, pues, todavía hoy mantiene un programa de televisión de gran popularidad. Y además de todo lo anterior, es un excelente ser humano, cercano a su gente y amigo fiel.

Pues bien, me viene a ver y me dice que, como hispanos, debemos pensar en uno de los nuestros para alcalde de Miami, que el momento es oportuno, que yo puedo aumentar mi caudal político haciendo mía la causa de llevar un hispano a la alcaldía de la Capital del Exilio y que el hombre para esa posición es Maurice Ferré.

Yo no conocía a Ferré. Sabía de él solamente que era puertorriqueño, que venía de una familia muy acaudalada y que había ocupado alguna posición política en Tallahassee. Conocería después que esa posición era la de miembro de la Cámara de Representantes del estado y que el gusto por la política le venía por la familia, ya que su tío, Luis Ferré, había sido gobernador de Puerto Rico. Sabría también que poseía una educación muy sólida, que era graduado de la Escuela de Arquitectura de la Universidad de Miami, que era activo en el Partido Demócrata, que estaba «bien conectado» tanto en los círculos políticos, como en el mundo de los negocios y que impresionaba por su caballerosidad.

A mí me gustó desde el primer momento la idea de Fusté de que debíamos llevar a un hispano a la alcaldía de Miami, pero no estaba decidido todavía, ni seguro de que Ferré fuera el hombre para ese puesto.

Me viene a ver de nuevo el suspendido alcalde Kennedy para insistir en favor de Athalie Range y aproveché para preguntarle sobre Ferré:

—«*Ferré ha perdido dos elecciones seguidas* —me dijo Kennedy— *Perdió anteriormente para alcalde frente a Steve Clark, antes de la elección de Steve frente a Jack Orr y perdió cuando quiso ser senador estatal. Si tú lo nombras a él para alcalde, te estás cerrando tú mismo, pues aquí no va a haber más de un hispano en la comisión y eso será algo simbólico, un "token Hispanic". Él es millonario y tú no, luego entonces, él tiene las de ganar en noviembre, tú, no*».

Esas palabras de Dave Kennedy las estuve pensando largamente, pues, como una ecuación política, no me parecían muy desacertadas.

Aquellos fueron días muy intensos en los cuales el *cuchicheo político* era constante, eran muchos los que me venían a ver o me enviaban mensajes a favor de Fulano o de Mengano para ocupar la alcaldía provisional, pero yo trataba de reunirme sólo con personas de mi confianza, pues mientras más proposiciones escuchara, más serían los disgustados si no se les favorecía.

Fusté vino a verme nuevamente y me convenció de que debía ir por un hispano. Yo no creía que era el momento apropiado para proponer a Steve, ni me atraía particularmente la idea de apoyar a Athalie Range. Entonces me reuní con Ferré.

Me causó muy buena impresión y le dije: «*Mira, yo estoy de acuerdo con Fusté, voy a ir contigo*». Él sonrió ampliamente y me dio las gracias.

Cuando le comuniqué mi decisión a Dave Kennedy, éste me dijo: —«*Yo creo que tú no debes proponer a Ferré, porque, si lo haces, vas a perder el voto anglo y el voto negro. De manera que, vota por él si tú quieres, pero no lo propongas tú, que sea otro quien lo proponga y así tú pasas desapercibido*».

Me pareció muy sabio el consejo de Dave y se lo expliqué a Ferré. «*Yo voto por ti, pero no seré yo quien proponga tu nombre*».

Ferré me dijo que así estaba bien, que lo único que necesitaba era mi voto, pues ya él tenía quien lo propusiera para alcalde. Y en eso quedamos.

Llegado el día en que nos reuníamos, nuestras reglas exigían que el nombramiento del alcalde fuera el único asunto a tratar. Cuando llegué al Ayuntamiento, al *City hall*, había allí un gentío enorme, muchos fotógrafos de la prensa y muchas cámaras de televisión, eran más las personas afuera, en la rotonda, que las que había adentro. Pude entrar sin dificultades, esquivando las preguntas que algunos periodistas me lanzaban.

Desde la semana anterior Rose Gordon había dicho que ella iba a proponer a Sidney Aronovitz, un abogado que había sido comisionado anteriormente y que más tarde sería juez federal.

Aronovitz fue un gran jurista, tanto, que el edificio del fiscal federal y los juzgados federales en Miami, llevan hoy su nombre. Por lo tanto, ya sabíamos cómo iba a votar Rose.

Había que ver cómo votarían los otros comisionados. Ferré me había dicho que él tenía los votos necesarios, así pues, yo calculé que tenía asegurados los votos de Plummer, Father Gibson y el mío propio.

Debo aclarar que, en esa época, no existía la llamada *Sunshine Law*, que prohíbe las consultas privadas entre los comisionados. Las oficinas nuestras, los comisionados, estaban en el segundo piso, encima de la cámara municipal, cuyas sesiones podían ser vistas a través de anchas ventanas de cristal dispuestas así con esa intención. Antes de bajar al hemiciclo, veo a Plummer, le pregunto si él va a votar por Ferré y él me responde:

—«*No, yo no voy a votar por él. Ferré es un mocoso malcriado —he's a brat. Yo no soy amigo de Ferré, sino de Aronovitz, que es mi vecino y mi voto es para él*».

Al oírle decir esto, me dije: —«*Bueno, pues esto es un empate, dos a dos*», pero me equivocaba nuevamente. Me acerco entonces a Gibson y le pregunto: —«*Father, ¿va Ud. a votar por Ferré?*» Y éste me dice: —«*No, no, yo voy a votar por Aronovitz, él es mi vice en HUD y es mi amigo personal. Ferré no es mi amigo*».

Con lo cual llegué yo al convencimiento de que Sidney Aronovitz era ya el nuevo alcalde de Miami. Bajamos entonces al piso, veo a Fusté y lo pongo al tanto: —«*Oye,* —le dije— *Ferré no tiene ni un voto. Aronovitz es el alcalde, ya tiene los tres votos*».

Fusté se quedó medio perplejo, no era lo que él esperaba. —«*Mira, Tomás* —le digo. —*Vamos a hacer lo siguiente, para quedar bien con él. Aunque yo le dije que yo no lo iba a proponer, sí lo voy a hacer. Cuando él pierda tres a uno, yo cambiaré mi voto para que el nombramiento de Aronovitz sea unánime y así quedamos bien, nosotros cumplimos*». Fusté estuvo de acuerdo.

Cuando comenzó la sesión, el Rev. Gibson, que era el vicealcalde, declaró abierto el proceso para las nominaciones. Rose Gordon comenzó a leer el resumé de Aronovitz, todo completo. Yo no tenía el resumé de Ferré, ni siquiera una notica con algo de su curriculum, porque yo no estaba supuesto a proponerlo, pero, mentalmente me dispuse a nominarlo de cualquier manera.

Rose Gordon terminó de leer el abultado resumé de Aronovitz y entonces, Gibson preguntó: —«*Are there any other nominations?*». Yo le respondí: —«*Yes, father, at this time I would like to propose Mr. Maurice Ferré for Mayor of Miami*».

Eso fue todo. Si se hubiese votado en aquel momento, Sidney Aronovitz se hubiera convertido en alcalde de Miami. Pero entonces, Rose Gordon, yo no sé si porque quería lucirse ante la multitud allí congregada, o por cualquier otra razón, toma el micrófono y dirigiéndose a mí específicamente, dice: —«*Manolo, tú debieras estar avergonzado por nominar a una persona que no está calificada para ocupar la alcaldía de Miami. El Sr. Ferré está contaminando el río Miami, es una persona que debe al IRS sesenta millones de dólares en impuestos atrasados*»…. Aquello era un ataque brutal contra Ferré, sustentado, además, en una tergiversación de los hechos, pues, en realidad, no era Ferré personalmente, sino la empresa Maule, la acusada. Su ataque era, además, ofensivo para mí, por gusto, pues ya su candidato tenía asegurada la alcaldía.

Como dice el refrán, quien mucho habla, mucho yerra. Rose Gordon había dicho una frase que era clave, al referirse a Maurice Ferré: «*A person that is not qualified to be Mayor of the city of Miami*… *Una persona que no está calificada para ser alcalde de Miami*». Sin proponérselo, Rose me daba el pretexto que yo necesitaba para ganar tiempo y tratar de darle nueva vida a la candidatura de Ferré.

Me vuelvo hacia el abogado de la ciudad, el City Attorney, Alan Rothstein, y le digo: —«*Mr. City Attorney, yo quiero invocar la regla de los cinco días*». Los comisionados de Miami tienen la potestad de detener cualquier meeting por cinco días sólo con invocar esa regla.

Hubo en el hemiciclo municipal una ahogada expresión de asombro colectivo, nadie se esperaba la posposición del voto. Yo continué con gran serenidad: —«*Sr. Abogado Municipal, yo quiero que Ud. venga en cinco días e informe si la persona que yo estoy proponiendo está o no está calificada para ser alcalde de Miami*».

Rose Gordon, que se sabía en posesión de los tres votos que su candidato necesitaba y que seguramente sabía también que postergar una votación cuando se tienen las de ganar es correr un riesgo innecesariamente, trató rápidamente de subsanar su error. Se viró hacia mí y exclamó: —«*Manolo, yo retiro lo dicho, yo retiro lo dicho*», pero yo no cedí. —«*No, Rosa,* —le dije— *ya eso es parte del record y yo invoco la regla de los cinco días*».

Logré parar la sesión, no habría votación ese día. Cuando salíamos del City Hall le pedí a Fusté que localizara a Ferré dondequiera que estuviera y que fueran los dos para mi casa. Una vez allí, reunidos los tres, Fusté, Ferré y yo, le pregunté a Ferré: —¿*Dónde estaban tus votos? Allí, todo el mundo estaba con Aronovitz.*

Ferré me confió que Monseñor Coleman Carroll, Arzobispo de Miami, le había prometido el voto de Plummer, porque éste era el funerario que enterraba a todos los curas que morían en Miami, y que Tanny Dean le había asegurado que tenía el voto del reverendo Gibson.

—«*Bueno, pues ninguno de los dos estaba contigo. Los dos me confesaron que votarían por Aronovitz*».

Conminé entonces a Ferré a que fuera rápidamente a hablar de nuevo con el Arzobispo y asegurara el voto de Plummer. Yo me encargaría de Gibson.

Sin pérdida de tiempo, Ferré urgió a Carroll para asegurar el voto de JL y a mí no me fue difícil convencer a Gibson de que debíamos ir con el candidato de las minorías. Así las cosas, pasaron aquellos interminables cinco días y se reinició la interrumpida sesión de la Cámara Municipal.

Rose Gordon propuso a Aronovitz y yo propuse a Ferré. Aronovitz obtuvo el voto de Rose Gordon solamente. Ferré recibió los tres votos que necesitaba. Tal vez si Rose se hubiera callado a tiempo la primera vez, dándole paso inmediatamente a la votación, el resultado hubiera sido diferente.

Y así fue como Maurice Ferré se convirtió en el primer alcalde hispano de la ciudad de Miami.

Capítulo 16
El primer cubano elegido en Miami

> *Rectificar es de sabios.*
> Sabiduría popular

La nominación de Maurice Ferré como alcalde interino de Miami, trajo un corto período de relativa calma a los mentideros políticos de la ciudad, aunque nadie perdía de vista que se acercaba noviembre, el mes de las elecciones.

Esa calma relativa contrastaba fuertemente con la aguda crisis que estalló súbita y rápidamente en el círculo íntimo de los amigos de Ferré, los que habíamos promovido y logrado su designación al mayorazgo local. Una crisis que, para captarla en toda su magnitud, era necesario vivir y entender al Miami hispano, al Miami cubano de aquellos tiempos.

La radio cubana de Miami era una fortaleza de influencia y poder en nuestra comunidad que todos los políticos querían de aliada, puesto que, como enemiga, era un hueso duro de roer, capaz de levantar y de destruir aspiraciones. Las principales emisoras cuyas programaciones estaban llenas de noticieros y espacios de opinión con participación de los oyentes, tenían un personaje principal, periodista profesional o no, que fungía como director, editorialista y conductor de sus programas más escuchados.

Ese personaje radial tenía generalmente una enorme multitud de seguidores que hacían suyas las opiniones que él expresaba y las defendían apasionadamente. Por regla general, las emisoras que ocupaban los primeros lugares en las mediciones de audiencia mantenían constantemente agrias polémicas entre sí, tratando de ganar adeptos, pues, además de las distintas simpatías políticas y las diferentes opiniones en cuanto a la problemática cubana, a mayores niveles de audiencia correspondían mejores ventas de anuncios y, por ende, ganancias más jugosas para la empresa radial.

En aquellos días de la designación de Ferré como alcalde interino, la primacía radial se la disputaban dos emisoras: la WFAB, popularmente conocida como «La Fabulosa» y la WQBA, «La Cubanísima», las cuales competían fuertemente por el primer lugar en las preferencias de la radioaudiencia. Tomás García Fusté, nuestro amigo, era el director y figura principal de «La Fabulosa», al tiempo que «La Cubanísima» tenía al también amigo Emilio Milián, un periodista muy capacitado, valiente y elocuente, en igual posición.

Comisión de la Ciudad de Miami cuando Ferré es nombrado alcalde interino

Ferré, el recién estrenado alcalde, era entonces más americano que latino y aparentemente no estaba muy al tanto del poderío radial en nuestra comunidad y de la importancia en la misma de personas como Fusté y Milián. El caso fue que, apenas conocerse la designación de Ferré como alcalde provisional, éste fue invitado por Emilio Milián para ser entrevistado en su programa estelar de «La Cubanísima», lo cual Ferré aceptó gustoso, sin parar mientes en que aquella primicia noticiosa, aquellas sus primeras declaraciones como alcalde, correspondían, por gratitud y por méritos al archirrival de Milián, Tomás García Fusté, que había sido el primer promotor de su nominación al cargo.

Cuando Fusté se enteró de la comparecencia de Ferré en «La Cubanísima» montó en cólera, calificó a Ferrer de traidor y malagradecido y sin decirlo explícitamente, dejó ver claramente su disposición a hacer que fracasara en su gestión alcaldicia.

Yo sentí que se me juntaba el cielo con la tierra cuando me enteré de la situación, pero no perdí tiempo y corrí a tratar de zanjar aquella disputa antes de que la misma llegara a los micrófonos.

No solamente Fusté se sentía justamente ofendido, es que, además, era un buen amigo nuestro. Frecuentemente él y Luis Sabines, el presidente de la CAMACOL, almorzaban conmigo y juntos discutíamos distintos asuntos y yo prestaba atención a las opiniones de ellos. Él podía pensar que yo debía haber impedido que la entrevista de Ferré con Milián se llevara a cabo, algo que hubiera sido así, de yo haberme enterado antes de que la misma saliera al aire, a pesar de que yo contaba también a Milián entre mis amigos.

En fin de cuentas, que traté enseguida de localizar a Ferré, me reuní privadamente con él y le hice ver que no haberle dado su primera entrevista como alcalde a Fusté había sido una monumental *metida de pata*, ya que, en justicia, él se había ganado el derecho a aquel *palo periodístico*.

Por suerte, Ferré reconoció su gran error y fue rápidamente al encuentro con Fusté, que no quería ni verlo. El alcalde le dio mil satisfacciones al periodista, le ratificó su gratitud y le juró que todo había sido un error de juicio, una ligereza de su parte, sin pizca de mala intención.

Fusté aceptó las disculpas de Ferré y todo terminó amistosamente en un almuerzo entre ellos dos, Luis Sabines y yo. Respiré profundamente, la sangre no había llegado al río.

Zanjado aquel incidente, que podía haber sido fatal para nuestro propio desenvolvimiento, teníamos que volver a nuestras rutinas, sólo que había que hacerlo pensando ya en las elecciones de noviembre.

Pero, antes de entrar en esa parte de la historia, y solamente para subrayar la gran importancia de los medios de prensa locales, en este caso de las emisoras de radio, debo apuntar un hecho que muestra mi sincera convicción en este tópico. En 1976, mientras convalecía tras una caída, supe que estaba a la venta la radioemisora WOCN, conocida como Ocean Radio, cuyos estudios estaban situados en una de las famosas torres del Hotel Four Ambassadors. Me entusiasmé rápidamente con la idea de comprar la emisora. Llamé primero a mi amigo, el juez Carlos Benito Fernández y logramos interesar en el asunto a un grupo de inversionistas entres los que estaban Ramón López y Abdón Grau. Ed Wynton, el dueño de la emisora, se interesó en nuestra oferta, incluso me visitó en mi casa para hablar del asunto. Mi entusiasmo creció cuando Armando Pérez Roura, un verdadero experto en todo lo concerniente a la radiodifusión y buen catador de los sentimientos de la radioaudiencia, se nos unió.

La compramos y nos fue muy bien, Ocean Radio se estableció prontamente como una de las favoritas del público de Miami y aunque aquel experimento no duró mucho tiempo, fue para mí una experiencia enriquecedora.

Debo añadir aquí que incursioné también en el mundo del periodismo televisivo. Fui el presentador de programas de televisión que conduje en Univisión, canal 23. Joaquín Blaya, el chileno que ocupaba la más alta posición ejecutiva en esa cadena de televisión en español, fue quien abrió para mí las puertas de la misma. Allí estuve durante algún tiempo, tuve que dejarlo porque, hablando literalmente, tenía demasiadas cosas entre manos. Pero, extrañaba tanto esa labor frente a las cámaras, que quise regresar a la emisora y, en esta segunda oportunidad, entré al Canal 23 de la mano de Carlos Barba, el antiguo galán de la televisión cubana que se convirtió en un acreditado hombre de negocios y ocupó la posición de vicepresidente de programación y producción de esa importante empresa. Ambos, Blaya y Barba, fueron excelentes amigos míos y yo he sido siempre un gran convencido de la importancia de los medios de comunicación.

Volviendo ahora a los comicios de noviembre de 1973, crecía un factor de incertidumbre en cuanto a las candidaturas, que todos deseábamos se aclarara cuanto antes, pues de ese factor dependían algunas de las alianzas que, de acuerdo a lo que sucediera, deberían reafirmarse o deberían ser puestas en hibernación. Ese factor de incertidumbre se llamaba David Kennedy.

El futuro del suspendido alcalde dependía de un fallo judicial. De más está decir que si el tribunal correspondiente lo encontraba culpable de los delitos que se le imputaban, ahí terminaba su carrera política. De lo contrario, si Kennedy resultaba absuelto, se abría el interrogante sobre cuál sería el rumbo que él daría a su futuro.

Más allá de todo cálculo político, yo deseaba de todo corazón que Dave fuera exonerado y quedara demostrada la falsedad de las acusaciones en su contra. Era mi amigo, yo tenía una deuda de gratitud con él por la ayuda que me había brindado para que yo pudiera participar también del proceso político local, y en medio de todo esto estaba en juego también la felicidad de su familia. Las consideraciones políticas vendrían después, según yo lo veía. Ahora lo importante era que se hiciera justicia y que su buen nombre quedara restablecido.

En lo personal, había algo que no cambiaría sustancialmente para mí, pero que tendría que ser reajustado de acuerdo a cómo terminara el proceso contra Kennedy.

Una vez lograda la designación de Maurice Ferré como alcalde interino, él y yo nos habíamos reunido para una seria consideración de lo que pudiera ser nuestro desempeño y nuestro porvenir en las posiciones en las que nos encontrábamos, él, como alcalde y yo como comisionado.

Era claro que visualizábamos que, al concluir nuestras interinaturas, Ferré aspiraría a la alcaldía en propiedad y yo haría lo mismo en cuanto a la comisión de la ciudad. Había, sin embargo, una gran diferencia en cuanto a las posibilidades de materializar nuestras aspiraciones. Yo tenía el camino despejado para iniciar mi campaña, pero, Ferré estaría en suspenso mientras no se definiera la situación de Dave Kennedy.

Si Kennedy era absuelto, como yo esperaba, podría aspirar a su reelección como alcalde con todo derecho y yo me sentía obligado a apoyarlo sin reservas. Ferré tendría entonces que decidir qué hacer.

Aclarado esto, Ferré y yo hicimos un pacto. Si Kennedy era condenado o si, siendo absuelto decidía no aspirar a la reelección, yo lo apoyaría a él, a Ferré, en su aspiración a alcalde y en su posterior campaña reeleccionista, es decir, por ocho años. Pasado ese tiempo, yo aspiraría a la alcaldía, y Ferré, ya como exalcalde, me daría su apoyo. Se sobreentendía que, para entonces, Ferré aspiraría a senador federal o a gobernador del estado. Sellamos ese pacto con un apretón de manos.

Ferré había sido nombrado alcalde interino en abril. Pasaban los meses y no se le veía un final próximo a la causa contra Kennedy, Martin, el *alcalde de la Plaza* y los demás implicados en el sonado caso. Por fin, el 15 de agosto de 1973, el juez de la Corte Distrital de Sarasota, Lynn Silvertooth, dictó sentencia: Kennedy y los demás implicados, todos, fueron exonerados. El magistrado desechó todas las acusaciones en contra de ellos.

Ese mismo día, Kennedy dijo a la prensa que buscaría la autorización del gobernador Reubin Askew para reasumir sus funciones como alcalde de Miami y dos días más tarde fue reinstalado en su puesto, con lo cual concluyó la gestión provisional de Maurice Ferré.

Pocos días después, Dave Kennedy anunció que, probada su inocencia y limpio su nombre, había tomado la decisión de no aspirar a la reelección y retirarse de la política activa. Creía haber servido bien a la comunidad durante muchos años, lo había disfrutado, pero ahora quería dedicar más tiempo a su familia. Tras el anuncio, Kennedy fue largamente aplaudido.

Kennedy renunció a toda aspiración personal para cargos públicos y se liberó de la gran presión que las campañas electorales ponen sobre los candidatos. También, supongo yo, es posible que se sintiera algo decepcionado, porque en las situaciones como las que él vivió, enfrentando serias e injustas acusaciones, es cuando los amigos se definen con certeza, quiénes lo son y quiénes no. Y aunque el fallo del juez le hizo justicia, lo sufrido no se olvida.

Sin embargo, él no renunció a la política como tal, pues a través de sus conocimientos, su agudeza y sus contactos, siguió siendo una gran fuerza política, cuyo apoyo buscaban casi todos los que aspiraban a posiciones electorales en nuestra área. Él y yo mantuvimos siempre las mejores relaciones.

Despejada las incógnitas sobre si él aspiraría o no a su reelección como alcalde, y a menos de tres meses para los comicios de noviembre, yo sabía que tenía que acelerar el paso para convertir en realidad mi deseo de ser elegido popularmente como comisionado. Asimismo, Maurice Ferré, ya con la certidumbre de que Dave Kennedy no aspiraría, tenía que arrancar y mantener un gran dinamismo para que su campaña por la alcaldía pudiera ser exitosa.

Un buen amigo, gran jurista y líder de los hispanos del área desde antes de que comenzáramos a llegar los cubanos como exiliados, el juez Carlos Benito Fernández, a quien he mencionado anteriormente, y a quien yo pedí que fuera mi jefe de campaña, me hizo ver un detalle en el cual yo no había reparado. Me dijo:

—*«A ti todo el mundo te conoce por Manolo, pero la ley te obliga a poner en la boleta tu nombre real. Si tú apareces ahí como José Manuel Reboso, los votantes americanos se van a confundir y algunos hispanos también. Yo creo que es mejor que cambies tu nombre legalmente para Manolo»*.

Yo había obtenido la ciudadanía americana un par de años antes y había conservado mi nombre tal cual era. Al principio, yo veía las razones que me exponía Carlos Benito, que era muy válidas, pero me costaba un poco desprenderme del nombre con el que mis padres me habían bautizado, a pesar de que yo nunca lo usaba. Tras pensarlo un poco, me di cuenta de que habían sido mis padres también los primeros en llamarme Manolo y no tuve que pensarlo más. Presentamos la petición y en pocos días ya yo era oficialmente Manolo Reboso, aspirante a comisionado de Miami.

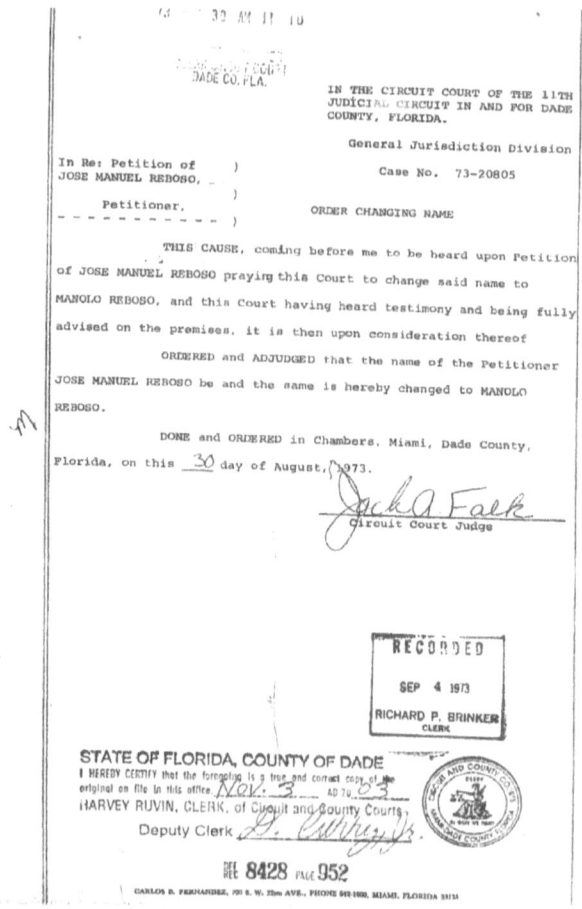

Petición de cambio de nombre de José Manuel a Manolo en 1973

Debo ahora hacer un paréntesis en esta narración, para rendir tributo a la memoria de ése que fue un gran amigo y mentor, Carlos Benito Fernández. Él había emigrado desde Cuba a Miami años antes de que comenzara el masivo exilio provocado por la dictadura castrista en la Isla, era abogado de profesión y había sido nombrado juez municipal, cargo que ejerció acertadamente durante varios años. Ayudó abundante y desinteresadamente a los cubanos que iban llegando a partir de los años 60 y a partir de entonces mantuvimos una gran amistad. Él y yo, junto a un pequeño grupo de inversionistas, compartimos la propiedad de Ocean Radio, la primera estación radial propiedad de cubanos en Miami, algo que ya he contado. Años más tarde, adquirimos en Windley Key, Islamorada, Ocean View, una propiedad que administraba mi hermano Roberto.

La hija de Carlos Benito, Kathy Fernández Rundle, Fiscal Estatal del condado Miami-Dade, goza de gran prestigio y admiración. Ella sustituyó a Janet Reno en 1992 y lleva tres décadas sirviendo a nuestra comunidad. Ella cuenta con la admiración de demócratas, republicanos e independientes, que reconocen la difícil labor que ella realiza excelentemente. En varias ocasiones se le han acercado para que aspire a gobernadora del estado de la Florida, pero ella ha declinado siempre, alegando que su obligación y su responsabilidad está con los residentes de nuestro condado. Sin duda, un ejemplo de servicio público.

Retornemos ahora a nuestra narración, regresemos a 1973. Ferré y yo nos apoyamos mutuamente, tal como habíamos acordado, y Kennedy nos dio su respaldo. Pero, desde luego, cada uno se concentró en su propia campaña, algo de veras extenuante, pues ambos competíamos contra numerosos contendientes, la mayor parte de los cuales se mostraban confiados en que el voto cubano no era aún suficiente para imponerse en Miami.

Yo no me di tregua en aquella campaña y tuve la gran suerte de poder contar con un equipo muy dedicado y muy entusiasta. Recorrimos las calles de Miami de arriba abajo y no podría contar cuántas puertas tocamos. En la Pequeña Habana me recibían con gran alegría y expresiones de apoyo, pero no era sólo allí. Claro está que los más vehementes eran los cubanos, no importa en qué barrio de la ciudad vivieran, pero, muchos votantes no cubanos me saludaban efusivamente y me daban muestras de apoyo y otros, quizás más reservados o tal vez comprometidos con alguno de mis contrarios, me escuchaban con cortesía.

En los edificios donde vivían personas de bajos recursos, mayormente ancianas, me abrazaban, me expresaban su confianza en mi elección y en dos o tres ocasiones me santiguaron y me prometieron que estarían rezando por el éxito de mi aspiración.

Los fines de semana eran particularmente complicados, pues había varias organizaciones cubanas que tenían almuerzos de confraternidad en salones diseminados por todo el condado y también en los parques. Diferentes Municipios de Cuba, organizados en el exilio, hacía sus pic-nics en el Tropical Park, el Robert King High, y otros y en todos estos actos se congregaban numerosos votantes de Miami. Yo trataba de asistir a todos estos eventos y en todos era muy bien recibido.

Otra parte muy importante de la campaña era la participación en la radio local, sobre todo en las emisoras que transmitían en español. Casi todos los programas tenían el mismo formato: una primera parte en la cual el presentador del programa me entrevistaba y me daba la oportunidad de explicar mis planes de trabajo si yo era elegido a la comisión de Miami. Esa parte era la menos problemática, pues los presentadores me apoyaban casi todos y sus preguntas no eran difíciles de contestar.

En la segunda parte se *abrían los micrófonos,* según el argot radial, pero, en realidad, lo que se abrían eran las líneas telefónicas para permitir a la audiencia hacer sus propias preguntas y expresar sus opiniones. Esto era más problemático, porque algunos de los otros aspirantes tenían *bancos telefónicos.*, a través de los cuales, sus simpatizantes o personas pagadas salían al aire y planteaban preguntas difíciles de responder, o simplemente difundían infundios y acusaciones para desprestigiar a los contrarios, a mí, cuando era yo el invitado al programa.

Yo me batía bien con ellos y trataba de contestar sus diatribas con calma y con mucha firmeza en la voz, pero, por otra parte, yo trataba de alargar la primera parte del programa todo lo que pudiera, para no dejar mucho tiempo a las llamadas de los oyentes.

De cualquier manera, yo disfrutaba aquella interacción en la radio hispana y pude comprobar que era una manera muy efectiva de llegar a los votantes. En los «*talk shows*» de la radio en inglés me invitaban también, aunque no tan frecuentemente como en las emisoras hispanas. En esos programas, generalmente, el *host* era más inquisitivo y algunas de las preguntas de los oyentes destilaban un profundo odio xenófobo y racista, pero yo los toreaba bien y, unas pocas veces en que los ataques eran verdaderamente vitriólicos, me dio buen resultado asumir el papel de víctima de los racistas, cosa que ganaba las simpatías de muchos de los oyentes que llamaban después de los ataques.

Llegó por fin el martes 6 de noviembre de 1973 y Maurice Ferré fue elegido abrumadoramente como el primer alcalde hispano de la ciudad de Miami. Yo quedé en primer lugar entre los trece aspirantes al escaño que hasta entonces ocupaba por designación, pero no pude evitar el tener que ir a una segunda ronda de votación, señalada para el siguiente martes, en la cual enfrentaría a mi más cercano rival, al cual, llegado el día, no me fue nada difícil derrotar.

Me convertí así, aquel 13 de noviembre de 1973, en el primer cubano elegido comisionado de la ciudad de Miami, y el primero, a la vez, en ser elegido para un cargo público en Estados Unidos en el siglo XX.

La noticia tuvo resonancia nacional. Lean a continuación, por favor, una traducción de cómo reportó The New York Times aquellas elecciones:

Miami, Nov. 17— «Por primera vez desde que comenzó el éxodo de cubanos hacia los Estados Unidos a principios de los años 60, antiguos refugiados cubanos que son ahora ciudadanos americanos han hecho sentir su influencia política aquí en elecciones locales.

El voto cubano ha sido calificado como el factor principal en la elección, la semana pasada, de Maurice A. Ferré como alcalde de Miami y este martes la de Manolo Reboso como comisionado de la ciudad.

El Sr. Ferré, un rico industrial de 38 años, se convirtió en el primer alcalde de origen puertorriqueño de una ciudad importante en los Estados Unidos continentales.

El Sr. Reboso, de 38 años, un ingeniero nacido en La Habana, se cree que es el primer antiguo refugiado cubano que ha sido elegido a un cargo público en este país.

En Miami, los alcaldes son elegidos para términos de dos años, y los comisionados o concejales, por cuatro años. Aunque las elecciones de la ciudad no son partidistas, ambos ganadores son demócratas.

La victoria del Sr. Ferré, sobrino del exgobernador de Puerto Rico, Luis A. Ferré, fue abrumadora.

Aspirando sin el apoyo de los dos periódicos locales, El Miami Herald y El Miami News, Ferré ganó en los 82 precintos de la ciudad y recibió más votos que el total de los recibidos por sus seis contrarios juntos.

En la elección de segunda vuelta de este martes, el Sr. Reboso, igualmente sin el apoyo de los periódicos, derrotó fácilmente a James Black. En otra contienda para comisionado, el Rev. Theodore Gibson, un ministro negro, derrotó a un hombre de negocios, negro también, Tom Washington. Los términos de los restantes comisionados expiran en 1975.

Hay alrededor de 17,000 votantes con nombres latinos inscritos entre los 113,000 miamenses elegibles para votar en las elecciones locales. De esos 113,000, un poquito más del 32% acudieron a votar el 6 de noviembre y solamente alrededor del 20% este martes.

Pero, un análisis de los resultados electorales indica que el voto latino fue proporcionalmente mucho más alto que el de los otros grupos étnicos de Miami, que cuenta con una población de 400,000 habitantes, la mitad de los cuales habla español».

El New York Times no lo decía explícitamente, pero la deducción era clara: las cosas estaban cambiando en la ciudad de Miami: los cubanos eran la nueva fuerza política de la ciudad.

Capítulo 17
«The Cuban-born commissioner»

> *No existen grandes talentos sin gran voluntad.*
> Honoré de Balzac

En agosto de 1972, cuando fui nombrado para cubrir el inconcluso término del comisionado Irving Christie, solamente veintiséis hispanos estaban empleados por la ciudad de Miami, una cifra irrisoria si tenemos en cuenta el alto porcentaje de la población que constituíamos ya para entonces.

Los inesperados acontecimientos que sobrevinieron, como el encausamiento del alcalde Kennedy, la necesidad de nombrar un alcalde interino, etc., y el poco tiempo que nos separaba de las elecciones, no me permitieron desarrollar entonces un verdadero plan de trabajo, pero, esa discriminatoria ausencia de los nuestros en la nómina del gobierno local, quedó fija en mi mente como una de las prioridades más perentorias en lo que sería mi agenda de trabajo si yo lograba ser elegido.

Y así fue que, investido ya por los votantes, me di a la tarea de reparar aquella injusticia, pues era evidente que nuestra comunidad merecía y necesitaba una mayor representación. Era un problema que se manifestaba en dos escenarios diferentes, pero muy ligados entre sí. Por una parte, estaba la fuerza laboral, propiamente hablando, del municipio, sobre todo en las posiciones administrativas, las que tenían los más altos niveles de responsabilidad y, de acuerdo con ello, los mejores salarios.

Por otra parte, estaban lo que podemos llamar las organizaciones cívicas que tenían gran influencia en los asuntos de la ciudad y que, al mismo tiempo, recibían apreciables beneficios de parte de la administración, como era el caso de la Cámara de Comercio del Gran Miami, el Comité del Orange Bowl, la Junta de Directores de la Universidad de Miami, el cuerpo de directores del hospital Jackson, etc. En estas poderosas organizaciones, los cubanos, los hispanos todos, brillaban por su ausencia.

Con tan pobre representación, era muy difícil adelantar los legítimos intereses de nuestra comunidad, de ahí mi interés en ayudar a cambiar la situación existente.

Me di pues a la tarea de nombrar cubanos cuandoquiera que esto se hacía posible en los distintos departamentos de la ciudad. Eso sí, yo proponía solamente cubanos verdaderamente capacitados para la posición a cubrir, de manera que no ascendieran a esas posiciones simplemente por pertenecer a nuestro grupo étnico, sino por tener todo el potencial necesario para cumplir con sus obligaciones de una manera excelente.

Algo muy importante es que no me concentré solamente en favorecer a los cubanos y a otros hispanos. Por justicia y por pura equidad, quise favorecer en gran medida a los afroamericanos.

Cuando era Paul Andrews el *city manager,* lo apoyé en la creación de dos posiciones que no habían existido anteriormente en el departamento de policía: un comandante negro y un comandante hispano. Guillermo Zamora fue el primer comandante hispano y Leroy Smith el primer comandante negro, que fue propuesto por mi compañero y amigo en la Comisión, el reverendo Gibson.

Por otra parte, estaba la cuestión de la presencia, mejor dicho, de la falta de presencia cubana y afroamericana en las juntas directivas de las organizaciones cívicas que ya he mencionado y otras de su misma clase, que realmente controlaban el poder en Miami en gran medida, pero solamente atendían los intereses de «*los blancos*», es decir, los anglosajones. Entre sus dirigentes existía una férrea resistencia a diversificarse, a abrirse a las nuevas realidades de Miami y sobre todo a dejar atrás sus aires de discriminatoria exclusividad.

Yo me puse de acuerdo con Gibson para ver cómo podíamos abrir algunas brechas en esos reductos del poder tradicional en

Miami. Esas organizaciones recibían fondos que se especificaban en el presupuesto de la ciudad y en muchos casos, también de los fondos discrecionales de los comisionados. Cuando llegaba el tiempo en que se preparaba el presupuesto municipal, directivos y cabilderos de esas organizaciones se reunían con el administrador de la ciudad y con nosotros, los comisionados, para presentarnos sus peticiones, abogar por sus proyectos, etc.

Llegado ese momento, le dije a Gibson: —*Esta es la nuestra, Father.*

Efectivamente, cuando los representantes de esas organizaciones comenzaron a reunirse con nosotros con vistas al próximo presupuesto, Gibson y yo nos negábamos de plano a complacer sus peticiones: —*No tenemos dinero para ustedes,* les decíamos.

Esto, claro está, sembraba la alarma en esas juntas directivas, acostumbradas a ser complacidas siempre. Entonces, de una forma muy sutil, para que no se interpretara aquello como un *quid pro quo,* les hacíamos saber de nuestro disgusto por la ausencia de negros y cubanos en su *board of directors*. Remedio santo. Pocos al principio, más notablemente después, algunos de los nuestros fueron incorporados a esas élites del poder.

De esa forma fue que se nombraron personas como Manolo Arqués, Leslie Pantín, Carlos Arboleya y otros muchos, en los diferentes *boards* o juntas de la ciudad y mi mayor orgullo es poder destacar que todos los que fueron nombrados demostraron sobradamente su integridad y sus conocimientos.

Al principio de su mandato, el alcalde Ferré no se nos sumaba en nuestros esfuerzos por lograr una mayor apertura de los círculos de influencia hacia latinos y negros. Mencioné anteriormente que, por su formación, Maurice entonces se sentía más cerca de *los americanos* que de los latinos y no sé si fue por las matemáticas de la política o tal vez se dio cuenta de que *los americanos* no lo miraban a él como uno de los suyos, el caso es que se nos sumó después a Gibson y a mí y esto nos dio un peso mucho mayor al lidiar con aquellos centros del poder anglo, algo que, en su conjunto, yo creo que fue muy positivo para nuestra ciudad y que constituye algo reconfortante para nosotros, como simples seres humanos.

Lamentablemente no son pocos los llamados líderes comunitarios que, a lo largo y ancho de los Estados Unidos, fundamentan su liderazgo y lo que presentan como su lucha por la justicia y los derechos para sus hermanos de raza, de nacionalidad o de condición social, en el odio de clases, en un espíritu de venganza y en un brutal racismo que llega a ser de todos contra todos.

El reverendo Gibson y yo y más tarde el alcalde Ferré, hicimos una alianza que resultó muy efectiva sin caer en extremismo alguno. Fuimos firmes en defender los derechos de nuestra gente y en abrirles oportunidades de superación parejamente para cubanos, negros, y latinos sin tratar de pisotear a aquellos de los cuales debíamos arrancar esas cuotas de poder. A los que se las pasan tratando de dividir a hispanos y negros, les demostramos que podemos trabajar unidos y más aún, que podemos ser verdaderamente amigos y al mismo tiempo extender *la mano franca* a los anglos y a los de cualquier otra etnia. El respeto mutuo, la comprensión y una transparente honestidad son la clave para la convivencia y esto lo pudimos hacer en nuestro pequeño mundo, pero, no por pequeño, menos importante, ni menos ejemplar.

Esto se extendía fuera de los límites de Miami. En 1975 recibí una llamada del gobernador Askew. Me pedía que le recomendara un abogado cubano pues él, Askew, quería nombrar al primer juez cubano en la corte de reclamaciones industriales. Para mí fue de gran satisfacción recomendar a Mario Goderich Jr., *Mayito*, para esa posición. Unos pocos años después, éste sería nombrado Juez del Onceno Circuito Judicial y en 1990, sería igualmente el primer cubano Juez del Tercer Distrito, culminando así una carrera en la judicatura que enalteció a todos los cubanos. El juez Goderich, lamentablemente, falleció a principios del 2022.

Desde luego, todo no se reducía a esas cuestiones de nombramientos de personal y a los intentos de ir cambiando las anquilosadas estructuras de la administración municipal, los trabajos de día a día tenían que ser atendidos normalmente y también, desde luego, las situaciones inesperadas que afloran en todas partes.

En 1976, el entonces administrador, Paul Andrews, presentó su renuncia y por lo tanto, teníamos que escoger a alguien capaz de llenar los requisitos de esa posición que crecía en complejidad según crecía igualmente la ciudad de Miami. Se puso en marcha una búsqueda nacional y tras las rondas iniciales, quedaron cinco finalistas.

Eran cinco finalistas y éramos cinco a tomar la decisión, el alcalde y los cuatro comisionados. Así pues, nos repartimos los finalistas y cada uno de nosotros fue a la ciudad correspondiente para reunirse con el aspirante que le había tocado.

A mí me tocó en suerte Joe Grassie, que estaba entonces en Grand Rapids, Michigan y allí lo fui a visitar. Me pasé tres días en lo que parecía ser una bella y muy tranquila ciudad, averiguando sobre Grassie, conversando con él, visitando el periódico local, etc. Además de otras cualidades, Grassie era bilingüe, había vivido en Argentina y esto obraba a su favor. A mi regreso a Miami, recomendé que fuera él el nuevo administrador de Miami y Ferré y Gibson lo aprobaron. J. L. y Rose Gordon votaron por Don Hickman.

Aquellos fueron años de un trabajo febril. Apenas sin darnos cuenta exacta de la magnitud de los hechos, Miami se nos estaba convirtiendo en una gran metrópolis, día tras día con un crecimiento acelerado. Ferré, Gibson y yo, junto con un número de empresarios con gran visión de futuro, fomentamos el desarrollo del downtown y del área de Brickell Ave., atrayendo a esas áreas empresas y firmas comerciales que nutrían ese desarrollo.

Poco a poco se iban levantando en el centro de la ciudad enormes rascacielos, algunos de gran belleza arquitectónica, que transformaban el perfil de Miami. Los días aquellos en que nuestra ciudad era un apeadero soñoliento e inmutable iban quedando atrás, presentes solamente en las amarillentas imágenes de algún álbum de fotografías.

Parte de nuestro trabajo, además de fomentar el crecimiento y la modernización de algunas áreas, como sucedía con el *down-*

town, eran el mantenimiento y la mejoría del Miami original. Coconut Grove, por ejemplo, era una barriada que había ido decayendo con el paso del tiempo, había que hacer algo para reanimar el área, pero había que hacerlo sin despojarla del encanto de sus estructuras pueblerinas, no era cuestión de tumbar y construir, sino de mantener y renovar.

Eso lo logramos simplemente invirtiendo en el arbolado y la vegetación, mejorando sus parques y haciendo más fácil el acceso a sus áreas comerciales de tal forma, que yo diría que ese fue el inicio de la asombrosa revitalización económica de ese lugar, corazón de Miami.

Esto no le vino nada mal a Ferré, a quien algunos acusaban entonces de preocuparse solamente del downtown, añadiendo maliciosamente que era allí donde se encontraban las mayores inversiones inmobiliarias de su familia. Sin embargo, pronto comenzaron a verse algunos resultados prometedores que respaldaban los pronósticos más optimistas en cuanto al futuro del área y vimos años después cómo casi todos aplaudían «*la visión de Ferré de Miami como una gran ciudad*».

Una esfera de acción a la que yo le puse mucho interés también fue la de las relaciones comerciales y turísticas de Miami con Latinoamérica. Yo tenía la experiencia y muchos de los contactos que había cosechado al frente del Buró Internacional del Departamento de Comercio de la Florida, y esto me sirvió de mucho para tratar de expandir los horizontes económicos de Miami.

Viajé extensamente por el continente, siempre acompañado por líderes cívicos y empresariales de Miami y pudimos, entre todos, ampliar los vínculos de negocios con países como Chile, Argentina, México, Venezuela, etc. En ocasiones, como parte de nuestra campaña de promoción de Miami, declarábamos «ciudades hermanas» a nuestra ciudad y a las capitales o ciudades importantes de esos países, que fue lo que hicimos, por ejemplo, con Mérida y con Quintana Roo, en México y con Santiago, la capital de Chile. Establecer esos puentes halagaba a nuestros socios en todo el continente y todo redundaba en amplios beneficios para Miami y para esos países.

Con el Presidente de la Junta de Gobierno, Gral Augusto Pinochet en Chile. Fui invitado por el Gral. Gustavo Leigh, jefe de la fuerza aérea y miembro de la Junta de Gobierno

Me di cuenta de que se nos presentaban oportunidades de fortalecer esos vínculos y realizar una labor altruista con nuestros vecinos al mismo tiempo. Por ejemplo, los automóviles de nuestro Departamento de Policía se cambian cada dos años, cuando la mayor parte de esos vehículos se encuentra todavía en muy buen estado. Yo promoví la iniciativa de que esos automóviles se donaran a países del continente donde los mismos pudieran ser aprovechados por un buen tiempo. Pudimos llevar esto a vías de hecho y ese gesto era algo muy bien recibido por los gobiernos de esos países. Esto, como es fácil suponer, hacía que sus funcionarios miraran con muy buenos ojos sus relaciones con Miami.

En la segunda mitad de los años 70, el despunte del poder cubano provoca el surgimiento de un marcado resentimiento en algunos sectores de la población anglo de Miami. Comienzan a aparecer *bumper stickers* donde se leía: «*The last American to leave Miami, please bring the flag*». Algunos pequeños negocios se identifican como «nativo», lo cual no era más que una manera de identificarse como «no cubano» y algunos intereses tratan de mostrar a los cubanos como usurpadores que están quitándoles los trabajos a los afroamericanos.

Aquello ponía cierto grado de tensión en los asuntos de la ciudad, algo que mi alianza con el reverendo Gibson trataba de desmentir. Era una situación que no alcanzaba todavía los niveles de animosidad que veríamos unos pocos años después, tras la crisis del Mariel y la campaña antibilingüe en todo el condado Dade. Sin embargo, era una situación que a mí me preocupaba, pues yo veía los grandes beneficios que a todos reportaba el que las minorías trabajásemos de común acuerdo, algo que yo había experimentado en mi propia elección como comisionado.

En 1973 yo fui elegido con un voto abrumador de los anglos y los afroamericanos, además, desde luego, del respaldo de los cubanos, cuyo peso comenzaba a hacerse sentir, aunque estaba lejos todavía de ser algo tan decisivo como lo es hoy.

Entonces era diferente. Hoy existe una mayor comprensión de las cuestiones raciales y comunitarias, pero no era así en aquellos tiempos. Tal vez el *establishment anglo* había entendido la necesidad de una representación de las minorías en el gobierno de la ciudad, pero esto solamente como figuras decorativas, lo que aquí llaman un *token Cuban* o un *token Black*. Desde luego, en nuestro caso, ni Gibson, ni Ferré, ni yo, estábamos dispuestos a conformarnos con ese papel puramente ornamental. La cuestión era llegar, para entonces poder ejercer un liderazgo realmente efectivo.

Pero, el hecho de que los personajes que controlaban los votos en la comunidad negra y entre los anglos, respaldaban a los alcaldes (Clark, Kennedy, etc.) y esos alcaldes les pedían que nos respaldaran, nos ayudaba muchísimo. Igualmente, los afroamericanos que respaldaban al gobernador, respaldaban también al alcalde Clark y al alcalde Kennedy, y, por decantación, me respaldaban a mí también.

Otro aspecto muy importante en nuestro ajedrez político, era el papel de la prensa. La opinión pública angloparlante la dominaban The Miami Herald, The Miami News, y algunos medios televisivos locales. La radio cubana, como ya vimos, tenía una influencia decisiva entre los hispanoparlantes, sobre todo, entre los cubanos.

La relación entre los cubanos y el Herald no fue nada buena al principio, porque, en aquellos tiempos, eran todavía muchos en el mundo los que veían con simpatía a Fidel Castro, lo presentaban como el héroe guerrillero que había derrocado a una dictadura, y era el Robin Hood de esa época. El Herald caía muy repetidamente en ese bache y, claro está, antagonizaba con los cubanos del exilio que combatían al castrismo. El Herald no nos veía con simpatías y seguían llamado a Fidel Castro, el señor presidente, no lo calificaban como el dictador que era, eso tardó mucho tiempo en venir.

El caso era que la actitud del Herald no contribuía a la cordialidad entre los distintos grupos étnicos de Miami. A mí, el periódico no me quitaba de encima su ojo crítico. Siempre que se referían a mí, me identificaban como «*the Cuban born Miami commissioner*», algo que ayudaba a mantener la animosidad enfermiza de muchos votantes anglos.

En cierta ocasión, en un acto en el hotel OMNI, coincidí con el entonces director del Herald, John McMullan. Nos saludamos y él me preguntó cómo me iba y qué me parecía la cobertura del Herald. Yo no dejé pasar la ocasión:

—A mí me va bien, creo que la Comisión está haciendo un buen trabajo. En cuanto a la cobertura del Herald, creo que pudiera mejorarse. Me llama la atención de que ustedes me identifican siempre como «*the Cuban born commissioner*».

—«*¿Le molesta eso a Ud?*» —me preguntó McMullan.

— No, de ninguna manera —le contesté— al contrario, eso me hace recordar a Cuba y a no olvidar mi condición de exiliado, algo de lo cual yo estoy muy orgulloso. El problema lo van a tener ustedes —añadí— con Henry Kissinger.

—¿*Con Kissinger?*—preguntó, extrañado, el hombre del Herald.

—Sí —le dije— porque a él ustedes nunca lo identifican como «*the German born Secretary of State*».

McMullan se rió al escucharme y no me dijo nada, pero, de ahí en adelante, el Herald dejó de usar aquella mal intencionada referencia al hablar de mí.

Capítulo 18
El Cuarto Poder

Confiamos demasiado en los sistemas y muy poco en los hombres.
Benjamín Disraeli

Al hablar de la prensa en Miami en aquellos tiempos en los que los cubanos librábamos las primeras batallas por una participación más justa en los centros de poder locales y por la representación que nuestra comunidad merecía de acuerdo a su creciente presencia en todos los aspectos de la vida de esta ciudad, es preciso recordar que, si bien el Miami Herald y el Miami News ejercían gran influencia en las clases dominantes, no ocurría lo mismo con respecto a los hispanos en general y especialmente con los cubanos exiliados.

En términos generales, los cubanos avanzábamos en la comprensión y el uso del idioma inglés. Los que, como yo, habían tenido la oportunidad de estudiar en este país, éramos bilingües, casi perfectamente y nos pasábamos la vida sirviendo de traductores a nuestros compatriotas menos versados en la lengua de Shakespeare y mal que bien, los cubanos, por regla general, nos hacíamos entender, «*nos defendíamos*», como decían algunos.

Esos avances, sin embargo, no alcanzaban todavía la comprensión de los editoriales y las opiniones de los dos principales periódicos del área, el Herald y el Miami News, por parte de la mayoría de los cubanos del área. Por otra parte, gracias a un rosario de discrepancias y malas interpretaciones, la mayor parte de los exiliados ya tenían calificado a esos medios de prensa, especialmente al Herald, si no como enemigos, al menos como adversarios, junto a Castro las más de las veces, y casi nunca junto a nosotros. Dicen que las generalizaciones son siempre injustas, y así es, pero era la percepción que había y, ciertamente, la dirección del periódico no hacía mucho por cambiarla.

La situación llegó alguna vez al extremo de que algunos de los nuestros calificaban al Herald como «*el Sunshine Pravda*». En medio de tal atrincheramiento de ambas partes, las opiniones del Herald rebotaban contra la indiferencia o el antagonismo de los cubanos de Miami y, por lo tanto, su influencia era casi nula entre nosotros.

Esto fue cambiando poco a poco, especialmente después de la aparición del *El Herald en español,* primero, y *El Nuevo Herald* después, y gracias a que las voces de acreditados periodistas y ejecutivos de la letra impresa como Roberto Suárez, Dave Lawrence, Alberto Ibargüen, Armando González, Sam Verdeja y Carlos M. Castañeda, entre otros, comenzaron a ser escuchadas en los cuarteles de los propietarios del periódico. Pero, esto fue un proceso que duró muchos años y del cual todavía queda, aparentemente, cierto grado de desconfianza mutua.

Esto contrastaba fuertemente con la insospechada influencia de «*los periodiquitos*» de Miami. Estos eran semanarios tipo tabloide, de mayor o menor número de páginas, todos con una línea editorial definidamente anticastrista, y algunos enmarcados todavía en las antiguas estructuras políticas de la Cuba anterior al castrismo: batistianos, auténticos, ortodoxos, etc. Los periodiquitos se sostenían gracias a los anuncios de comerciantes hispanos, anuncios oficiales de los gobiernos locales y los «anuncios políticos pagados» de las campañas electorales y, gracias a esto, llegaban gratuitamente a los lectores, que los encontraban todas las semanas, sin fallar, en los estanquillos de casi todos los establecimientos comerciales de Miami, Hialeah, etc.

Algunos de los periodiquitos eran dirigidos por verdaderos maestros del periodismo cubano, como Armando García Sifredo y el poeta Ernesto Montaner, entre otros, los cuales exponían afiladamente los criterios del exilio y pesaban más en la opinión pública que los grandes rotativos de Miami, y los de cualquier otro lugar.

Capítulo aparte merecen el *Diario Las Américas* y su director, el Dr. Horacio Aguirre. Este periodista nicaragüense publicaba su diario vespertino en Miami desde varios años antes de la irrupción de Fidel Castro en el panorama cubano. Aguirre captó rápidamente la esencia totalitaria del nuevo régimen cubano e inmediatamente se hizo solidario con el exilio cubano. Las páginas del Diario se abrieron ampliamente para ilustres periodistas cubanos como Guillermo Martínez Márquez, Humberto Medrano, José Ignacio Rasco, René Jordán, José Ignacio Rivero y otros y todo esto le hizo adquirir gran prestigio e influencia, sobre todo en los círculos intelectuales cubanos del destierro.

De manera que, contando con el respaldo de las emisoras de radio hispanas, los periodiquitos y el *Diario Las Américas*, no les hacía mucha mella a los cubanos que empezaban a destacarse en la política, el antagonismo del Herald.

En ciertos aspectos, a mí me satisface ver cómo han cambiado las cosas en el Miami de hoy. Yo lamento mucho la trivialización de muchas de nuestras antiguas radioemisoras, Lamento igualmente la irremediable ausencia de aquellos grandes del periodismo cubano, así como la de Horacio Aguirre y la desaparición de la gran mayoría de los periodiquitos. Pero, me place ver que en las emisoras que quedan y en la televisión por cable, y en emisoras locales de las grandes cadenas hispanas de televisión, se refleja la continuada vitalidad del tema cubano en nuestra comunidad; me place ver que el *Diario Las Américas* continúa fiel a sus principios y me place sobremanera el ostensible cambio en la línea editorial y reporteril de *The Miami Herald* y *El Nuevo Herald*, ahora en mayor sintonía con la verdad de Cuba y los sentimientos del exilio cubano.

Mirando hacia atrás, a aquellos tiempos en los que yo daba mis primeros pasos como oficial electo en Miami, puedo aquilatar mejor que entonces el punto principal, aquel detalle donde residía la causa más importante del respaldo que yo obtenía en las urnas, y personalizo esto un poco, porque hay que recordar que durante un buen tiempo yo era el único cubano elegido por los votantes para una posición política.

Pasaron varios años antes de que surgieran Raúl Martínez en Hialeah y Jorge Valdés en Sweetwater. Yo me encontraba solo en todo el condado.

La clave del éxito electoral estaba en el contacto de persona a persona, en la relación directa que yo lograba establecer con los votantes y que venía, en muchos casos, desde antes, cuando ellos no podían votar, un detalle que casi ninguno de ellos olvidaba.

Sé que algunos críticos se refieren despectivamente a la práctica generalizada entre los políticos locales de visitar los comedores de ancianos, los edificios de personas de bajos recursos, y los eventos de organizaciones de todo tipo, sé que esas actividades las califican como una tomadura de pelo a esos votantes, casi siempre ancianos, a los cuales, supuestamente, se les dice lo que ellos quieren escuchar, se les retrata junto al político de turno, se les promete cualquier cosa que pidan a cambio de que comprometan su voto y, pasados los comicios, se olvida lo prometido.

Es posible que esto ocurra en algunos casos y yo diría que es casi seguro que los que actúan así son los políticos que nunca son reelegidos. Políticos malos y votantes tontos han existido desde los primeros comicios en el mundo celebrados, pero, ni los unos, ni los otros abundan tanto.

Valoran muy poco el nivel de inteligencia de los electores, los que plantean que las reuniones de los políticos con los inquilinos de los edificios de ancianos, con los visitantes de los centros comunitarios y con los asistentes a eventos populares, que estos son constantemente engañados por los políticos que se reúnen con ellos. Quien promete y no cumple, resulta casi siempre castigado por los votos de los que se sienten engañados.

Primero que otra cosa, hay que decir que esas reuniones -al menos las que yo celebraba- eran, fundamentalmente, una manifestación de amistad y cercanía del funcionario público con la ciudadanía, incluyendo lo mismo a sus votantes, como a los que no lo eran. Era pasar un buen rato y compartir todos juntos y yo celebraba esos encuentros en cualquier época, no solamente cuando se acercaban las elecciones.

Tan es así, que yo no iba solamente a esos lugares donde se reunían los votantes, casi siempre *senior citizens,* como son los edificios para personas de bajos ingresos, o los centros comunitarios. Yo organizaba desayunos de 30 ó 40 personas, dos veces al mes, en diferentes vecindarios de la ciudad. Los invitados eran, simplemente, los vecinos del lugar, personas de toda condición. Yo hablaba con todos, los saludaba a todos, trataba de recordar sus nombres. Muchos de ellos me ponían al tanto de la situación de los servicios públicos en el área, lo cual me daba una visión muy amplia de los problemas de la ciudad. Se mantenía el contacto con esas personas y se les mantenía informados de los pasos que estábamos dando para tratar de resolver las dificultades que hubiera.

Yo disfrutaba enormemente viendo la alegría de «*los viejitos*» cuando les regalábamos a cada familia un pavo para la fiesta de Thanksgiving, o una bolsa con productos para la cena de Navidad, regalos que proveían casi siempre comerciantes locales. Claro está que, ahí también, algunos aprovechaban la ocasión para pedir ayuda, bien fuera con algún problema que hubiera en el edificio, bien fuera algo personal, como trámites que estaba haciendo alguno y requería ayuda con «*los papeles*», etc. La realidad era que, aunque siempre había alguna persona que quería hablarme de sus problemas, la mayor parte de los asistentes a aquellos encuentros, nunca me abrumaban con peticiones de tipo alguno.

Algún miembro de mi equipo anotaba nombres y teléfonos y en un par de días se ponía en contacto con la persona afectada y le ayudaba a resolver el caso. Nunca se le pedía nada a cambio de la ayuda que le prestábamos, pero la mayor parte de ellos eran personas agradecidas y muy leales. Creo que era algo muy legítimo y yo me sentía muy satisfecho de poder ayudar así, directamente, a tantas personas necesitadas.

Hablando de personas necesitadas, uno de los problemas de Miami que me preocupaba grandemente era el estado de pobreza en el cual vivían muchas familias y, al mismo tiempo, la falta de oportunidades para que esas familias pudieran pasar por encima de las limitaciones que les impedían acceder a un mejor standard de vida.

En Liberty City y en Overtown, en La Pequeña Habana, en Wynwood, en Allapatah y otros lugares, había bolsones de pobreza que eran caldo de cultivo para la delincuencia, y el deterioro, cada vez mayor, de familias no funcionales, cuyos horizontes parecían estar totalmente cerrados. Eran tiempos en los que Miami no era la atractiva ciudad, llena de oportunidades, que estaba emergiendo entonces. A las grandes firmas manufactureras del país no les interesaba venir a la Florida y, por el contrario, algunas de las empresas textiles establecidas en Hialeah, por ejemplo, y en Allapatah, comenzaban lentamente a mudar sus talleres para Asia o Centroamérica en busca de mano de obra barata. Aquello me causaba un gran sentimiento de impotencia, sobre todo porque no veía que este tema, muy importante para mí, fuera de particular preocupación para otros servidores públicos, particularmente a nivel estatal y federal, que es donde un problema de esa magnitud podía resolverse.

Tratando de paliar siquiera esa situación de pobreza de tantas familias, yo trataba de ayudar a algunas obras de caridad establecidas en nuestra ciudad, las cuales yo sabía que laboraban denodadamente en favor de los pobres. Una de esas obras era el Centro Mater, situado en La Pequeña Habana, cerca del río, en donde cuidaban a niños pequeños, de familias de bajos ingresos, para que sus madres pudieran ir a trabajar. Yo admiraba mucho y era amigo de su directora, una monja católica muy dedicada a su misión, la madre Margarita Miranda. Yo siempre le dedicaba al Centro Mater una buena donación que salía de los fondos discrecionales de los comisionados.

Otro de los problemas que había comenzado en los años 60, pero cobraba un gran auge en los 70, era el del consumo de drogas, algo que empezaba a dejar de ser estigmatizado por las clases altas del país, por el mundo de los ricos y los famosos, y se iba convirtiendo en una plaga nacional que se cebaba con efectos terribles en los barrios pobres. Era una situación muy mala y la sufrían muchas familias, pero se trataba de una epidemia nacional que era muy difícil tratar de controlarla localmente. Nuestra policía hacía un gran trabajo tratando de mantener nuestras calles libres de vendedores de drogas, pero la fuente del problema estaba fuera de nuestro alcance, pues se trataba de delitos federales. Duele ver que, en la actualidad, este azote no sólo ha continuado, sino que se ha extendido a tal punto, que ya muchos ven con indiferencia las estadísticas, cada vez más altas, de las muertes por sobredosis de distintos tipos de estupefacientes, así como crímenes espeluznantes que se cometen bajo la influencia de estos.

Y entre los retos que se nos presentaban en aquellos años turbulentos, no puedo dejar de mencionar algo, que ocurría solamente en Miami y sus alrededores, pero que, al igual que el asunto de las drogas, no estaba bajo la jurisdicción local. Eran tiempos en que los horizontes de la libertad de Cuba parecían estar completamente cerrados. Contra todos los pronósticos, la tiranía de los Castro se mantenía en el poder y ese poder parecía estar firmemente consolidado. La gran mayoría de los exiliados militantemente comprometidos con «la causa» estaban muy frustrados y se sentían abandonados por los que habían sido anteriormente tenidos por aliados,

En tal estado de ánimo, las pasiones se exaltaban, las divisiones entre organizaciones y personajes se exacerbaban y algunos se iban a los extremos, acusando de traidores o de aliados del castrismo a quienquiera que se desviara mínimamente de la ortodoxia anticastrista.

Esta situación abría un productivo campo de acción para los agentes de Castro en Miami, cuya función principal era alimentar las divisiones, propagar el derrotismo y fomentar todo lo que pudiera redundar en la proyección de una pésima imagen del exilio cubano.

Así las cosas, comenzaron a ocurrir acciones terroristas y atentados personales en Miami que contribuían grandemente a los objetivos de los castristas. En 1974 fue asesinado en su casa de Coral Gables el ingeniero José Elías de la Torriente, alguien que desde finales de los 60 había logrado levantar el ánimo de los exiliados con el «Plan Torriente», una iniciativa que había conseguido unir a muchas organizaciones y dirigentes y que había prometido la liberación de Cuba en un tiempo relativamente corto. Muchos le suponían a Torriente un gran respaldo de parte de Washington, otros le acusaban de haberse apropiado de las contribuciones del exilio para su plan de liberación. Su muerte quedó en el misterio.

En 1975, fue asesinado Rolando Masferrer, antiguo hombre de confianza de Fulgencio Batista, un hombre de acción con fama de valor y sangre fría. En 1976 el comentarista radial Emilio Milián fue víctima de un atentado terrorista en el cual perdió sus piernas. En 1977, fue abatido a balazos mi entrañable amigo y compañero de la Brigada 2506 Juan José Peruyero. Y no fueron los únicos, otros cubanos fueron igualmente víctimas de atentados semejantes. Por otra parte, explotaban bombas con alguna frecuencia en lugares públicos, bien fuese una oficina de correos, o algún local de empresas que enviaban paquetes a Cuba. Se vivía un clima de inseguridad y un aura de violencia que en nada favorecía a la liberación de Cuba, al prestigio de los cubanos exiliados, ni al desarrollo de Miami.

Eran muchos los que opinaban —yo entre ellos— que, si no en todos los casos, al menos en algunos de ellos, los que ejecutaban aquellos hechos violentos, seguían las directrices de La Habana, unos a sabiendas, otros creyendo todo lo contrario y, ciertamente, teniendo en cuenta que era el régimen de Castro el único beneficiario de aquellos sucesos, era muy difícil no llegar a esa conclusión.

Todo esto, desde luego, fortalecía los argumentos de los elementos anglosajones y algunos afroamericanos, que mantenían una actitud cerrilmente anticubana no sólo en Miami, sino en todo el sur de la Florida, algunos de los cuales tomaban aquellos hechos de violencia política como justificación para sus acusaciones contra los cubanos de haber convertido a Miami -decían ellos- en una «*república bananera*».

Quieras que no, en los círculos íntimos de la política a nivel de condado y a nivel estatal, yo era visto no sólo como un comisionado más de la ciudad de Miami, sino, además, como representante de «*los cubanos de Miami*» y esto lo expresaban algunos con un timbre de ironía, pues lo que trataban era de mantener vivos los peores estereotipos que nos presentaban como un pueblo violento, díscolo, e irrespetuoso de las leyes; una tribu malagradecida que, lejos de ser asimilados por la cultura estadounidense, pretendíamos imponer nuestras costumbres por encima de las propias de los Estados Unidos.

Desde luego, es justo aclarar que los que así pensaban eran los más extremistas que son, casi siempre, los más ignorantes. Yo trataba de no caer en discusiones sobre el tema, pues sabía que eran personas de mente cerrada y opiniones ya hechas, con los cuales tratar de argumentar es perder el tiempo. Me cuidaba, eso sí, de no bajarles la cabeza, ni decir algo que ellos pudieran interpretar como una justificación de mi parte a sus actitudes racistas.

Muchos *americanos,* los que tenían mayor educación, los que leían y estaban más al tanto de los acontecimientos dentro y fuera de los Estados Unidos, y aquellos que tenían la experiencia de un trato cercano con cubanos, estaban lejos de esas actitudes y estaban al tanto de particularidades dentro del caso cubano, que escapaban a la mayor parte de la gente común y corriente.

Mientras todo esto iba sucediendo en «*la Capital del Sol*», el calendario iba corriendo imperturbablemente, un día tras otro día. Y antes de que yo pudiera darme cuenta exacta, estábamos llegando a 1977, el año en que los votantes de Miami decidirían si darme o no otros cuatro años como su comisionado.

Capítulo 19
Más de 20,000 votos – El «diálogo»

> *Preocúpate más de tu carácter que de tu reputación. Tu carácter es lo que, en realidad, tú eres. Tu reputación es solamente lo que otros piensan de ti.*
> John Wooden

Llegaba 1977, habría elecciones en noviembre de ese año, y aunque yo me sentía confiado en mis posibilidades de ganar la reelección para mi cargo de comisionado municipal, estaba muy consciente, al mismo tiempo, de que, en política, no hay nada escrito en piedra. Sabía que la opinión pública es voluble, que se basa en la impresión que la mayor parte de los votantes tenga sobre el candidato en un momento determinado y que, en ocasiones, acontecimientos que uno no controla, pueden afectar negativamente la imagen que se proyecta.

Pero, al mismo tiempo, ya yo tenía comprobado que, si eres una persona coherente, si los votantes ven consistencia entre lo que dices y lo que haces, si evitas la corrupción y la apariencia de corrupción, y si estás en sintonía con la manera de pensar de la comunidad que representas, es difícil ser derrotado en una reelección.

Ahora bien, aunque lo anterior, es decir, la conducta en el cargo, es lo fundamental para intentar ser reelegido, esto no te exime de la necesidad de recordarle todo esto a los votantes, resaltar los logros obtenidos, y señalar hábilmente las diferencias que te hacen el mejor entre todos los aspirantes al cargo. De ahí que la propia dinámica política te obliga a desarrollar una campaña de captación de votos cuya intensidad puede variar según las circunstancias, pero, donde no puedes dar por descontado el triunfo, pues en esto, como en casi todo lo demás, en la confianza está el peligro.

Todo lo anterior, además de un requisito *sine qua non,* algo que recordé al principio de mi primera campaña, pues lo había escuchado decir, desde pequeño: y sabía que era cierto: si los votantes son cubanos: no puedes ser «*pesao*», pues, según el adagio, los cubanos te perdonan todo, menos que seas «*un pesao*».

Tenía pues, que entrar en campaña y eso hice, aunque sin descuidar el diario quehacer al que me obligaba el desempeño de mi posición. Estaba en campaña, pero algunos aspectos de la misma, eran muy diferentes a los que viví en el esfuerzo de 1973.

Entonces, aunque el apoyo del alcalde Kennedy, de Steve Clark y otros oficiales electos que gozaban de gran reconocimiento, me había facilitado mucho el camino hacia la comisión, mi esfuerzo personal por darme a conocer al grueso de los votantes fue una labor intensa y extensa, que requirió muchas horas de dedicación. Esta vez, el camino a la reelección fue mucho menos empinado.

Ya gozaba yo de un buen grado de reconocimiento popular, los casi 64 meses transcurridos desde entonces me habían permitido establecer contactos importantes en toda la ciudad que, desde el principio de la nueva campaña me hicieron más fácil el esfuerzo, tanto en cuanto a las donaciones para los gastos de campaña, como en la asistencia del público a los eventos pre-electorales.

Al final, el resultado fue tan espectacular, que me hizo sentirme lleno de gratitud, orgulloso, pero al mismo tiempo humilde, ante la victoria arrolladora que el pueblo de Miami, y en especial mi comunidad, me habían dado.

Fue la primera vez que, en Miami, un comisionado obtenía más de veinte mil votos. Fue una avalancha, no sólo en el número de votos obtenidos, sino, igualmente, en las donaciones, que fueron masivas, particularmente en las que provenían de los cubanos, básicamente, de los cubanos que ya tenían cierto status económico.

Fui el primer comisionado que se atrevió a dar un acto de campaña a cien dólares el ticket, lo dimos en el Hotel *Four Ambassadors* y a ese acto acudieron más de mil doscientas personas y más de un centenar tuvieron que quedarse en el vestíbulo del hotel, porque no cabía nadie más en el salón. Cuatro personas aspiraron en mi contra, y no fue necesaria una segunda vuelta, tan firme fue el respaldo de los votantes.

Aquel resultado electoral tan estimulante me hizo entrar con gran seguridad y gran optimismo en mi segundo término como comisionado. Ferré había triunfado también en su aspiración a la reelección como alcalde y esto nos ponía a los dos en lo que debiera haber sido nuestra recta final en las posiciones que ocupábamos; él, como alcalde y yo como comisionado. Estábamos, pues, a cuatro años de la fase final de nuestro pacto, a cuatro años de mi aspiración alcaldicia y de su aspiración a alguna posición superior, aún no definida, en la política nacional.

Pero, en lo que ese momento llegaba, Miami continuaba su dinámico crecimiento y sus constantes retos, algunos de ellos que se dan solamente en nuestro pequeño, pero intrincado cosmos, donde se mueven factores domésticos junto a intrigas internacionales, donde se venden submarinos atómicos en un bar nudista y nadie olvida si se le da la llave de la ciudad al personaje equivocado.

A finales de 1978 el ambiente se caldeó de mala manera y en tal forma, que yo me vi afectado como cubano, como comisionado y como un simple ser humano, todo por una situación que ponía a Cuba y a Miami al rojo vivo, y respecto a la cual, lo cierto es que era muy poco lo que podíamos hacer.

El simplismo proverbial del entonces presidente de Estados Unidos, Jimmy Carter, que estaba ansioso de restablecer relaciones diplomáticas plenas con Cuba y la aspiración de Fidel Castro a convertirse en presidente del Movimiento de Países No Alineados, una entelequia dominada por marxistas enemigos de Estados Unidos bajo una pretensión de neutralidad entre Washington y Moscú y para lo cual Castro necesitaba mejorar su imagen internacional en cuanto al respeto a los derechos humanos, propiciaron que surgiera un proyecto de acercamiento entre La Habana y Miami, es decir, entre la dictadura castrista y el exilio cubano, Un proceso conocido desde entonces como «*el diálogo*» y que, de entonces a acá le ha dado a esa palabra, diálogo, la negativa connotación que aún tiene para muchísimos cubanos.

Se trataba de la convocatoria a un encuentro en La Habana entre miembros del régimen de Fidel Castro que, en su momento incluiría al propio dictador, y un número de exiliados cubanos, unos más prominentes que otros. El objetivo anunciado era mejorar las relaciones entre el gobierno cubano y los exiliados, a los que la prensa castrista denominaba entonces «miembros de la comunidad de emigrados cubanos» de Miami. Uno de los «beneficios colaterales» de aquel intento de entendimiento sería, según lo que se esperaba del encuentro convocado, la liberación de los presos políticos cubanos, cuyo número se calculaba entonces en más de tres millares.

El proyecto provocó una de las más ácidas polémicas entre todas las vividas en Miami. La mayor parte de los exiliados rechazábamos todo acercamiento, incluso toda conversación, con representantes de la dictadura castrista. El razonamiento era que Castro era la causa del mal y el culpable de que hubiera en Cuba prisioneros políticos. Lo que le corresponde —decían muchos— es abrir las cárceles y marcharse de Cuba y para esto, argumentaban, no hay que conversar con nadie.

Otros cubanos razonaban, quizás con mayor pragmatismo, que el régimen estaba consolidado en el poder, que el exilio no tenía los medios para cambiar esa situación y que, si se podía lograr la liberación de los presos políticos, valía la pena explorar la situación, lo cual, argumentaban, no implica necesariamente una claudicación en nuestros principios.

Era tal el interés de Castro en aquella posibilidad de intercambio que tendría para él el beneficio de la neutralización del exilio, que permitió, incluso, entrevistas de medios de prensa de

Estados Unidos con algunos prisioneros, casi todos los cuales se mostraron de acuerdo con la iniciativa de diálogo. La gran sorpresa la dio nada menos que Eloy Gutiérrez Menoyo.

Menoyo había venido para Miami en 1961, tras haber sido relegado al anonimato por Castro. Aquí fue de los fundadores de Alpha 66, una organización militantemente anticastrista, En diciembre de 1964 fue capturado durante un intento de incursión dentro de Cuba y desde entonces estaba preso allá. Sus carceleros le permitieron el acceso a los periodistas visitantes para la promoción del diálogo, seguros, evidentemente, de que él se manifestaría favorable a un entendimiento Cuba-Miami-Washington. Pero, resultó todo lo contrario.

Menoyo habló lapidariamente en contra del proceso: —«*Aquí hay un solo carcelero, que es Fidel Castro* —fueron más o menos, sus palabras— *Él tiene las llaves de todos los calabozos de Cuba. Si quiere liberarnos, no tiene más que abrirnos las puertas. No hay nada que hablar con él*».

Aquello solidificó la posición mayoritaria del exilio en contra del diálogo. Pero, por otra parte, los familiares de los presos políticos y muchos otros exiliados que veían el lado humanitario de la propuesta negociadora, no dejaban de apoyar la iniciativa. La tensión en Miami era punto menos que explosiva.

Al frente del grupo a favor del diálogo en Miami estaba un cubano de origen judío, muy reconocido en el mundo de las finanzas, y en cuyo expediente no había nada que lo acercara al castrismo. Era Bernardo Benes, a quien llamaban «*el colorao*», no por sus ideas políticas, sino por el color de su pelo y el tinte de su piel.

Benes contaba con el visto bueno del gobierno de Carter y había viajado a Cuba en varias ocasiones, donde incluso se había reunido con el propio Fidel Castro, tratando de impulsar un acuerdo sobre la liberación de los prisioneros.

En Washington, DC, sin duda, eran muchos los que estaban felices con la marcha de los acontecimientos, pero en Miami, todo era radicalmente distinto. La ciudad ardía y era muy alta la tensión entre los opuestos al diálogo y los que lo favorecían. Las radioemisoras hispanas vibraban con la polémica y no se hablaba de otra cosa. Los epítetos y los calificativos volaban en el ambiente. Las organizaciones anticastristas mantenían piquetes de protesta frente a las oficinas de Benes, en la Calle Primera y la Avenida 18 del SW. La palabra «*dialoguero*» se convirtió en el descalificativo de moda y, aunque no se hablaba mucho de ello, a las autoridades civiles y policiales nos preocupaba el potencial de violencia que había en lo que estaba sucediendo.

Benes se convirtió en el pararrayos de las iras del exilio. Y a su lado estaba mi socio, mi amigo, mi hermano Alfredo González Durán.

Yo conocía a Benes muy superficialmente, aunque tenía una buena opinión de él. Yo estaba firmemente en contra del proyecto que él encabezaba y al igual que la mayor parte de mis compatriotas exiliados, yo pensaba que aquel proceso terminaría en una victoria política para Fidel Castro. Claro está que yo también quería la liberación de los presos, pero pensaba que todo aquello era un chantaje de Castro para lograr ventajas políticas, ya que, sin cambios en el sistema de gobierno en Cuba, él quedaba en posesión de todos los recursos del poder para poder llenar de nuevo las cárceles cubanas cuando le viniera en ganas.

Otro cubano exiliado que estaba involucrado en aquellas gestiones, era el empresario José Orlando Padrón, dueño de una marca de tabacos que lleva su apellido, reconocidos como de alta calidad. Padrón y yo éramos amigos, él siempre me enviaba a mi oficina en el ayuntamiento sus famosos tabacos Padrón N.º 3. Al igual que Benes y Alfredo, él fue fuertemente criticado y acusado de traicionar al exilio cubano por su participación en el diálogo.

De todas formas, en aquellos días yo trataba de evitar a Benes y a Padrón, pues no quería tener una discusión personal con ninguno de los dos. Con Alfredo era diferente.

Yo no lo apoyaba en sus gestiones, pero, por encima de todo estaba nuestra amistad y mi confianza en su patriotismo y sus buenas intenciones. Me molestaba enormemente que cubanos que se habían quedado cómodamente en Miami, mientras Alfredo estaba peleando en Playa Girón, pusieran en duda su fidelidad a la causa de la libertad y lo calificaran con dureza, olvidando sus méritos. Y fue para mí un error muy lamentable y una gran injusticia que la Brigada tomara la decisión de expulsarlo de sus filas, junto a otros cubanos, veteranos de Paya Girón también, que no pensaban como nosotros en aquella cuestión del diálogo.

El caso fue que, estando Fidel Castro empeñado en su intención de limpiar su imagen con vistas a la reunión de los No Alineados, próxima entonces a celebrarse en La Habana, más de tres mil presos políticos fueron liberados y pudieron venir para el exilio, gracias, en buena medida, a aquellas gestiones de Benes, Padrón y Alfredo.

A la larga, aquello no cambió sustancialmente el justo enfrentamiento entre la tiranía castrista y los cubanos exiliados, ni dio permanencia alguna al mejoramiento de relaciones entre Washington y La Habana, ya que Castro nunca tuvo la intención de cambiar ni un ápice la naturaleza sanguinaria de su régimen.

Pero, lamentablemente, el proceso aquel dejó secuelas permanentes en Miami, donde todavía hoy se le toma como referencia para calificar a unos como «*dialogueros*» y a otros como «*de línea dura*», ninguno de cuyos términos es completamente justo.

Claro está que todo ello afectaba directamente a los políticos y a la política en Miami pues eran muchos los que insertaban la problemática cubana en los asuntos locales, fundamentalmente y casi siempre demagógicamente, en los procesos electorales.

A mí eso no me afectaba y me preocupaba mucho más mi amistad con Alfredo, que, gracias a Dios, nunca se resintió. A Bernardo Benes llegué a conocerlo mejor años después de aquella candente etapa. Restablecí mi incipiente amistad con él, y cuando hablamos sobre el tema del diálogo, me convencí de sus buenas intenciones y su absoluto anticastrismo. No tengo dudas de que era un buen cubano. Algo similar pudiera decirse de Orlando Padrón.

Benes falleció en Miami, en el 2019. Antes, en diciembre de 2017, había fallecido José Orlando Padrón.

Yo estoy casi seguro de que las personas no cubanas que lean estas historias quedarán un tanto perplejas y es posible que no comprendan del todo la importancia que tiene el acontecer cubano en los asuntos de Miami. Tal vez algunos se preguntarán por qué lo que ocurre en Cuba y lo que opinan los cubanos de Miami en cuanto a todo lo relacionado con la Isla, tiene una repercusión tan grande, no solamente en las vidas de millares de personas, sino también en los procesos electorales del sur de la Florida.

Uno de los motivos que inciden más notablemente en esa situación, es las motivaciones de los cubanos al hacerse ciudadanos de Estados Unidos y recibir su tarjeta de votantes. Hay que tener en cuenta que el pueblo cubano nunca albergó sentimientos *antiyankees,* al contrario, siempre se consideró amigo y admirador de los Estados Unidos. No cambiaba a su Cuba por nada de este mundo, pero era un pueblo de corazón abierto para todos. La rabia antiamericana de los últimos tiempos, le había sido impuesta por Fidel Castro, pero no llegaba a calar el corazón de los cubanos.

Así pues, los cubanos no veíamos contradicción alguna en amar a los dos países, Cuba y los Estados Unidos, entendiendo que los intereses verdaderos de ambos eran coincidentes, más allá de las tergiversaciones políticas de algún demagogo como Castro. Pero, además, el cubano comprendió rápidamente que, para influir realmente en las decisiones de Washington sobre Cuba, era necesario tener fuerza electoral en este país.

Ayudar a la liberación de Cuba era uno de los motivos principales por los que los cubanos nos hacíamos ciudadanos de Estados Unidos e inmediatamente nos inscribíamos como votantes. Y esto, repito, sin la menor intención de usar a los Estados Unidos en favor de nuestros intereses pues, para nosotros, defender la libertad de Cuba es también defender la libertad en Estados Unidos. De ahí, pues, que lo que ocurre en Cuba y la posición de cada quien al respecto se haya convertido en un legítimo tema de campaña en los comicios de esta parte del mundo.

Volviendo al desarrollo de los acontecimientos en Miami, está claro que, en medio del fragor de la controversia sobre el diálogo que lo permeaba todo, teníamos que continuar con el día a día de los asuntos locales.

La alianza política tripartita que teníamos —Ferré, Gibson y yo— nos permitía ir avanzando en distintos proyectos que eran, muchos de ellos, de beneficio popular y otros que contribuían a afianzar la creciente importancia de Miami como ciudad cosmopolita, moderna, adecuada para hacer negocios, instalar en ella sucursales de grandes firmas empresariales, y subrayar su condición de «*puerta de las Américas*».

Todos esos proyectos los ganábamos tres a dos, porque los representantes del Miami antiguo, J. L. Plummer y Rose Gordon, consuetudinariamente votaban contra nuestras propuestas. Ellos entendían que la buena política consistía en no gastar dinero, ahorrar, decían, el dinero de los contribuyentes sin arriesgarlo en proyectos de gran alcance.

Yo trataba de explicarle a J. L: —«*Mira* —le decía— *yo he viajado por todas las Américas y siempre que llego a algún país, me muestran sus obras. Me dicen, "este puente lo hizo el alcalde tal…. Este aeropuerto lo impulsó tal presidente… esta carretera la amplió este senador"… Nunca me han dicho "tal alcalde ahorró tanto dinero", eso no es lo que los pueblos necesitan*».

Ni J. L., ni Rose Gordon lograron entender lo conveniente de convertir a Miami en una gran ciudad. En el orden personal éramos amigos, yo me llevaba bien con ellos, pero nunca logré que apoyaran alguno de nuestros proyectos, lo cual yo lo lamentaba.

Por si no fueran tan absorbentes los acontecimientos de 1978 en Miami, había, cerca y lejos a la vez, otro escenario al cual me vi obligado a prestarle atención, acaso sin pensar que lo que allí sucedía tendría importantes repercusiones en mi vida personal y en mi quehacer político. Me llamaban de Nicaragua.

Capítulo 20
Anastasio Somoza y Carlos Andrés Pérez

> *Quizá la más grande lección de la historia es que nadie aprendió nunca las lecciones de la historia.*
> Aldous Huxley.

Al igual que muchos de mis compatriotas cubanos, yo sentía mucha gratitud hacia el presidente de Nicaragua, Anastasio Somoza Debayle. Cuando casi todo el mundo nos daba la espalda a los cubanos que denunciábamos los atropellos que la dictadura de Fidel Castro cometía contra nuestro pueblo, Somoza, en su papel dominante como jefe de la Guardia Nacional o propiamente, como presidente de su país, era de los pocos que nos tendía la mano.

Esa actitud solidaria se hizo patente de una forma decisiva, al permitirle a la Agencia Central de Inteligencia de Estados Unidos usar territorio nicaragüense para la instalación de un aeropuerto en Puerto Cabezas para la Brigada 2506, algo que no cambió ni siquiera cuando la existencia de aquel aeropuerto se convirtió en un secreto a voces, lo cual colocaba a Nicaragua en la posibilidad de una confrontación directa contra las bien armadas y numerosas fuerzas militares de La Habana.

Pude conocer personalmente a *Tachito,* (así le llamaban sus íntimos) a través de Manolo Artime y llegamos a forjar una buena amistad que se fue fortaleciendo en las ocasiones en que yo, como jefe del Buró Internacional del Departamento de Comercio de la Florida, visité ese hermoso y acogedor país centroamericano. Esto continuó después, siendo yo comisionado de Miami.

Cuando un violento terremoto de más de 6 grados de intensidad en la escala Richter devastó Managua, el 23 de diciembre de 1972, yo me di de corazón a la intensa campaña de recolección de ayuda que tuvo lugar en Miami. El terremoto fue una catástrofe de proporciones bíblicas: alrededor de diez mil muertos, veinte mil heridos y más de 300,000 viviendas arrasadas. El centro de Managua fue totalmente destruido en una extensión de más de cinco millas cuadradas. Yo me sentía moralmente obligado a socorrer a aquella pobre gente y Miami, como siempre, dio el paso al frente, con la reconocida generosidad y el buen corazón de sus habitantes. Recaudamos dos millones de dólares en alimentos y medicinas. Esa ayuda fue algo que Somoza apreció mucho y algo que contribuyó a fortalecer nuestra amistad. Somoza me pidió que fuera a Nicaragua con un grupo de ejecutivos y miembros de la prensa del exilio y allá fuimos, acompañados, entre otros por Luis Sabines, Manolo Arqués, y Fusté.

Con el Presidente de Nicaragua Anastasio Somoza a raíz del terremoto que azotó Managua en diciembre de 1972

Yo sabía entonces, como lo sé ahora, que cuando se menciona el nombre de Anastasio Somoza Debayle, surge inmediatamente una imagen negativa, la imagen estereotipada del dictador latinoamericano de viejo estilo, corrupto y sanguinario, del cual se exageran los vicios y los errores y se olvidan las virtudes y los aciertos.

Sin negar los defectos que pueda haber tenido, ni los errores que haya podido cometer, como cualquier otro ser humano, yo debo decir, por respeto a la verdad, que el hombre que yo conocí era una persona cálida y amable, buen amigo, hombre agradecido y que, en su visión de las cosas, trataba de hacer lo que él entendía como lo mejor para su país.

Era, además, un hombre de educación superior, graduado de la Academia Militar de West Point. Poseía un vocabulario más extenso en inglés que en español y era, verdaderamente, amigo de los Estados Unidos.

Pesaban en su contra algunos factores importantes, como la larga permanencia de su familia en la presidencia de Nicaragua, la fama de «hombre fuerte» de *Tacho,* su padre, y la permanente situación de pobreza de la mayor parte de los nicaragüenses en contraste innegable con el enriquecimiento de los buitres que, en todos los países, sobrevuelan las cumbres del poder.

Nunca olvido algo que me dijo en cierta ocasión, el entonces embajador de Estados Unidos en Managua, James Theberge: —«*Sin lugar a dudas,* —me dijo— *Somoza es el mejor presidente que hay en Centroamérica, pero su apellido le trae como consecuencia que la gente piense en una dinastía y a la gente no les gusta, a los demócratas en sí, no les gustan las dinastías y quieren el cambio*».

Cambios que, como ya hemos visto —digo yo— son fatídicos la mayor parte de las veces. Como sucedió en Cuba, que la gente quería quitar a Batista y pese a que el doctor Rivero Agüero ya había sido electo y estaba a quince días nada más de tomar posesión, Eisenhower forzó a Batista a abandonar el país, y no le dieron una oportunidad a Rivero Agüero, sin considerar todos los factores que indicaban que Castro sería peor.

Eso mismo pasó en Nicaragua: Somoza tiene que abandonar el poder presionado por Estados Unidos y la gente se alegra y piensan en un gobierno sandinista para el pueblo, por el pueblo, que va a acabar con la corrupción... no miran los antecedentes de los nuevos héroes, no parecen preocupados por sus intenciones y ya sabemos lo que pasa: lo que ocurrió en Cuba, se repitió en Nicaragua.

Y por si fuera poco, vemos lo mismo en Venezuela: *Caldera es un hombre débil, hay que cambiar... los adecos son corruptos, el Copey se ha corrompido también... todo es malo. Aquí hay un coronel, es paracaidista, es carismático, va a acabar con la corrupción...* y ahí lo tienen: el pueblo eligió a Chávez y, ¿qué ha pasado? Exactamente lo mismo de Cuba, lo mismo de Nicaragua. Es triste que tanto sufrimiento de parte de los cubanos no haya servido ni siquiera para advertir a otros pueblos, ni siquiera para abrirle los ojos al Departamento de Estado de Estados Unidos.

No quiero implicar con esto que no se debe tratar de cambiar para algo mejor, cuando la situación que se confronta es decididamente mala. Pero, lo que es verdaderamente fundamental en estos procesos es tomar todas las previsiones posibles para que, por precipitación, por falta de preparación o de conocimientos, el cambio, lejos de ser de malo para bueno, no termine siendo de malo para peor.

¿Qué me mueve a estas consideraciones en medio de este relato? Pues, el curso mismo de los acontecimientos que fueron marcando la historia de mi vida. En el caso particular de Nicaragua, a mí me tocó participar en algunos hechos que fueron determinantes en el destino de ese país y esto fue debido a mi amistad con Somoza y a mis contactos dentro del Partido Demócrata de Estados Unidos, que me permitían algún acceso a la Administración Carter.

Yo estaba asesorando a Somoza, tratando de hacerle ver la necesidad de mejorar algo la situación de los derechos humanos, de controlar los excesos de algunos jefes militares, no solamente porque yo creía que era lo justo, sino también porque era necesario buscar un mejoramiento de las relaciones con la Administración Carter, para poder continuar tratando de evitar que los sandinistas, cuyos vínculos con Castro saltaban a la vista, tomaran el poder.

Somoza aceptó aquellas recomendaciones de buena gana, comenzó a moverse en ese sentido y en poco tiempo, a finales de julio de 1978, se logró una carta del presidente Carter, en la cual él decía que observaba con mucho agrado que había algunos cambios positivos en Nicaragua, cambios que su administración veía muy favorablemente.

Aquello fue un revés para la izquierda y los tontos útiles del continente y allanó el camino para que ocurriera algo que ofrecía la posibilidad de encontrar una salida airosa para el caos político que se hacía incontrolable en la patria de Rubén Darío.

Hablando un día en Caracas con Miguel Ángel Capriles, este me mencionó la posibilidad de hablar con el presidente de Venezuela, Carlos Andrés Pérez, que era, en aquellos momentos, algo así como el portaestandarte de la izquierda democrática latinoamericana y él se mostró receptivo a la proposición, por venir de Capriles. Se trataba de conseguir una reunión entre él y Somoza con el fin de llegar a un acuerdo para una transición política en Nicaragua, que incluía la salida de Somoza del poder.

Y lo incluía, porque el propio Somoza me había confiado sus deseos de hacer elecciones en Nicaragua bajo los auspicios de la OEA, entregar la presidencia a quienquiera que resultase elegido y que no hubiera sido impuesto por los sandinistas y venir para los Estados Unidos, al menos por un tiempo. Él estaba cansado de la tensión política que había sido el entorno de casi toda su vida.

Hasta ahí todo marchaba muy bien, pero, al contarle a Somoza la sugerencia de Capriles y nuestro encuentro con Carlos Andrés y la disposición de éste a reunirse con él, *Tachito* comenzó a mover negativamente la cabeza. Él estaba de acuerdo en reunirse con cualquier otro personaje latinoamericano de envergadura, pero no con Carlos Andrés, en cuya palabra, él, Somoza, no confiaba en absoluto, pese a que la intervención de Capriles en el asunto le inspiraba confianza.

Yo no sabía qué hacer ante la negativa de Somoza. A mi entender, si comenzábamos aquel proceso desairando a Carlos Andrés, empezábamos mal. Tratando de hallar cómo convencer a Somoza, vino en mi auxilio quien era entonces su canciller, Julio César Quintana, quien le dijo: —«*Presidente, yo creo que Manolo tiene razón. No perdemos nada con intentarlo*».

Somoza aceptó y yo sentí un gran alivio y una reconfortante esperanza. Yo no quería de ninguna manera que Nicaragua corriese la misma suerte de Cuba y todo me indicaba que estábamos en el camino correcto para evitar tamaña desgracia. Somoza envió a Venezuela a su primo hermano Luis Pallais, presidente del congreso nicaragüense y al vice canciller para fijar la fecha y el lugar de la reunión.

La reunión se fijó para el domingo, 30 de julio de 1978, en la isla La Orchila.

La Orchila es un bello islote situado en el Caribe venezolano, justo al norte de la ciudad de Caracas. Era la sede de una unidad militar y de la residencia de verano de los presidentes venezolanos, todo en medio de un hermoso paisaje que invitaba a la paz.

En esta gestión habíamos tenido la ayuda valiosísima de mi amigo Miguel Ángel Capriles, el gran magnate de la prensa de Venezuela. Era el propietario del periódico Novedades y de otras influyentes publicaciones. Yo tenía una relación muy fuerte con él porque una hija suya estaba casada con David Brillembourgh, hermano de quien había sido mi *roommate* en Georgia Tech, René Brillembourgh. Capriles y yo habíamos hecho una muy buena amistad. Todos los años él me invitaba a su casa en la playa, allí en Venezuela y como detalle curioso recuerdo que a aquella, su casa playera, él le había puesto por nombre «Varadero», pues su esposa era cubana.

Miguel Ángel acompañó a Carlos Andrés a La Orchila. Éramos seis personas en total: Somoza y Carlos Andrés, cada uno acompañado por su ministro de Relaciones Exteriores, Capriles y yo. Llegamos a las nueve de la mañana, bajo un torrencial aguacero.

Los dos presidentes estuvieron reunidos hasta las doce del mediodía en la casa presidencial. En otra casa, dentro del mismo complejo, nos quedamos el canciller nicaragüense, Julio César

Quintana, su colega venezolano, José Alberto Zambrano Velasco, Capriles y yo.

A las doce nos indicaron que pasáramos a la casa principal y allí almorzamos. Carlos Andrés se sentó a la cabecera, con Somoza a su derecha y Zambrano, su canciller, a su izquierda. Capriles se sentó entre Somoza y Quintana, el canciller nicaragüense y yo junto a éste. Me acuerdo, no podría olvidarlo, que el plato principal era un delicioso conejo australiano, algo que yo nunca antes había saboreado.

En un momento en que pudimos hablar a solas, antes de sentarnos, yo le había ofrecido a Somoza retirarme del lugar, de las conversaciones. En fin de cuentas, yo no tenía representación oficial alguna, estaba allí sólo por mi amistad con él y mi interés en evitar que se repitiera en Nicaragua la desgraciada experiencia de Cuba, pero no deseaba que Somoza se sintiera obligado a dejarme participar en lo que no me correspondiera. Somoza fue enfático: él quería mi presencia allí porque confiaba en mí y, además, me dijo: —«*Tú eres ciudadano americano, contigo aquí, de testigo, Carlos Andrés no se atreverá a jugarme una trastada. Estamos en su territorio, no te olvides de eso*».

El almuerzo se extendió por tres horas también, porque, en realidad, allí continuaron las conversaciones. Carlos Andrés Pérez dijo que había encontrado en Somoza un presidente abierto. Somoza le reiteró que hablara con la oposición nicaragüense para que sus líderes se reunieran con él, a fin de fijar fecha para las elecciones presidenciales, e igualmente reiteró que él le entregaría el poder a quien resultase electo. Carlos Andrés no podía mostrarse más complacido y le aseguró a Somoza que, en una semana, los dirigentes de la oposición irían a verlo, que se reunirían con él.

Salimos de allí a las tres de la tarde, todos satisfechos y yo, particularmente, alegre. Habíamos salvado a Nicaragua de convertirse en otra Cuba.

O, al menos, eso creía yo.

Los días subsiguientes se encargaron de desbaratar aquella ilusión, poniendo a las claras que Carlos Andrés Pérez se había burlado de nosotros, que nos había mentido inverecundamente.

Transcurridas dos semanas, Somoza me mandó a buscar. —«*Esto no funciona, no está sucediendo nada*» —me dijo, visiblemente contrariado. Volví a Venezuela, hablé con Capriles y fuimos a ver a Carlos Andrés, quien me garantizó que en el transcurso de aquella misma semana irían los opositores nicaragüenses a reunirse con Somoza. Pasó aquella semana, y nada sucedió.

Pasado un mes, agravándose cada día más la situación en Nicaragua, Somoza me llamó una noche, a la una de la madrugada: —«*Coge el avión de Lanica, el de las siete de la mañana y ven para acá. Tenemos que revisar esto, porque no me gusta*».

Así lo hice. Llegué a Managua, el 22 de agosto del mismo año, 1978, como siempre, al Hotel Intercontinental y a las doce llegué al búnker, para almorzar con Somoza. Cuando llegué, el coronel Porras me dijo que pasara, que ya el presidente estaba a la mesa. Nos saludamos y nos tomamos un trago. Somoza siempre bebía vodka con agua tónica.

La bebida tenía también su historia entre nosotros. A Somoza le había dado un ataque al corazón algún tiempo atrás y él había venido a Miami para atenderse aquí, en Miami Beach. Cuando estaba ya en recuperación, yo iba a verlo todos los días. El médico le preguntó: —«*General, ¿Ud. qué toma?*». Somoza le contestó que él bebía scotch, uno llamado White Horse, que no era etiqueta negra, era más bien un whiskey peleón. El doctor entonces le aconsejó que no tomara más el scotch y bebiera en su lugar vodka con agua tónica. Yo, que lo escuché, tomé para mí el consejo y de ahí en adelante el vodka ha sido mi licor favorito.

Bueno, pues, aquel día en el búnker estábamos ya tomando nuestros vodkas respectivos, todavía no habían traído el almuerzo, cuando entró súbitamente el coronel Porras y le dijo al presidente, sin poder ocultar la aprensión que sentía: —«*Jefe, los sandinistas han tomado Palacio*».

Palacio era como llamaban en Nicaragua al hemiciclo donde se reunía el Congreso de la nación. Un comando sandinista, al mando de Edén Pastora, conocido como *el comandante Cero,* y del *comandante Número Uno,* Hugo Torres, se había posesionado del lugar y allí mantenían como rehenes a todos los congresistas, senadores y otros funcionarios, exigiendo, de parte del gobierno, una serie de concesiones, entre ellas, la liberación de los presos políticos y un rescate de diez millones de dólares.

La situación no podía ser más grave, ni más tensa. En sus demandas, los sandinistas pedían también la difusión de una serie de documentos en la prensa nacional y garantías para la salida del país de los miembros del comando.

La Iglesia Católica se ofreció rápidamente como mediadora, con el fin de evitar la masacre que sobrevendría si se producía un enfrentamiento entre la Guardia Nacional y el comando sandinista. Ambas partes aceptaron y la comisión mediadora quedó integrada por el Arzobispo de Managua, Monseñor Miguel Obando y Bravo, quien siete años más tarde sería elevado al rango de cardenal por el papa Juan Pablo II, el obispo de Granada, Leovigildo López Fitoria y el obispo de León, Manuel Salazar y Espinosa. Los embajadores de Costa Rica y Panamá, Virgilio Chaverry y Carlos Boyd respectivamente, se les sumaron después.

Cuando los tres prelados llegaron para hablar con Somoza, yo me levanté para irme, pero él me pidió que me quedara y esto permitió que, sin yo buscarlo, me convertí en un testigo presencial de aquellos históricos acontecimientos.

Somoza había evaluado rápidamente la situación: los sandinistas habían actuado con arrojo y precisión y tenían en sus manos las vidas de aquellas 300 personas, entre las cuales se encontraban familiares del propio presidente, como su primo Luis Pallais Debayle, su sobrino José R. Somoza, y otros, así también como algunos de sus más cercanos colaboradores. Somoza no estaba dispuesto a sacrificar sus vidas ni a correr el riesgo de propiciar la masacre que, a no dudar, los sandinistas estaban dispuestos a llevar a cabo.

La crisis duró menos de 48 horas y al final de la misma, los sandinistas obtuvieron casi todo lo que pedían y se anotaron un contundente golpe de efecto. Somoza ordenó la liberación de todos los presos que pedían y que incluían a algunos de sus dirigentes más conocidos como Daniel Ortega y Tomás Borge; los documentos que los guerrilleros querían difundir, fueron difundidos, se les proveyó de los medios para que el comando atacante, en su totalidad, pudiera salir del país sin problemas y recibieron medio millón de dólares en efectivo.

Regresé a Miami con la triste convicción de que Nicaragua estaba ya irremediablemente condenada a convertirse en una segunda Cuba.

Capítulo 21
La renuncia y el pacto – La tragedia repetida

La verdad padece, pero no perece.
Santa Teresa de Jesús

En Miami me esperaba el día a día de la comisión, me esperaba la proximidad de lo que debía ser el inicio de mi campaña por la alcaldía y me esperaban también las realidades de mi vida privada, mi familia, mis negocios.

No pasaron muchos días sin que Somoza reanudara sus esfuerzos por darle una salida a la situación política de Nicaragua. Él continuaba dispuesto a dejar el poder, pero evitando, al mismo tiempo, que los sandinistas accedieran al mismo. El duro impacto que hizo en su ánimo el episodio de la toma de Palacio por el comando de Edén Pastora y su guerrilla, aparentemente pasó con rapidez y no logró convencerlo de que la situación se le escapaba, velozmente y sin remedio, de sus manos.

Comenzando el 1979, Somoza me plantea en firme que deje todo lo demás y me dedique a tiempo completo a ayudarlo en lo que debiera ser su última batalla, que no era otra que conseguir el apoyo total de los Estados Unidos, para aquel su empeño de impedir la toma del país por las guerrillas marxistas respaldadas por Fidel Castro.

Aquello me pone a mí frente a una alternativa nada fácil. Mi cerebro me decía que era virtualmente imposible detener la marcha de los sandinistas hacia el total control político de Nicaragua, pero mi corazón se negaba a darse totalmente por vencido y a no hacer un último esfuerzo por evitar la catástrofe que esto significaría. ¿Quedaba alguna posibilidad de hacerle ver la realidad al presidente Carter y sus consejeros?

Otro aspecto de la alternativa que tenía por delante, era el de mi aspiración a la alcaldía de Miami. Yo estaba seguro de mi futura victoria en esa contienda, pero, si aceptaba la oferta de Somoza, tendría que renunciar a mi cargo de comisionado municipal y desconectarme un poco, inevitablemente, del acontecer de Miami, justamente al entrar en lo que debiera ser la parte más intensa de mi campaña.

¿Qué hacer?

Mi corazón sabía que yo nunca me perdonaría si rehusaba hacer aquel último esfuerzo por Nicaragua. Y mi corazón ganó.

Renuncié a la comisión de Miami a principios de 1979. Al retirarme como comisionado, dejaba una ciudad mejor, más inclusiva, de horizontes más amplios.

Cubanos, otros hispanos y afroamericanos, habían avanzado mucho en la escala social, en integración, desarrollo e inclusión en el gobierno y en los grupos de poder locales, gracias, en buena medida, a los esfuerzos conjuntos del Rev. Gibson, Ferré y los míos propios. Recuerdo que, al ser juramentado yo como comisionado, solamente 26 cubanos eran empleados por la ciudad de Miami. Al retirarme de aquella posición, eran más de mil los compatriotas que formaban parte de la nómina oficial y algunos de ellos habían llegado a los centros de poder, allí donde se tomaban las decisiones.

Había contribuido también a ensanchar los horizontes de Miami y a adelantar en el camino que llevaría a nuestra ciudad a convertirse en la más importante de América Latina. El downtown y el área de Brickell Avenue estaban adquiriendo una nueva silueta, más alta, moderna y progresista. Y a muchos de los nuestros se les abrían merecidas oportunidades para dejar el *ghetto* de La Pequeña Habana e integrarse a mejores niveles económicos en áreas más prósperas.

Tenía la tranquilidad de conciencia de haber hecho cuanto humanamente pude por ayudar a los menos afortunados, no solamente cubanos, sino de todas las procedencias. Al mirar atrás, me sentía tranquilo y contento, sin nada de prepotencia o falso orgullo. Al contrario, daba gracias a Dios que me había proporcionado aquella oportunidad de servir y me había ayudado a cumplir mi misión sin cargos de conciencia.

Tenía que concentrarme ahora en una encomienda de mayor envergadura e inmensos desafíos. La mayor parte de mi trabajo tendría que desarrollarla en Washington, DC. Era una labor de cabildeo y mi objetivo principal era Robert (Bob) Pastor, que era el encargado de América Latina en el Departamento de Seguridad Nacional del presidente Carter, que regenteaba el asesor presidencial Zbigniew Brzezinski.

Bob Pastor y yo nos habíamos conocido a través de Diego Arria, gobernador entonces del Distrito Federal de Caracas, con quien yo tenía muy buenas relaciones. Pastor estaba casado con una hija de Robert McNamara, que había sido Secretario de Defensa en el gabinete de Kennedy y en el de Johnson. Además, había desempeñado también la presidencia del Banco Mundial.

Visita como Vice Alcalde de Miami a Caracas, Venezuela. Recibido por el Gobernador Diego Arria, más tarde embajador de Venezuela en las Naciones Unidas.

Diego Arria, por su parte, era un diplomático de envergadura tal, que llegaría a presidir el Consejo de Seguridad de Naciones Unidas a principio de los noventa. Fue gobernador de Caracas, Ministro de Turismo y Embajador de Venezuela ante las Naciones Unidas. En mi opinión, nadie está actualmente tan bien preparado como él para asumir la presidencia de Venezuela.

Diego tenía una casa de veraneo en la isla Mustike y se la prestaba a Pastor con frecuencia. Bob Pastor no se quedaba atrás y había sido el encargado de negociar los acuerdos por los cuales se traspasó a Panamá la soberanía sobre el canal interoceánico.

Pero ya era muy tarde. Los acontecimientos en Nicaragua habían tomado su propia dinámica. El gobierno había mostrado su vulnerabilidad al ceder ante las demandas de los asaltantes sandinistas, la opinión pública mundial se cebaba en Somoza y su familia, el gobierno de Carter continuaba en su frívola fantasía con los falsos redentores de Latinoamérica y el pueblo nicaragüense, -ávido de un destino más justo-, vivía con los sandinistas la misma borrachera revolucionaria que habíamos experimentado los cubanos veinte años atrás con Fidel Castro y sus secuaces. En Cuba habían sido «*los barbudos*» y en Nicaragua eran «*los muchachos*».

Lamentablemente, esto nunca llegaron a entenderlo en Washington. Cuando, muchos años después, fueron desclasificados, como sucede regularmente, una serie de documentos del gobierno de Carter, hasta entonces confidenciales, se conoció un memorándum que el propio Bob Pastor escribió para sus superiores en el Consejo de Seguridad Nacional, y en el cual relataba una conversación tenida entre él y yo, que tuvo lugar en Washington, el 5 de abril de 1979.

En esa conversación yo imponía a Pastor de la disposición de Somoza a propiciar una transición pacífica del poder e irse de Nicaragua y le trasladaba una petición de Somoza de reunirse con él. Bob Pastor no tomaba en serio la oferta de Somoza y aunque reconocía el involucramiento de Fidel Castro en la situación de Nicaragua, mencionaba la posibilidad de hablar con Somoza «*en algún momento en el futuro... de seis a ocho meses más adelan-*

te... para tratar de que haya elecciones libres en 1981». Tal era la desinformación reinante en los círculos cercanos a Carter.

El 17 de julio de 1979, a poco más de tres meses de aquel memorándum, Somoza tuvo que abandonar su país rumbo a un exilio definitivo. Se había perdido Nicaragua, tal como Cuba se había perdido antes.

Catorce meses después, el 17 de septiembre de 1980, Anastasio Somoza Debayle sería asesinado, como blanco de un atentado perpetrado por los sandinistas, en Asunción, Paraguay. Días después, su cadáver fue trasladado a Miami, donde se efectuó su sepelio. Sus familiares me pidieron que despidiera el duelo, lo cual hice con sincero pesar. Por esas cosas que Dios dispone, tres años antes, por petición de Adelaida, su viuda, me había tocado también despedir el duelo de mi querido y admirado amigo Manuel Artime, el gran líder de la Brigada 2506, quien, coincidentemente, era la persona que me había presentado al presidente nicaragüense.

Tras la caída de Somoza tuve yo, lógicamente, que reajustar mis prioridades. Ya no estaba en la comisión de la ciudad, aunque, a través de mis contactos, me mantenía muy al tanto de todo lo concerniente a la política local, con vistas a mi próxima campaña por la alcaldía. Sin descuidar esto, me concentré un poco más en mis negocios y evité caer en un gran descalabro económico, al tiempo que prestaba cuidadosa atención a lo que estaba sucediendo en el más amplio escenario de la política nacional, donde ya se calentaban los motores para la inminente batalla por la presidencia del país en noviembre de 1980.

Jimmy Carter aspiraba a la reelección y, por parte de los republicanos, surgía con fuerza arrolladora la candidatura del ex gobernador de California, y antiguo astro de Hollywood, Ronald Reagan.

Yo no lo pensé dos veces. Tras lo ocurrido en Nicaragua, donde se puede decir, sin faltar a la verdad, que Carter era quien había puesto a los sandinistas en el poder y viendo el estado de cosas en el mundo, nada alentador en aquellos momentos, me preocupaba grandemente la idea de que Jimmy Carter estuviera cuatro años más en la Casa Blanca.

Carter, a no dudarlo, es un hombre bueno. Un hombre muy religioso que decía que nunca había dicho una mentira, que no bebía y no fumaba y se mostraba contrito al admitir que alguna vez le había faltado a su esposa, aunque sólo con el pensamiento. Nada de esto es malo, ni descalifica para una posición de responsabilidad. Pero Jimmy Carter decía todo aquello desde una peligrosa ingenuidad que lo incapacitaba para sentarse a discutir con Leonid Brezhnev, el mandamás soviético, que sí mentía, que bebía, fumaba y probablemente había tenido cuantas mujeres se le antojaban. Era la pelea del incauto contra el cínico, donde Estados Unidos llevaba todas las de perder. Jimmy Carter fue, tal vez, el presidente que hizo más por los derechos humanos. Pero, a mi entender, el traje de presidente de la primera potencia mundial le quedaba demasiado grande.

En 1977 en la Casa Blanca con el Presidente Jimmy Carter

Ni corto, ni perezoso fundé un grupo de apoyo al que denominamos *Democrats for Reagan* y aquello fue un éxito porque eran muchos los miembros del Partido Demócrata que pensaban lo mismo que yo. Reagan había sido miembro del Partido Demócrata en su juventud y había sido presidente del sindicato de actores de Hollywood, era un gran comunicador y proponía un programa de gobierno lleno de sentido común. Era el hombre fuerte que, no solamente Estados Unidos: era el dirigente que Occidente precisaba en aquellos momentos. Los cubanos, además, veíamos en su presidencia una renovada esperanza de liberación para Cuba.

Aquello fue un tsunami político, Reagan barrió en todo el país y específicamente en Miami tuvo una victoria arrolladora en la cual el voto cubano fue prácticamente todo para él. Por otra parte, la presidencia de Carter fue un factor determinante en el éxodo de un gran número de votantes cubanos hacia las filas del Partido Republicano, una decisión muy desafortunada a mi entender, pero muy comprensible, dadas las circunstancias.

Reagan tomaba posesión de la presidencia en enero de 1981 y, si no recuerdo mal, creo que fue en ese mismo mes que Maurice Ferré y yo nos reunimos una mañana, para desayunar en *Monty Trainers,* el popular restaurant de Coconut Grove, vecino del ayuntamiento de Miami. Como ustedes recordarán, él y yo habíamos hecho un pacto respecto a la alcaldía, su segundo término como alcalde estaba en su etapa final y ahora le correspondía a él apoyar mi candidatura, tal como yo había apoyado la suya en 1973 y en 1977.

Le pregunté a Maurice qué tenía en mente.

—«*Precisamente, yo quería hablar contigo de este tema, porque... las cosas han cambiado y yo he decido volver a aspirar a la alcaldía en noviembre*».

—«*Ese no es el acuerdo que teníamos tú y yo*», le recordé.

—«*Sí, yo lo sé y me da pena contigo* -me dijo entonces- *pero, como tú te fuiste para Nicaragua, yo pensé que ya tú te habías alejado de la política aquí*».

—«*Mauricio* —le riposté— *tú sabes bien que lo de Somoza se acabó en el 79 y yo regresé aquí enseguida y aunque he estado viajando, nunca me alejé de la política aquí y mantengo mi intención de aspirar este año a la alcaldía*».

—«*Entonces* —me dijo secamente— *yo creo que vamos a correr uno contra el otro*».

—«*Pues, así será* —le dije. —*Nos vemos en noviembre*».

Ciertamente, aquello no me sorprendió. Pocos años antes, las empresas Maule, que eran el centro del poder económico de los Ferré en el sur de la Florida, habían sido declaradas en bancarrota, enormes problemas financieros de la familia Ferré habían sido desmenuzados por la prensa local y nacional y aparentemente la esperada recuperación económica no llegaba. La figura pública de Maurice Ferré sufría con todo aquello y aunque mantenía buena parte de su poder político en Miami, no parecía estar en condiciones de aventurarse en otros escenarios públicos de mayor categoría.

Yo comienzo enseguida a mover todos mis contactos para mi aspiración a la alcaldía y cuando anuncio oficialmente mis intenciones de aspirar a convertirme en el primer alcalde cubano de Miami, Ferré empieza una fuerte campaña de ataques en contra mía, insinuando o diciendo explícitamente, que yo había renunciado a la comisión de Miami obligado por el Herald, para evitar que el periódico publicase informaciones que podían destrozarme políticamente.

La falsedad de todo aquello quedó en evidencia pocos meses después al darme el Herald, sorpresivamente, su apoyo para la alcaldía de Miami. El apoyo que siempre me habían negado como comisionado, me lo daban ahora para alcalde de la ciudad, en contra de Ferré.

Y no fue sólo el Herald. Si de algo puedo preciarme es de la avalancha de solidaridad que suscitó mi aspiración alcaldicia. Raúl Masvidal y Leslie Pantín Sr., dos figuras de primera línea en el sur de la Florida fueron los co-chairmen de mi campaña. La CAMACOL, los Hombres de Empresa, los profesionales hispanos, las organizaciones del exilio, algunas de las cuales que no podían intervenir en la política local, me apoyaban de manera implícita; los periódicos nuestros, la prensa radial y televisiva. Ejecutivos de calibre como Joaquín Blaya, la gente de Univisión, donde yo había tenido un programa semanal.

Todo indicaba que barreríamos en aquellas elecciones. Contábamos con el voto anglo, gracias al respaldo del Miami Herald, y de prominentes políticos como Steve Clark, Dave Kennedy y Reubin Askew; Harvey Rubin me estaba apoyando también y todo esto era importante para los angloparlantes; Sergio Bendixen, el hombre de las encuestas, que estaba de asistente de un congresista de North Miami, de origen judío, pidió dos meses de licencia para trabajar conmigo, y esto me ayudó mucho con esa comunidad.

Yo creía estar sólido también con el voto negro, por las conexiones que yo tenía con T. William Fair, por el apoyo de Father Gibson y otros prominentes líderes de la comunidad afroamericana a quienes yo había ayudado desde mi posición como comisionado.

Por otra parte, la recaudación de fondos de campaña fue verdaderamente masiva. Recaudé mucho más que Ferré, lo mismo entre donantes de gran caudal económico, que entre simples ciudadanos que me respaldaban con entusiasmo.

Y por si todo lo anterior resultaba poco, recibí también el apoyo explícito del presidente Reagan. La prensa local le dio gran despliegue a la carta que él me enviaba desde la Casa Blanca, donde, entre otras cosas, me decía: —«*Así como tú me ayudaste, me toca ahora la oportunidad de ayudarte a ti*».

THE WHITE HOUSE
WASHINGTON

November 5, 1981

Dear Manolo:

It was good to see you today on your visit to Washington, and I enjoyed reminiscing about those hectic days last fall when you served as the Dade County Democrat Reagan Chairman.

Now the situation is reversed, and you are the candidate. Well -- just know that I understand what you're going through, and I'll be thinking about you.

With warm personal regard and my best wishes,

Sincerely,

Ronald Reagan

Mr. Manolo Reboso
Manolo Reboso for Mayor
   Campaign Committee
Post Office Box 45-0931
Miami, Florida 33145

THE WHITE HOUSE
WASHINGTON

5 de noviembre, 1981

Querido Manolo:

Fue muy agradable verte hoy en tu visita a Washington y disfruté recordando aquellos días activos el pasado otoño cuando tú servías como Presidente de los Demócratas Por Reagan del condado de Dade.

Ahora la situación es a la inversa, tu eres el candidato. Quiero que sepas que yo entiendo por lo que estás pasando y que estaré pensando en tí.

Un saludo personal y mis mejores deseos.

Sinceramente,

Ronald Reagan

Mr. Manolo Reboso
Manolo Reboso para Alcalde
Comité de Campaña
Apartado Postal 45-0931
Miami, Florida 33145

Carta del Presidente Reagan de noviembre 1981

Con el Presidente Ronald Reagan en el Oval Room de la Casa Blanca en noviembre de 1981.

Los comicios tuvieron lugar el 3 de noviembre, Miami tenía que elegir entre un total de ocho candidatos a la alcaldía. Ferré recibió un 40% de los votos y quedó en primer lugar. Yo le seguí de cerca con un 36%, lo cual nos lanzaba a una segunda vuelta a celebrarse en una semana.

Aquellos comicios y en particular la segunda vuelta entre Ferré y yo, habían suscitado el interés de la gran prensa en Estados Unidos, por tratarse de la alcaldía de una ciudad importante, a discusión entre dos candidatos, ninguno de los cuales había nacido en este país. Además, era una prueba de fuego para medir el verdadero alcance del muy comentado «*poder cubano*» en Miami.

Un cable de la UPI, fechado el 8 de noviembre de 1981, destacaba el alto nivel de participación de los votantes, estimado entre el 45 y el 50%, subrayaba también que se trataba de los comicios más caros en la historia de Miami, con los dos candidatos invirtiendo entre ambos casi $600,000.00 y repetía que los encuestadores no se atrevían a hacer pronósticos, debido al empate virtual que mostraban los sondeos pre-electorales.

Asimismo, aquel cable, y otros que versaban sobre el mismo tema, señalaban la cuestión étnica como algo de mucho peso en la contienda. Citaban a Ferré acusándome de tratar de atraer el voto cubano atacándolo a él por no ser cubano y me citaban a mí, acusando a Ferré de haber hecho comentarios étnicos en los medios de prensa anglos y afroamericanos.

Aquellos siete días que separaban a la primera de la segunda vuelta electoral, fueron siete días al rojo vivo.

Y por fin llegó aquel martes de definición, el 10 de noviembre de 1981.

Capítulo 22
Un alcalde hispano – La Fundación Nacional Cubano Americana

> *La vida, en un 10%, es como es. En un 90% es como tú la tomas.*
>
> Irving Berlin

Maurice A. Ferré resultó reelegido alcalde de Miami aquel largo día de 1981.

Estuve convencido de que yo ganaría hasta el mismo día de las elecciones. Sentía que podía ganar sin problemas, no esperaba siquiera una votación reñida; era lo que me decían los sondeos de opinión, era lo que se respiraba en la ciudad, mi candidatura tenía lo que ahora llaman *momentum*. Sin embargo, a lo largo de la noche, según avanzaban los escrutinios oficiales, aquel *momentum* se iba desbaratando.

¿Qué había salido mal? ¿Dónde habían fallado mis cálculos y los de mis asesores en la campaña? Los números dijeron la última palabra; yo había ganado sobradamente el voto hispano con un 76% del total, el voto anglo fue muy apretado, pero lo gané también, éste con un 54%. Maurice Ferré obtuvo el 97% del voto negro y ése fue el factor determinante.

¿Qué había pasado con el voto afroamericano? ¿No había una sincera alianza entre el Miller Dawkins y yo? ¿No había apoyado yo siempre las medidas que favorecían a esa comunidad? ¿Por qué una diferencia tan abismal entre mis votos y los de Ferré entre ellos?

Lo de Miller Dawkins fue todo un caso en sí mismo, una de las mayores muestras de deslealtad e ingratitud que yo haya recibido nunca. Cuando él aspiraba a la comisión de Miami y no tenía ni una remota posibilidad de ser elegido, yo decidí ayudarlo. Le pedí a mis amigos Luis Lauredo y Virgilio Pérez Jr. que se ocuparan de la propaganda en su campaña y estos lo hicieron a cabalidad, gracias a lo cual, en buena medida, Dawkins resultó elegido en contra de todas las predicciones. Lógicamente, yo esperaba que él correspondiera atrayendo para mí los votos de su comunidad. No sólo no me dio aquellos votos: no me dio ni las gracias. La confianza que puse en él, fue traicionada.

Pero eso no fue todo. Hubo otro factor, muy importante, del cual me habían advertido con anterioridad mis amigos dentro de la población afroamericana, pero yo le resté importancia, no podía creer que ese solo factor borraría toda mi actuación en la comisión de Miami, pero así fue: —«*Tu relación con Reagan fue lo que viró a la comunidad negra en tu contra*».

Haber fundado los *Democrats for Reagan,* haber hecho campaña por él y haberse publicado en la primera plana del Herald mi foto con él en la Casa Blanca, además de la carta en la que él apoyaba mi candidatura a la alcaldía de Miami, fueron los detonantes de una visceral reacción en mi contra, decían algunos analistas y pienso que no les faltaba razón.

Junto con todo lo ya mencionado, había otro factor muy importante, un mal ancestral que infectaba a buena parte de los afroamericanos de Miami y el cual, en tiempo de elecciones, era decisivo. Esto es necesario reconocerlo por respeto a la verdad histórica:

El voto afroamericano, en aquella época, estaba controlado. Ferré se había aliado con Charlie Headley, que era el más poderoso dealer de votos en los barrios negros, tenía un completo control sobre las boletas electorales. Junto con él había otras dos o tres personas que controlaban el voto entre los miembros de su comunidad. Athalie Range era una de ellas, controlaba el voto masivamente. Además, ella nunca me perdonó el que yo no quisiera apoyarla para ser alcalde interino cuando la suspensión de Dave Kennedy.

Cuando aspiraba un afroamericano, había que darle contribuciones, pero los hispanos no recibíamos contribuciones de ellos. Yo nunca las tuve y no creo que Ferré las tuviera tampoco.

No digo esto con el ánimo de ofender ni molestar a nadie, mucho menos a toda una comunidad. Esto ha cambiado bastante, para bien de todos. Surgieron personas influyentes entre los afroamericanos, como Carrie Meek, Barbara Carey y otros, que fueron acabando con el control que tenían los corruptos, algo que yo celebro con sinceridad y deseo que, efectivamente, sea cosa del pasado.

Aquella derrota fue un golpe muy duro para mí, pero, rápidamente acepté la realidad. Esa misma noche fui a Univisión, felicité a Ferré y mentalmente, me dispuse a prepararme adecuadamente y con tiempo para una nueva lucha por la alcaldía miamense en 1983.

La vida sigue, me dije. La vida tiene que seguir. A pesar de aquel duro revés electoral, yo me sentía bien por el masivo apoyo que había obtenido tanto en mi comunidad, los cubanos de Miami, como en la comunidad anglosajona. Creo que ya he dicho que uno de las normas que rigen mi vida es la que asegura que *lo que sucede, conviene,* y por lo tanto, me concentré en mis negocios y así fue que inscribí una firma de relaciones públicas.

Una de mis aventuras menos exitosas en el campo de la construcción, fue la compra de varios hoteles en Miami Beach, justamente en la hoy mundialmente famosa Ocean Drive. Algunos amigos me preguntaban si yo me había vuelto loco, pues entonces el sur de la playa era una hilera de viejos hoteles, cuyos portales se llenaban de soñolientos ancianos que, según el decir popular, venían de los estados norteños a morir aquí, por lo que llamaban al lugar «*el cementerio de los elefantes*». Yo estaba siendo asesorado entonces por Rob Parkins, a quien yo había conocido y apoyado desde joven, cuando él era policía de la ciudad de Miami y quería entrar en la administración. Fue ascendiendo hasta convertirse en *City Manager* de Miami Beach. Él pronosticaba que lo que hoy llamamos South Beach se convertiría fabulosamente en «*un Coconut Grove con playa*» y el tiempo confirmó su aguda visión. Sin embargo, a mí no me fue muy bien con mis inversiones allí y tuve que vender antes de tiempo.

Tenía entonces dos socios: Juan Calderoni y Tomás Roberts, inversionistas hispano-argentinos. Conseguimos que el Banco Industrial de Venezuela nos diera un préstamo de 43 millones de dólares para la construcción de su sede en Miami, en el 1101 de Brickell Avenue. Fue algo que nos entusiasmó mucho y que, además, me sirvió a mí para comprobar que Maurice Ferré, el reelegido alcalde de Miami, me tenía aún entre ceja y ceja.

Ferré consiguió un prominente senador venezolano, Luis Piñerúa Ordaz, para, a través de él, llevar a cabo una campaña de descrédito en mi contra. Este senador afirmaba que yo había dilapidado los 43 millones que el Banco Industrial de Venezuela me había prestado para la construcción de sus oficinas en Miami, afirmaba que el banco había perdido su inversión. Irresponsablemente y sin mayores averiguaciones, el Herald publicó aquellas diatribas en su primera plana,

Mi amigo Miguel Ángel Capriles vino desde Venezuela a ver cómo iba todo. Él confiaba en nosotros y nosotros seguimos adelante con la construcción. Cuando terminamos el proyecto, el Banco Industrial de Venezuela recibió una oferta de 88 millones de dólares, de parte de inversionistas newyorkinos.

Entonces Capriles publicó en sus periódicos El Mundo, Últimas Noticias y Novedades, en Venezuela que ojalá todas las inversiones hechas por el Banco Industrial de Venezuela, fueran tan buenas como esta de Miami, con lo cual quedaron desprestigiados los que habían intentado desprestigiarme.

Ferré estaba seguro de que, si yo volvía a enfrentarlo en el 83, él perdía las elecciones. Él había perdido el apoyo de los cubanos, algo que nunca más recuperaría y sabía que el número de cubanos que se inscribían como votantes crecía aceleradamente año tras año. Una victoria mía en 1983 era algo que, al ver mis números en la campaña del 81, parecía ser inevitable.

Sin embargo, poco tiempo después, decidí que continuar en la política, aspirar nuevamente a una posición pública, no era lo mejor para mí y así se lo hice saber a mis familiares, amigos y aliados. Hay un tiempo para cada cosa, según una muy repetida frase bíblica, y yo sentía que era el tiempo para decirle adiós al escenario político.

Con el tiempo, hice las paces con Ferré. Habíamos sido amigos, habíamos compartido muchas horas juntos en la política, trabajando casi siempre de común acuerdo y yo no soy persona de guardar resquemores. Él decía que yo «*lo había jodido*» con el lema de «*cubano, vota cubano*», que se había popularizado entonces, y que yo era el autor de mismo. Pero lo cierto es que no, yo no inventé la frase. Estoy casi seguro de que esa frase salió de la chispa de Tomás García Fusté.

Para sorpresa de muchos analistas, la carrera política de Maurice Ferré se estancó en unos pocos años, y nunca más pudo alzar vuelo. Tras sus primeros ocho años como alcalde, fuimos muchos los que pensamos que ya él estaba listo para aspirar a gobernador del estado, o al Senado de la República, pero él, por los motivos que fuera, se empeñó en seguir de alcalde de Miami, tras lo cual le sobrevino una serie de derrotas consecutivas que hundieron su carrera. Lo más alto que pudo llegar fue a comisionado del condado, algo bastante menor que lo que se esperaba de él en los comienzos de su carrera. No logró conservar el favor de los votantes cubanoamericanos y eso fue clave en su vida política.

Tras mi decisión de no volver a aspirar a la alcaldía de Miami, fue que entró en el ruedo político Xavier Suárez, un joven abogado cubanoamericano, ante el cual se abría un mundo lleno de oportunidades, un mundo que comenzaba, precisamente, con la alcaldía de Miami.

Y coincidiendo con la aparición de nuevos personajes en la arena política de Miami, como el mismo Xavier Suárez, aparece también, sin nexo alguno entre ellos, una nueva entidad cubana que cambiaría el modus operandi de las actividades en favor de la liberación de Cuba y cuyo peso se haría sentir fuertemente también en la política de la Capital del Exilio. Y aunque se trataba de mundos muy diversos, en más de una ocasión esos mundos coincidían. Unas veces armoniosamente y otras, no tanto.

Nacía en Miami la Fundación Nacional Cubano Americana y quiero contar como fue que ocurrió esto, pues la historia verdadera es un tanto diferente a lo que otros han contado:

Cuando resulta elegido un nuevo presidente de los Estados Unidos, miembros de su equipo de campaña, allegados a él y expertos sobre diferentes materias, forman rápidamente un Comité de Transición, cuyo objetivo es echar a andar el proceso del traspaso de poderes, la formación del nuevo gabinete presidencial, los nombramientos de nuevos funcionarios en posiciones importantes, etc.

Ronald Reagan no fue la excepción de esta regla no escrita y, apenas elegido por una impresionante avalancha de votos el 4 de noviembre de 1980, entró en funciones su Comité de Transición.

Carlos Salmán, que había sido el tesorero de la campaña de Reagan en la Florida quería que su amigo y correligionario Raúl Masvidal, hombre extraordinariamente capacitado para el cargo, fuese nombrado Secretario de Comercio en el gabinete de Reagan. Para lograr esto, era conveniente tener a alguien que abogase por Masvidal dentro del Comité de Transición y esto se logró con la inclusión en dicho comité de Mario Elgarresta, entonces un joven muy capaz, que daba sus primeros pasos con notables aciertos como consultor político.

Elgarresta hizo las gestiones pertinentes, pero no se pudo conseguir el nombramiento que se deseaba. En su lugar, le iban a ofrecer a Masvidal un puesto de vicesecretario, o sea, *assistant secretary of Commerce,* posición que él rechazó. Elgarresta hizo amistad con varios miembros del team de transición y uno de ellos, Richard Allen, que llegaría a ser asesor de seguridad nacional del gobierno de Reagan, en una ocasión en que hablaban de la cuestión cubana, le dijo:

«*Yo creo que ustedes los cubanos están perdiendo el tiempo en Miami, hablando de que Fidel es comunista, de lo que está pasando en Cuba, y eso se queda entre ustedes. Ustedes necesitan un lobby o una fundación aquí en Washington, como la tienen los israelitas; una fundación que haga lobby con los senadores, con los congresistas, con los ministros, aquí, a esta altura. Eso sería lo más efectivo que pudieran hacer».*

Cuando Elgarresta regresó a Miami, le contó aquella conversación a Raúl Masvidal y a Carlos Salmán. Estos se reunieron y decidieron organizar lo que sería *the Cuban American National Foundation*. La dirección que aparece en los papeles originales de la inscripción de la Fundación, es la del apartamento de Raúl Masvidal.

Sucedió que después que la fundaron y la inscribieron, ambos se dieron cuenta de que ellos no tenían tiempo para dedicarse a la Fundación. Masvidal sugirió que hablaran con Jorge Más Canosa para ver si a éste le interesaba el proyecto, que ellos consideraban era una idea brillante y de grandes posibilidades.

Dicho y hecho, a Más Canosa le gustó la idea, y lo demás, es historia.

Pero, la historia tiene sus vericuetos que es importante conocer. La creación de la Fundación ocurre en 1981. En 1985, Raúl Masvidal aspira a la alcaldía de Miami, frente a Maurice Ferré, que intentaba reelegirse nuevamente, y a Xavier Suárez, que ya se había lanzado al ruedo político. Según yo tengo entendido, Raúl Masvidal era el donante más generoso de la Fundación, pero, a pesar de esto, Más Canosa decide no apoyarlo en su aspiración a la alcaldía, alegando algunos motivos que resultaban ser bastante inconsistentes. Sobrevino ahí una gran división.

Aparentemente, la razón real de la negativa de Más Canosa a apoyar a Masvidal, era que Pepe Hernández, su segundo en la Fundación, apoyaba a Xavier Suárez, como lo había hecho anteriormente, en 1983. Pepe, un buen cubano, compañero mío en la Brigada 2506, ejercía una gran influencia sobre Jorge Más y en esto radicaba la razón de que la Fundación le negara su respaldo a Masvidal.

Se acuerda efectuar una reunión para tratar de zanjar las diferencias y evitar la desunión. Raúl (Masvidal) me pide que yo lo represente, pues él está tan enfadado con Más Canosa que no desea verlo. Yo voy, pues, a la reunión y le pido a Julito González Rebul que me acompañe. Más Canosa llevó consigo a su coterráneo y amigo Pedro Roig, miembro también de la Brigada. La reunión se efectuó en el marco de un desayuno en South Miami.

Yo le planteé la situación a Jorge, recordándole el papel de Raúl como fundador y contribuyente de la Fundación. Jorge me contesta que él entiende eso muy bien, pero que hay un acuerdo de la Fundación de no apoyar a ningún candidato.

Le pregunté entonces que desde cuándo existía ese acuerdo, pues el año anterior, 1984, en un acto que tuvo lugar en La Carreta de la calle 8 y la avenida 36, él mismo había pronunciado un vehemente discurso apoyando a Steve Clark para la alcaldía del condado. No mencioné entonces, pues hubiera sido contraproducente, que, en aquellos momentos, Jorge trataba de obtener un cambio de zonificación para unas propiedades suyas y Clark lo estaba ayudando en esas gestiones. Jorge me contestó que eso había cambiado después y el acuerdo de la Fundación era no apoyar a ningún candidato.

La reunión no consiguió su objetivo y Más Canosa y Masvidal quedaron enemistados para siempre, algo que yo no entendí, pues yo pensé que, habiéndose tratado de una cuestión política, debía haber habido un reencuentro, tal como pienso que ahora ese reencuentro debiera darse entre Jorgito y su hermano, los hijos de Más Canosa, y el propio Raúl Masvidal, pues todos son personas altamente estimadas en nuestra comunidad y no debieran estar distanciados.

Al final, aquellas elecciones removieron fuertemente el mundo político local. Maurice Ferré, no pudo ni siquiera llegar a la segunda vuelta esta vez y perdió para siempre a la ciudad de Miami como su bastión político. Raúl Masvidal fue derrotado por Xavier Suárez, que se convertía así en el primer alcalde cubano de Miami. Y, por si alguien lo dudaba, quedaba ya establecido el voto cubano, como el factor electoral más importante del sur de la Florida.

A mí, particularmente, aquellos comicios me dejaban también el sabor amargo de la división, del desencuentro político entre Más Canosa y Masvidal. Y esto me hacía recordar una anécdota, quizás no del todo justa, pero muy cercana a la realidad sobre una falta común que ha azotado permanentemente al exilio cubano.

Cuando yo era comisionado, me invitaban a casi todos los actos del exilio, a muchos de los cuales invitaban también al Dr. Carlos Prío Socarrás, ex presidente de Cuba. Cada vez que yo tenía la oportunidad, me sentaba al lado del Dr. Prío, porque siempre aprendía algo bueno de él.

Coincidimos una vez en una graduación del Interamerican Military Academy, el colegio que tenía Pedro Roig en la calle 7 del NW y la avenida 35, y yo le pregunté al Dr. Prío, cuál era, en su opinión, el problema de nosotros los cubanos, que teniendo a Fidel Castro como el enemigo común de todos, teníamos cuatrocientas organizaciones diferentes y las divisiones habían llegado a extremos tales, que, para muchos supuestos dirigentes tal parecía que Fidel había pasado a un plano secundario, y le enfilaban sus cañones, antes que a éste, a sus rivales en el exilio. Ocurría algo parecido con las *guerritas* entre las emisoras de radio, que dividían a la opinión pública, y entre unos y otros, jamás se lograba armar un frente común para luchar por Cuba.

Recuerdo que Prío me miró con algo de tristeza en sus ojos y me dijo: —«*Manolo, el exilio es como un cubo de cangrejos. Si un cangrejo quiere subir para escaparse del cubo, el cangrejo que está debajo de él, lo hala para abajo, para que no pueda irse*».

Aquella respuesta del ex presidente cubano se ha quedado siempre en mis recuerdos.

Capítulo 23
Ronald Reagan – Política y políticos en Miami-Dade

> *Un político es un hombre que entiende el gobierno... Un estadista es un político que lleva quince años muerto.*
>
> Harry Truman

Pasada aquella temporada electoral, yo me concentro un poco más en mi firma de relaciones públicas lo cual me permitía estar al tanto del trajinar político de nuestra área. Por aquella época, según pasaba el tiempo, crecía mi desencanto con el presidente Reagan.

Sí, era un buen presidente, muchas de sus políticas eran exitosas, pero no se advertía entre sus planes iniciativa alguna para dinamizar la política de Estados Unidos hacia Cuba, nada que tendiera a propiciar el fin del régimen castrista. La Fundación lo había traído a Miami para celebrar un 20 de Mayo, él se había enfundado en una fina guayabera hecha especialmente por Ramón Puig, había almorzado en el popular restaurant *La Esquina de Tejas,* se habían escuchado en el Dade County Auditorium los ¡vivas! a Cuba libre, pero, eso era todo en cuanto a Cuba.

Peor aún, tan temprano en su presidencia como en 1982, Vernon Walters, su enviado especial, se había reunido durante seis horas en La Habana con Fidel Castro y se mantenían conversaciones secretas en México, entre el propio Walters y Carlos Rafael Rodríguez, una de las eminencias grises del comunismo cubano, en lo que parecía ser la búsqueda de un apaciguamiento, ya que no se observaba otro tipo de acción en el frente cubano.

Al contrario de muchos de mis compatriotas que se precipitaron en cambiar de partido, confiando en las promesas de los republicanos, yo, viendo que pasaba el tiempo y Reagan no movía ficha en cuanto a Cuba, mantuve mi militancia en el Partido Demócrata. Esto no me impidió, por ejemplo, simpatizar con Bush padre en su primer período como presidente.

En cuanto a Miami, Xavier Suárez no era el único ejemplar de jóvenes cubanos que se destacaban en la política local, algo que confirmaba el surgimiento, poco a poco, de una nueva generación de los nuestros que iba ocupando posiciones, tal como ha ocurrido en todas las actividades humanas a través de los siglos.

Un día de mediados de 1987 llegó a mi oficina mi amigo Hermán Hechevarría, que desempeñaba entonces la presidencia de la Cámara de Comercio de Hialeah. Hermán era en sí mismo todo un poder político. Había sido concejal de Hialeah, era un fuerte aliado del alcalde Raúl Martínez, y todos los políticos lo querían de amigo porque él tenía una agudeza mental muy grande, un certero instinto político y era un magnífico recaudador de fondos para las campañas en las cuales se involucraba.

Además, era muy exitoso en los negocios, gracias en parte, a sus conexiones políticas, de las cuales él procuraba siempre beneficios para sus empresas. Hermán me presentó a un joven flaco y de mirada inteligente, que lo acompañaba. Tenía 24 años, se llamaba Alex Penelas, y se había graduado como abogado poco tiempo atrás.

Penelas aspiraba a concejal de Hialeah y Hermán me pedía que lo ayudara, poniéndolo en contacto con los comentaristas radiales del momento. El muchacho me simpatizó y decidí darle una mano. Se lo presenté a Fernando Penabaz, a Fusté y a otras figuras de la radio local. Las elecciones serían en noviembre de 1987, y decidí ayudarlo.

Hermán y Penelas formaban parte de un trío de amigos que completaba Jorge Luis López, quien devendría pocos años después en uno de los más importantes cabilderos del ámbito político. Él y Alex Penelas habían estudiado juntos y juntos habían decidido meterse en la política, con el compromiso de que cuando uno de los dos aspirara, el otro sería su jefe de campaña y viceversa. Tengo entendido, no me consta, que tiraron una moneda al aire y le tocó en suerte a Jorge Luis López ser el primero en aspirar.

Jorge Luis aspiró a la Cámara de Representantes del estado y Alex dirigió su campaña, pero la suerte no les sonrió en aquella ocasión. Le correspondía entonces aspirar a Penelas y éste se decidió por la comisión de Hialeah. Jorge Luis dirigió su campaña y el éxito les acompañó esta vez. Alex se convirtió en concejal de Hialeah en 1987 y fue reelegido en 1989. Jorge Luis fue su Jefe de Despacho, su *staff manager*. Yo me sentí contento de haberlos ayudado.

En 1992 vienen las elecciones para comisionados del condado y el grupo de nosotros, que era un grupo muy pequeño, decide llevar a Alex a aspirar por el escaño que ocupaba Jorge Valdés.

Valdés era una persona excelente, un político decente, capaz y muy popular. Había sido el primer cubano elegido como comisionado del condado Dade y era apoyado por personas y organizaciones de gran peso político, como los Latin Builders, la CAMACOL, etc. Sergio Pino, que era uno de los personajes más importantes en nuestra comunidad, era su tesorero de campaña.

Para nosotros, aquella era una carrera cuesta arriba, pero decidimos correrla de todas maneras. La ganamos y así fue como Alex Penelas emergió como un poder político a nivel de condado.

Alex no se durmió en sus laureles. Él se movía muy bien en los corredores políticos del condado, es muy buen orador, desbordaba simpatía en los programas de radio a donde lo invitaban con frecuencia, es disciplinado y todo esto convence incluso a los más escépticos de sus grandes posibilidades como aspirante, en 1996, a la alcaldía del condado. Además, Alex era el *darling*, el encanto de las abuelitas cubanas; todas querían adoptarlo.

Otra cualidad importante en Alex Penelas, es una que yo solamente la había detectado anteriormente en Reubin Askew: Alex no sólo era honesto, sino que, además, proyectaba esa honestidad, lo cual le ganaba prontamente la buena voluntad de los votantes.

Y en lo que son las interioridades de la política, en el arte de la negociación, en lo que el argot cubano llama «*el talle político*», Alex no tenía nada que envidiarles a los viejos maestros de la profesión.

A pesar de todo lo anterior, no era nada fácil optar por esa posición en aquellos comicios, pues sus oponentes eran todos candidatos muy fuertes. Además de Alex, aspiraban a alcalde del condado los ex alcaldes de Miami Maurice Ferré y Xavier Suárez, así como el comisionado condal Arthur Teele, de gran arraigo entre sus hermanos de raza, los afroamericanos, por lo cual aquella campaña se perfilaba como muy intensa y para la cual era preciso disponer de recursos abundantes.

No eran pocos los supuestos gurús electorales del sur de la Florida que no nos reconocían ni una sola oportunidad de ganar. Decían que Alex era muy joven, que no tenía una experiencia comparable a la de los otros tres contendientes, pero, pese a todos aquellos tenebrosos augurios, logramos la victoria. Claro está, en aquellas circunstancias era inevitable una segunda vuelta y aquella fue, para sorpresa de muchos, entre el más joven de los candidatos hispanos y Arthur Teele, el candidato afroamericano. Curiosamente, en aquel encuentro se cambiaron los papeles: Penelas, el cubanoamericano, era militante del Partido Demócrata. Arthur Teele, el afroamericano, era miembro del Partido Republicano. Es bien sabido que en nuestro territorio las elecciones locales y condales no son partidistas, pero es sabido también que la militancia de los candidatos, el hecho de ser republicano, o ser demócrata, influye en los votantes.

Alex Penelas se convirtió en el alcalde más joven de todas las entidades políticas comparables con el condado Dade.

Aquel año, 1996, sería también de gran significación en mi vida personal. Nora y yo nos divorciamos, y en noviembre de aquel año nuevamente contraje matrimonio, esta vez con mi actual esposa, Nadia Leets, de origen nicaragüense.

Mientras tanto, el mundo político del sur de la Florida continuaba su siempre agitado curso. Penelas llevaba adelante una exitosa alcaldía condal y, llegado el año 2000, decidió aspirar a la reelección. El triunfo le sonrió nuevamente, y esta vez su victoria fue mucho más fácil, pues ya él había probado su gran capacidad.

Obtenida su reelección, Alex decidió celebrarlo tomándose unas vacaciones para visitar a la familia de su esposa, en España. Nadia y yo los acompañamos. Estuvimos en el país vasco, que, en esa época, finales del año 2000, era peligroso por la presencia de la ETA, la organización terrorista de los independentistas de la región. Tras dos semanas allí, decidimos irnos a Madrid. Veníamos de vuelta para los Estados Unidos, pero Alex quiso que invitáramos a Felipe Valls, el zar de la industria de restaurantes en el condado, dueño del Versailles y de todos La Carreta, entre otros, y gran amigo mío, que lo invitáramos a unirse a nosotros en Madrid. Llamé a Felipe y a él y a Nati, su esposa, les encantó la idea, y prontamente se nos unieron.

Aquello se complicó un poco, pues tanto el alcalde de la villa de Madrid, como el alcalde de la comunidad de Madrid, nos ofrecieron sendas cenas, con lo cual nuestra estancia en España se prolongó por tres semanas. Regresamos faltando solamente una semana para las elecciones generales aquí.

En España con el alcalde de Madrid Manzano, el alcalde del Condado Miami-Dade, Alex Penelas y Felipe Valls.

Alex tuvo un exitoso segundo período como alcalde condal. Entre otras, fue una iniciativa suya el modificar el nombre del condado que, de Dade, pasó a ser Miami-Dade, con la aprobación de los electores, pero su estrella política se eclipsó después. En el 2004 no podía aspirar a continuar como alcalde del condado por los límites establecidos y se lanzó entonces a una enorme aventura electoral, donde no le fue nada bien. Aspiró a senador federal y finalizó tercero, detrás de Betty Castor y Peter Deutsch. Alex tenía problemas con el *establishment* del Partido Demócrata y esto le privó del respaldo que hubiera necesitado para ganar aquella posición.

Se retiró entonces a la vida privada, a su profesión de abogado. En el 2020 intentó un regreso a la política, aspirando nuevamente al puesto que había desempeñado anteriormente, alcalde del condado, pero ya entonces tenía que conquistar el voto de una nueva generación que no estaba familiarizada con su ejecutoria anterior y buscaba nuevos rumbos. Por otra parte, ya se había desatado la pandemia del coronavirus y esto limitó mucho el contacto personal con los votantes, las visitas a los comedores, etc.

La actual alcaldesa del condado, Daniela Levine Cava y el hoy alcalde de Hialeah, Esteban Bovo, fueron a una segunda vuelta, de la cual Alex quedó fuera. La Sra. Levine Cava se convirtió así en la primera mujer en ocupar la más alta posición ejecutiva en Miami-Dade.

En cuanto a Arthur Teele, su vida y su carrera política tuvieron un trágico final. En el año 2005, una serie de reportajes investigativos publicados por The Miami Herald, provocó que Teele fuera formalmente encausado bajo acusaciones de peculado y enriquecimiento ilícito, lo que provocó a su vez que el entonces gobernador del estado, Jeb Bush, lo suspendiera de su cargo como comisionado condal. Un tribunal de justicia lo halló culpable y Teele enfrentaba la probabilidad de una larga pena de prisión.

El 27 de julio de 2005 Teele se personó en el edificio del periódico, que estaba entonces en el downtown de Miami, junto a la bahía de Biscayne.y allí, en el vestíbulo del Miami Herlad, se quitó la vida de un disparo en la sien.

Dos años más tarde, en una apelación *post mortem* lograda por su viuda, su caso fue revisado por la corte, su anterior condena fue removida y se le declaró absuelto de las acusaciones en su contra.

Aquello fue una verdadera tragedia que estremeció al sur de la Florida, especialmente a su entorno político. Teele era un líder muy respetado, no solamente por su comunidad, sino por todos los que conocían su *curriculum vitae*. Había peleado en la Segunda Guerra Mundial bajo el mando del general Patton, y se había licenciado del Ejército con un brillante record militar. Era un exitoso abogado, y antes de entrar en la política local, había sido nombrado por el presidente Reagan en una alta posición en el Departamento de Transporte.

Sin duda, Teele fue duramente golpeado por las acusaciones que se le hicieron y por la injusta sentencia que se le impuso. El entró al lobby del Herald portando un arma y tengo entendido que preguntó por una persona específicamente, por lo que ha quedado en la duda si, además de suicidarse, su propósito era agredir a alguien. Teele no dejó nada escrito, ni una nota de despedida, ni nada, por lo que sus motivaciones específicas han quedado sujetas a discusión.

Yo me llevaba muy bien con él y lo estimaba. Creo que su caso queda como un triste recordatorio del balance que debe haber entre la libertad de prensa y el respeto a la verdad y al buen nombre de las personas.

Otra consideración sobre Arthur Teele, es que su muerte dejó un vacío muy grande en el liderazgo de la comunidad afroamericana, tan grande, que yo creo que nadie lo ha podido llenar a capacidad todavía. En un momento se pensó que Kendricik Meek ocuparía ese espacio, pero, a mi entender, Kendick resultó ser demasiado pasivo para la dinámica política del sur de la Florida.

Contando estas experiencias vividas por mí y que, al mismo tiempo, forman parte de la historia de Miami, he mencionado a muchas personas que son, igualmente, parte de lo vivido por esta comunidad nuestra, y al hablar así, no me refiero solamente a la comunidad cubana, sino a la diversa, multicultural y multiétnica comunidad *miamense.*

Mencioné, por ejemplo, a Xavier Suárez y a Raúl Martínez, sin cuyos nombres no puede escribirse la historia nuestra en Estados Unidos. Xavier fue, ya lo mencioné, el primer alcalde cubano de Miami y ese es un mérito que le acompañará siempre, ya que no fue por casualidad que alcanzara ese honor, sino por el talento que desplegara en el inicio de su carrera política.

Yo lo conozco desde que él se graduó de Harvard. Él fue un día al *City Hall,* se reunió conmigo y me confió sus intenciones de entrar en la política, y tuvo éxito. Estuvo en el lugar correcto en el momento correcto, pero, aquel éxito no fue muy duradero. Después ha estado yendo de una posición a otra, aspirando a distintas posiciones y esos son factores que a mí me dan la impresión de que se quiere vivir de puestos políticos toda la vida; personas que aspiran y vuelven a aspirar, y no saben cuándo parar.

No quiero decir con esto que las personas que no saben cuando llega el momento de retirarse de la vida pública, no sean buenas, ni inteligentes, pero sí se me hace evidente que pierden un poco el sentido de la realidad.

Mencioné también a Raúl Martínez; mi amigo Raúl, una verdadera locomotora política, a quien mucho estimo. Quien recuerda a la ciudad de Hialeah en los años 60 y 70, cuando todavía las vacas pastaban junto a la línea del tren, y Henry Milander se quitaba el delantal de carnicero para estar un rato sentado en su silla alcaldicia; tiene que reconocer que esa ciudad vibrante y moderna que es la Hialeah de hoy tiene un padre, y ese padre es Raúl Martínez.

En 1989 Raúl aspiraba a ocupar el asiento en la Cámara de Representantes federal, en Washington, DC, que había quedado vacío por la muerte de Dante Fascell, posición a la cual aspiraba también la senadora estatal Ileana Ros-Lehtinen. El esposo de Ileana, Dexter Lehtinen, era entonces Fiscal General del sur de la Florida, y Raúl fue acusado de varios delitos de corrupción ante un gran jurado. El proceso judicial requirió tres juicios distintos y se extendió durante varios meses, lo cual descarriló completamente sus aspiraciones congresionales. Al final de todo, aquellas acusaciones no pudieron ser nunca probadas fehacientemente. Raúl fue absuelto de un cargo de extorsión y un nuevo fiscal retiró los cargos que quedaban pendientes por desacuerdo de los jurados. Raúl regresó a la vida política, en la cual permaneció por largo tiempo.

Raúl es un caso sui generis. En nuestro idioma castellano, la palabra político tiene más de un significado y uno de ellos es ser una persona habilidosa al hablar, capaz de no dejar ver sus verdaderos sentimientos y de decir solamente lo que no pueda molestar a nadie. Si te dicen por ahí «*tú eres muy político*», es eso lo que te están diciendo. Raúl es todo lo contrario: dice lo que siente sin mirar a los lados, no tiene *mano izquierda,* y nunca rehúye una buena controversia. Esa, su manera de ser, es en gran parte la razón de la lealtad de los que eligieron alcalde de «*la ciudad que progresa*» por 24 años.

En los momentos en que escribo estas notas, el panorama político de Miami, Hialeah, de todo lo que es el condado Miami-Dade está en un momento de gran incertidumbre, tal vez un momento de transición, aunque, si así fuera, no creo que sean muchos los que pueden decir hacia dónde va esa transición.

En el pasado, hubo un momento en el cual se dijo que un cubano jamás llegaría a la alcaldía del condado, por la resistencia de los americanos, los blancos y los negros. Después, cuando la superioridad numérica de los nuestros se impuso, se dijo que, dado el crecimiento de la comunidad cubana, ningún *americano,* blanco o negro, podría llegar nuevamente a ser el ejecutivo mayor de Miami-Dade. A pesar de todos esos cálculos y todas esas predicciones, una mujer es actualmente alcaldesa del condado; una mujer blanca, americana y de origen judío, Daniela Levine Cava.

El que era su rival en las elecciones que ella ganó, Esteban Bovo, alcalde de Hialeah al presente, es un político hábil y eficiente, bien preparado para el cargo y ampliamente respaldado por los votantes cubanos y no pocos *blancos americanos*. ¿Qué le impidió triunfar en su aspiración a la alcaldía condal?

Es cierto que la actual alcaldesa tuvo el apoyo de los demócratas blancos, tuvo el apoyo masivo del voto judío. Pero, en mi opinión, que es también la de varios analistas independientes, el apoyo del ex presidente Donald Trump fue una maldición para Bovo, fue un factor decisivo en su derrota. Le pasó lo mismo que a mí en mi aspiración a la alcaldía de Miami en 1981, en las cuales el apoyo que yo le había dado a Ronald Reagan y el que él me daba a mí, hizo que casi todos los votantes negros votaran en mi contra.

En el caso de Bovo, Trump le hizo perder no sólo el voto afroamericano, sino también el de los votantes hispanos no cubanos, la mayor parte de los cuales son demócratas. Y, además, perdió también el voto de muchos electores independientes que, en la actualidad, votan por cualquiera que no esté asociado a Donald Trump.

Pocas veces en la historia de Estados Unidos lo que ocurre a nivel de la política nacional ha afectado tanto a lo política local y estatal como en estos, los años veinte del tercer milenio. ¿Cómo nos afectará esto a corto plazo aquí, en el sur de la Florida y específicamente en la Capital del Exilio? Eso, desde luego, está por ver. Yo sólo le pido a Dios que se impongan el sentido común y el verdadero patriotismo. De no ser así, habrá motivos más que razonables para preocuparse por el futuro de la democracia en los Estados Unidos, algo de lo cual hablaremos más adelante.

Capítulo 24
Vuelta a Nicaragua – Las dos estatuas

> *Casi siempre sucede que la parte mayor vence a la mejor.*
> Tito Livio

Nadia, mi esposa, tenía familiares en Nicaragua, por lo que, siendo presidente Arnoldo Alemán, comenzamos a ver las posibilidades de ir allá, a pasar un tiempo con ellos.

Esto se había hecho posible debido al desarrollo de los hechos en ese país, al que tanto quiero. Había habido cambios políticos que hubieran sido de imposible predicción tras el derrocamiento de Somoza, el 17 de julio de 1979.

Al irse Somoza, los sandinistas ocupan el poder con la creación de una Junta de Reconstrucción Nacional, con Daniel Ortega a la cabeza, como coordinador. Ortega consolida su poder al ser elegido presidente en elecciones celebradas en 1984, lo cual imprime velocidad y profundidad a un programa de gobierno muy radical destinado a cambiar todo el orden político en el país.

Apenas afincados en el poder los sandinistas, evidenciada su inspiración izquierdista, muchos nicaragüenses, poco a poco al principio y más rápidamente después, comienzan a desencantarse primero y a rechazar después el nuevo orden de cosas. El gobierno de Reagan, en Washington, decidido a no permitir otro enclave adverso en América Latina, toma cartas en el asunto ayudando a la creación y financiamiento de fuerzas guerrilleras antisandinistas que serían conocidas como «*los contras*». Dichas fuerzas se convierten en un serio desafío para Daniel Ortega y su régimen y la situación se va convirtiendo, prácticamente, en una guerra civil. En 1989, el empantanamiento del conflicto y la intensa presión internacional, logran que las partes en disputa accedan a negociar sus diferencias. Se acuerda la desmovilización gradual de los contras y se ratifica la convocatoria a elecciones presidenciales en febrero de 1990.

Desoyendo la férrea oposición de Fidel Castro, Ortega accede a la celebración de aquellas elecciones. Sus opositores logran unirse en una coalición denominada UNO que llevaba como candidata a la presidencia a Violeta Barrios, la viuda del más respetado líder antisomocista, el periodista Pedro Joaquín Chamorro, asesinado en Managua a principios de 1978. Todas las encuestas apuntaban a una fácil victoria para Daniel Ortega.

Pero, a pesar de esas encuestas, Violeta Chamorro ganó desahogadamente las elecciones. Conocido el resultado electoral, muchos nicaragüenses declararon que habían mentido al responder los sondeos de opinión, por temor a posibles represalias.

Bajo la presidencia de Doña Violeta, comenzó un proceso político que parecía indicar la institucionalización de la democracia en la patria de Rubén Darío.

Arnoldo Alemán, ex alcalde de Managua, había sido elegido como nuevo presidente al finalizar el mandato de Doña Violeta. Fue entonces que Nadia y yo decidimos trasladarnos a Nicaragua. Fuimos a la ciudad de Granada, que nos gustó mucho y allí nos estacionamos. Estuvimos los primeros seis meses en un hotel y después nos mudamos a una casa, pero siempre como algo temporal, pues nunca pensamos quedarnos allí.

En el año 2001 llegaba un nuevo ciclo electoral para los nicaragüenses y, entre otros, aspiraba a la presidencia el ingeniero Enrique Bolaños. Bolaños fue elegido presidente y nosotros seguimos en Nicaragua. Llana y sencillamente, nos gustaba estar allá.

Después de Enrique Bolaños, en el 2007, Daniel Ortega volvió a ser elegido presidente de Nicaragua y se ha mantenido en esa posición hasta el presente, algo en lo cual abundaré un poco más adelante.

Para entender esto en el contexto nicaragüense, es preciso conocer algunos detalles que no es frecuente encontrar en los libros de historia, ni en todos los reportajes que se escriben al respecto.

Con mi esposa Nadia y Sancha en Nicaragua

Hay que conocer, por ejemplo, la influencia que tuvo el presidente venezolano, Carlos Andrés Pérez, en ese período de la historia de Nicaragua. Carlos Andrés estaba avalado por la presión que había ejercido en su momento para lograr el fin del régimen de Somoza, algo que ya vimos en páginas anteriores. Después, apoyó con entusiasmo a los sandinistas en el poder y sólo cuando ya ese apoyo se volvió contraproducente para él y sus propias aspiraciones en Venezuela, fue que comenzó a buscar una alternativa democrática para el problema nicaragüense.

Esa alternativa la encontró en la candidatura de Doña Violeta Barrios. Carlos Andrés fue la persona, fue el gobernante latinoamericano que más apoyo le dio a la viuda de Chamorro y, claro está, tras su victoria en las urnas, ella se sentía moralmente obligada con él.

Aquella ayuda, sin embargo, tenía un precio muy alto y que dejaba en claro que el presidente venezolano no había renunciado a su viejo empeño de convertirse en el árbitro de la democracia en todo el continente. Carlos Andrés le pidió a Doña Violeta que mantuviera a Humberto, hermano de Daniel Ortega, al frente de las fuerzas armadas de Nicaragua. Doña Violeta, obligada por las circunstancias, aceptó aquella propuesta que, en cierta medida, le ataba las manos, impidiéndole llevar a cabo algunos de los cambios que eran imprescindibles para la estabilidad de su propio gobierno.

La supuesta cercanía del presidente venezolano a los movimientos de extrema izquierda en Latinoamérica, era, en la opinión de muchos que lo conocían bien, una gran hipocresía, pues los gustos de Carlos Andrés eran los de los millonarios capitalistas, nada parecido a los de los proletarios. Al líder *adeco* (del Partido Acción Democrática de Venezuela) le gustaba el champagne Cristal, si le ofrecían alguno de inferior calidad, no lo tomaba. Cuando visitaba Madrid se alojaba en el Ritz y si no había allí habitación disponible, se iba de España. La humildad no era uno de sus atributos.

Por su parte, Doña Violeta, a pesar de sus limitaciones y tomando en cuenta los problemas que tuvo que enfrentar, hizo un buen gobierno, en el curso del cual pudo demostrar su patriotismo y su gran disposición de servir a los demás.

Como ya he contado, a Doña Violeta la sucede en el cargo el ex alcalde de Managua Arnoldo Alemán, del Partido Liberal, una persona que, en aquellos momentos era muy popular en todo el país. Alemán cogió un gusto desmedido por el timón de mando e ideó formas traicioneras de asegurar su eventual regreso al poder una vez cumplido su período presidencial.

Por si fuera poco, Alemán llevó a cabo un maquiavélico plan para debilitar a su propio partido, el Partido Liberal, haciendo que sus seguidores dentro del mismo, se separaran y fundaran un partido aparte, que le serviría a él de fachada política para la satisfacción de sus ambiciones.

Alemán fue sucedido en la presidencia por el ingeniero Enrique Bolaños, que había sido su vicepresidente. Bolaños era un hombre completamente diferente, un político honesto a carta cabal, conservador, a pesar de estar al frente del Partido Liberal, algo nada contradictorio en América Latina.

El nuevo presidente le ofreció a Alemán dos embajadas, para que él mismo escogiera: la de España o la de República Dominicana. Si Alemán hubiera aceptado el ofrecimiento que Bolaños le hacía, se hubiera ido de embajador y regresando cuatro años después, le hubiera sido muy fácil volver a ser presidente de Nicaragua, hubiera arrasado. Pero, prefirió quedarse en Nicaragua, para seguir ejerciendo como presidente.

O sea, quería estar por encima de Bolaños y lo humillaba cada vez que podía. Yo estaba allí y viví aquel proceso. Cuando él estaba en algún lugar y llegaba Bolaños, o coincidían en algún acto público, Alemán, que presumía de buen cantante, mandaba a los músicos que tocaran «El Rey», esa conocida ranchera que dice en alguna parte *sigo siendo el rey*», y él la cantaba para burlarse del presidente. En aquellas circunstancias, Bolaños enfrentaba grandes dificultades motivadas, entre otros factores, por la división del Partido Liberal que Alemán avivaba con su permanencia en el país.

Bolaños emprendió una intensa campaña anti corrupción, cuyo resultado más impresionante fue la acusación y condena del ahora ex presidente Alemán, cuya sentencia fue de 20 años de presidio por escandalosos episodios de robo al erario público.

Bolaños impulsó notables medidas que favorecieron la economía nacional, pero su presidencia fue permanentemente saboteada por los seguidores de Alemán.

En 1977, en embajador de los Estados Unidos en Nicaragua, James Theberge, antiguo amigo mío, me presentó al entonces alcalde de Granada, Álvaro Chamorro, con el cual he mantenido una buena amistad. En el 2006 acudimos Nadia y yo a la fiesta de cumpleaños de Álvaro en Granada y, estando el país en pleno proceso electoral, acudieron allí también Daniel Ortega y su esposa, Rosario Murillo.

Con Daniel Ortega en el 2006 cuando aspiraba
a Presidente de Nicaragua

Ortega se proyectaba entonces democráticamente, con el antecedente de haber realizado elecciones libres en 1990 y, habiendo perdido las mismas, entregarle la posición, sin problemas, a su rival, Violeta Chamorro. Ortega y yo hablamos de su plataforma de gobierno, totalmente socialdemócrata y nos tomamos una foto juntos.

Así las cosas, Daniel Ortega fue electo nuevamente presidente de Nicaragua, con el 38% de la votación a su favor, en las elecciones del 2006. Tomó posesión el 10 de enero de 2007 y dos años después, el máximo tribunal del país, dominado totalmente por los sandinistas, revocó la condena de Arnoldo Alemán. Daniel Ortega se ha mantenido en el poder desde entonces.

Esto fue resultado de acuerdos entre Ortega y Alemán que hubieran sido impensables en el panorama político nicaragüense. Alemán invitó a Ortega a su casa, y éste acudió a la cita acompañado por Dionisio («Nicho») Marenco, futuro alcalde de Managua. Para sorpresa de ambos, Alemán le propuso a Ortega el maléfico plan de turnarse ellos dos en la presidencia. Como el Frente Sandinista nunca obtenía más del 36 o 37 por ciento de los votos y el mínimo para obtener la presidencia era del 45%, Alemán rebajó ese requisito al 35%, para allanar el acceso de los sandinistas a la más alta magistratura del país.

Esto, sin embargo, no era suficiente. Era imprescindible, además, dividir el voto de los liberales, labor que quedó en manos de Alemán, la sucia labor de dividir a su propio partido.

En Nicaragua ha habido, en realidad, dos revoluciones: la sandinista en 1979 y la orteguista en el 2007. Los sandinistas debieran erigir una estatua a Jimmy Carter; los orteguistas tendrían que hacer lo mismo con Arnoldo Alemán.

Mientras esto se iba desarrollando en Nicaragua, Nadia y yo nos mantuvimos yendo y viniendo sin problemas, lo cual me servía para estar al tanto del ambiente político en Miami.

Tal vez algún lector se preguntará por qué, en lo que son las memorias de una persona, el relato de su vida, en este caso la mía, hay que incluir toda una narración detallada de la historia de un país. Esto es algo que tal vez no entenderán bien los afortunados a los cuales nunca el devenir político de sus países respectivos les ha tocado directamente sus vidas, su familia, su historia personal. Denle gracias a Dios.

Capítulo 25
La política, ayer y hoy

> *He llegado a la conclusión de que la política es un asunto muy serio para dejarlo en manos de los políticos.*
> Charles DeGaulle

Regresar ya definitivamente a Miami renovó mucho mi interés en los asuntos de la ciudad y los del condado, interés que yo nunca perdí, pues, anteriormente, mi vida se desenvolvía entre las dos ciudades, Managua y Miami.

Insertarme nuevamente en el día a día de la realidad política del sur de la Florida no trajo sorpresas a mi vida, pero, viendo los cambios que han ocurrido desde que yo fui nombrado comisionado de Miami interinamente, en 1972, me ha dado pie para algunas reflexiones que debo compartir con todas las personas que aman este rincón del mundo donde hemos carenado tantos hombres y mujeres de mil procedencias diferentes, que hemos encontrado aquí un nuevo hogar y una manera de vivir vidas dignas y libres.

Soy de los que creen que la nostalgia estéril, recordar mucho el pasado sin otro propósito que la añoranza misma, no nos hace bien, pues puede desconectarnos del presente que tenemos que vivir. Recordar el pasado es provechoso si nos ayuda a examinar los errores que hemos cometido, para no repetirlos en el presente y nos refresca lo que hemos aprendido.

Al mismo tiempo tengo que reconocer que cuando ya se ha vivido mucho, como es mi caso, son inevitables las comparaciones entre lo que se ha vivido y lo que se está viviendo.

De manera que, en mi opinión, salta a la vista el gran contraste que existe entre la manera de practicar la política en tiempos no tan lejanos, digamos en la segunda mitad del siglo pasado y cómo esto se hace en la actualidad.

Mi vida política activa se desenvolvió en una época diferente en muchos sentidos a lo que vemos en los tiempos actuales. Para mí, la mayor diferencia estriba en ciertos valores éticos que ahora parecen estar en decadencia y cuya falta hace muy inhóspito el entorno político y no me refiero específicamente al manejo de fondos públicos por parte de los políticos, pues ladrones ha habido en todas las esferas sociales desde que el mundo comenzó a dar vueltas y los hay hoy, desgraciadamente, en todos los países del mundo. Importante es recordar que la abundancia del mal no puede nunca esgrimirse como justificación para no combatirlo.

Hablo más bien de las relaciones humanas, pues hoy, el trato entre personas, sobre todo cuando éstas compiten entre sí, parece haberle perdido el respeto a ciertos tabúes que existían en el pasado y cuya existencia protegía la convivencia. Antiguamente se respetaba la vida privada de las personas, se respetaba la familia, se evitaban los epítetos subidos de tono en las contiendas políticas y existía al menos un mínimo de cordialidad entre adversarios. Es lo que en Cuba denominábamos *buena educación,* que no tenía nada que ver con grados académicos, sino con la conducta de uno respecto a los demás; político que fuera *un maleducado,* estaba condenado al fracaso.

Hoy, una buena parte de los políticos y casi toda la prensa ignoran esos parámetros y al dedicarte a la política es mucho lo que pierdes, pierdes la privacidad en tu vida, tienes que convertirte en un libro abierto, te pueden hacer las preguntas que quieran, te pueden llamar a la hora que quieran, siempre debes estar disponible para dar explicaciones, a veces sobre asuntos que no tienen nada que ver con tu desempeño público.

Es muy difícil ser político, porque la prensa no repara en nada y es por eso que muchas personas rehúsan participar en la política. Por ejemplo, la revista Fortune publica todos los años su famosa lista de las 500 corporaciones más exitosas de los Estados Unidos y en esas corporaciones abundan los ejecutivos que están más que preparados para ser presidente de Estados Unidos. Sin embargo, esos ejecutivos no se meten en política, porque saben que les exigirían un record perfecto en todos los aspectos de la vida. Te investigan y si encuentran que cuando estabas en el kindergarten le quitaste los lápices de colores a la niña que se sentaba al lado tuyo, hacen de eso un escándalo tal que te desgracian la vida. Muchos hombres y mujeres de gran talento, que no quieren que se metan en sus vidas privadas, se alejan de la política y le dejan a los mediocres el destino de las naciones.

Esto ha ido empeorando en el paso del tiempo. Yo diría que después, quizás, de Franklin Delano Roosevelt, Estados Unidos no ha dado verdaderos estadistas, ninguno de la talla de Winston Chruchill o de Charles DeGaulle, de Adenauer. Los presidentes de Estados Unidos han sido personas que no han brillado mucho, que no parecen haber tenido grandes dotes intelectuales. Jimmy Carter, que cosechaba maní en Georgia; Bill Clinton, un buen abogado, Ronald Reagan, un actor de cine. Obama es otro caso: ni como senador estatal, ni como senador federal pudo pasar ni una sola ley y aun así, llegó a presidente.

No digo yo que fueran malas personas, ni que no hayan tenido algún momento estelar como presidentes, pero, si por las circunstancias políticas de su tiempo no hubieran llegado a la presidencia, ¿qué legado le hubieran dejado a la humanidad? ¿Alguien los recordaría?

La otra cara de la moneda es que muchas personas estiman que una de las grandezas de este país es, precisamente, que cualquiera puede ser presidente, algo sobre lo cual se puede discutir hasta el infinito si es una virtud o un defecto de la democracia. Ahí tenemos a Donald Trump, el ejemplo más patético de eso de que «*cualquiera puede ser presidente de este país*».

Desde luego, para ser justo en estas apreciaciones, es necesario reconocer que el deterioro de los valores cívicos a los cuales me he referido, no es un mal que aflija únicamente a los Estados

Unidos, es algo que se observa a nivel mundial. Si recordamos que hace escasamente 20 o 30 años, los presidentes eran personajes intocables, no solamente en Estados Unidos, sino en casi todo el mundo, podemos ver la diferencia. A los presidentes se les respetaba en sus vidas privadas. Más o menos, eso terminó en tiempos de John Kennedy, quizás porque a él y a su esposa, Jacqueline, la propia prensa les dio un aura como si fueran estrellas de Hollywood.

Yo puedo ver en este fenómeno el lado positivo, el que informa y muestra a los dirigentes tal cual son como personas; lo negativo es que no parece haber límites. Habría que recordar, por ejemplo, que durante la presidencia de Clinton, cuando se supo de su aventura con Monica Lewinsly, algunos medios de prensa describieron cómo se había manchado el vestido azul de la muchacha. ¿Era eso necesario?

En cuanto a las relaciones entre adversarios políticos, la caballerosidad se ha ido de vacaciones y parece que no quiere regresar y los ejemplos son tantos, que no hay que mencionarlos. Basta con recordar las más recientes campañas electorales, desde las locales hasta las nacionales, para ver que el panorama no es nada alentador.

Yo no pretendo, ni en este tema, ni en ningún otro, ofrecerme como ejemplo de virtud alguna. No es ese mi estilo, no me sobrevaloro, ni olvido aquello de «*dime de qué presumes y te diré de qué careces*». Si hablo de mí mismo en temas como éste de los valores cívicos y humanos en la política, es solamente por el valor que tiene el testimonio personal de lo vivido y lo demostrado.

En mi experiencia personal, sí se puede ir a una puja electoral, sí se pueden tener visiones diferentes en cuanto a la administración pública, sí se puede ganar o perder unas elecciones, sin denigrar al contrario, ni establecer enemistades sempiternas.

Mi trato, mis relaciones siempre fueron cordiales con todo el mundo. A pesar de que Rose Gordon y J. L. Plummer, compañeros míos en la comisión de Miami, no votaban casi nunca a favor de mis propuestas, mi relación personal con ellos fue siempre buena, muy buena. Ellos tenían sus razones y nosotros, Father Gibson y yo, teníamos las nuestras y nos respetábamos mutuamente. Nosotros queríamos avanzar, tanto en la parte hispana, como en la afroamericana y ellos, como anglos, trataban de servir a los que eran entonces el poder dominante en Miami, *el establishment blanco,* algo que todos podíamos entender, sin que nadie se molestara por ello.

Igualmente, tuve buenas relaciones con los comisionados del condado, con los funcionarios y los legisladores estatales, con los gobernadores, incluso con gobernadores de otros estados y también con algunos extranjeros, como los presidentes de los países de Centro América, a casi todos los cuales conocí, e igualmente con los gobernadores del sudeste de México, con el alcalde de Madrid, etc.

Tenía una buena amistad con los líderes locales del Partido Republicano, con Carlos Salmán, Al Cárdenas, Lincoln Díaz Balart, Ileana Ros Lehtinen y otros. Nunca dejamos que cuestiones partidistas nos separaran, como vemos que ocurre hoy con muchas personas.

Y en cuanto a rivalidades electorales, que las tuve, casi todas fueron dentro de un plano de decencia y recíproco respeto. Tan es así, que he olvidado los nombres de casi todos los que aspiraron en mi contra. En mi campaña más difícil, que fue la de alcaldía de Miami, la cual tuvo algunos episodios bien candentes, ya conté cómo Ferré y yo, realmente, nunca dejamos de ser amigos.

He comprobado que no es nada difícil llevarse bien con la gente, y es, además, conveniente, pues uno nunca sabe de quién va a necesitar en el futuro.

Y el futuro, nadie lo olvide, depende de las nuevas generaciones, algunos de cuyos miembros serán los líderes y activistas de los partidos políticos que, en su momento, se convertirán en gobernantes, legisladores y funcionarios de todo tipo. Yo me pregunto si a esos jóvenes, mujeres y hombres, que muestran interés en la política, se les está preparando adecuadamente para su integración y desarrollo en lo que debiera ser el hermoso mundo del servicio público.

Al decir esto, me parece que estoy enfocando la causa principal del deterioro de la política en nuestros días. Yo no sé si en las escuelas donde nuestros jóvenes estudian leyes, ciencias políticas, etc. se les subraya el concepto, se les inculca en sus mentes y en sus corazones que la política es servicio público; que un político es un servidor del pueblo y que todo joven que visualice su futuro en el mundo de la política, debe tener ese concepto muy claro en su mente.

Yo no puedo evitar preocuparme por el futuro cuando contemplo, a veces, los desplazamientos de casi todos los políticos, esto sólo por citar un ejemplo. Digamos que un político de cualquier nivel, sea municipal, condal, estatal o federal, acude a una emisora de radio o televisión donde va a ser entrevistado o llega a un espacio público donde se va a inaugurar una obra. ¡Hay que ver el *entourage* que le acompaña!

Antes de que el político llegue al lugar, arriban al mismo dos o tres de sus asistentes, todos jóvenes, que son o aparentan ser encargados de su seguridad personal, armados de sus correspondientes teléfonos celulares y, en algunos casos, *walkie-talkies.* Son corteses, generalmente hablando, pero se les escapa cierta actitud de perdonavidas, o, al menos, esa la impresión que dan. Si están en el vestíbulo de un edificio, uno de ellos se acercará a la recepcionista y le pedirá, en voz baja, que tan pronto llegue el político, es necesario que lo dejen pasar adentro del estudio o la oficina a donde va, pues no puede esperar en el lobby donde estaría sujeto a los saludos, comentarios y peticiones, de las personas que allí lo vean. Se quedan ellos entonces alrededor de la puerta por donde debe entrar el político. No se sientan, dan la impresión de estar muy ocupados.

Llega por fin el político, rodeado de otros miembros de su *troupe,* todos, celular en mano, alguno con una carpeta llena de papeles, todos elegantemente vestidos, muy bien acicalados, impecables cabelleras, uñas manicuradas, alguno muy cerca del político susurrando algo en su oído. Cuando éste entra al estudio u oficina, uno o dos de sus asistentes entrarán tras él, dos o tres se quedarán en el pasillo, cerca de la entrada... Es todo un show, que tal parece orientado a resaltar *la gran importancia* del político en cuestión.

De ese *entourage* que no da una imagen de seriedad, salen generalmente muchos de los políticos del futuro. Cierto es que, de regreso a las oficinas del político, algunos de esos asistentes estarán ocupándose de ayudar a ciudadanos que han acudido a él con alguna petición. Muchos, quiero creer yo, se esforzarán en resolver esos casos. Otros, se preocuparán más de hacer *quedar bien* al político, sin hacer un esfuerzo real por servir a los que a él acuden. ¿Se entrena a esos jóvenes como servidores públicos, o simplemente se les enseña a politiquear? Esta es mi gran preocupación.

Por experiencia propia, yo puedo decir que la mayoría de los jóvenes que entra en la arena política, lo hace sin tener una idea clara de cuáles son los problemas que afectan a la comunidad que se supone ellos irán a servir. Yo diría que, primero, la persona que aspirara tiene que aprender a conocer bien a esa comunidad, tiene que involucrarse en cómo funciona su comunidad, qué es lo que tiene, qué le hace falta y tiene que autoexaminarse con honestidad para ver si puede ser un factor en la solución de los problemas.

Que no lo haga, llana y sencillamente, como lo hacen muchos políticos, para vivir del puesto. Hay muchos que están ahí *por sécula seculorum,* se meten en la política y no la abandonan nunca porque ese es su *modus vivendi,* es su trabajo, estar en una posición y aspirar a ser reelegido cada cuatro años. Eso no es lo correcto. Yo creo que quien se involucra en la política debe ser porque se preocupa por los problemas de su comunidad y busca en la política el medio de liquidar esos problemas.

En mi juventud yo tenía un gran interés en entrar en la política porque vi en ella un vehículo para mejorar nuestra comunidad. Serví por ocho años y cuando entendí que había hecho mi parte, que era suficiente, presenté mi renuncia y dejé el campo libre para que otro ocupara mi puesto. En el paso del tiempo recibí muchas ofertas, en el mejor sentido de la palabra, para que aspirara a otras posiciones, ya fuera como senador estatal, comisionado del condado, etc., pero yo decliné esas proposiciones, porque ya yo había cumplido mi rol en la política.

Y aunque a veces extraño algunas de las cosas más satisfactorias de la política, yo sé que mi tiempo ya pasó y me toca ahora ayudar y estimular, abrirles camino a los que vienen detrás.

Capítulo 26
La familia y los amigos – Líderes, pasado y presente

Si confieres un beneficio, nunca lo recuerdes.
Si lo recibes, nunca lo olvides.
                                    Quilón de Esparta

Este ejercicio de escribir mis memorias me resulta muy provechoso de mil maneras diferentes y una de ellas es que me da la oportunidad de poner en perspectiva hechos y vivencias que quizás, en su momento, no pude calibrar en su justa medida.

Mis padres y abuelos infundieron en mí los valores tradicionales de nuestra cultura católico-española, valores que se reforzaron con mi formación cubana, que añadía a los mismos nuestro cubanísimo sentido del humor y nuestra chispa caribeña.

De más está decir que, en nuestra formación, a la cual me refiero, no hay valor más apreciado que la familia, ni enseñanza tan unánime como lo que se nos inculca desde que nacemos y que, en su momento, nosotros lo inculcamos a nuestros descendientes: la familia es lo más importante. Y, sin ser perfectos, ni dejar de cometer errores pues, somos humanos, ponemos nuestro mayor empeño en el bienestar de la familia.

Así pues, quiero comenzar este capítulo dándole las gracias a todos mis familiares. Con ellos estoy endeudado por lo mucho que de ellos he recibido y son ellos mi orgullo más cierto. Mis abuelos y mis padres me enseñaron, con su ejemplo, las lecciones que me armaron para andar limpia y honradamente los caminos de mi vida. Ellos no sabían mucho de psicología infantil, pero sabían el valor del respeto a sí mismo, a las tradiciones y a la honra de la familia. Me trasmitieron el sano orgullo por el trabajo bien hecho, no importa cuán humilde pueda éste ser y me enseñaron a apreciar a las personas, no por su raza o por su distinción, no por lo que tienen, si no por lo que son.

Mi hermano Roberto, a pesar de ser más joven que yo, me dio la satisfacción de verlo crecer y desarrollarse dentro de los parámetros de esas virtudes y pude constatar el respeto y la admiración que sentían por él cuantas personas lo conocían.

Con mi hermano Roberto

Tengo seis hijos que me llenan de sano orgullo. Cuatro de ellos son abogados muy bien acreditados. Ninguno se hizo médico, que es lo que yo necesitaría a esta edad que tengo, pero me satisface mucho el hecho de que los seis son personas de bien, excelentes seres humanos.

Con mis hijos Irma, Robert, Melissa, Alex, Noreen y Manny

Alex, el mayor, sacó su *bachelor degree* o licenciatura en la Universidad de Miami. Continuó sus estudios y se graduó de abogado en Georgetown University en Washington, DC. Está casado con Kiki y tiene dos hijos, David y Ali. David tiene, a su vez, a Mila y Gavin. Ali tiene a Sebastián y Andrea. Alex practica la abogacía y se especializa en *personal injury*.

Roberto Luis, el segundo, se graduó de Administración de Negocios en la Universidad de Miami y después se trasladó a España, donde trabajó en el sistema bancario durante dos años. De regreso en Miami, trabajó en la ciudad de Miami Beach, durante varios años. Actualmente está retirado, es soltero y vive en Coconut Grove.

Mi tercera hija, Irma, se graduó de *Bachelor en Leyes* en la Universidad de Miami. Es viuda de Mario Solares, que falleció en 2016. Tiene dos hijos, Gabriela y Mario Luis. Gabriela está casada con Peter Cirera y Mario Luis es soltero. Irma practica la abogacía en un acreditado bufete de Miami.

Noreen, mi cuarta hija, se graduó de Administración de Negocios en Florida International University, (FIU). Está casada con

Albert Balido y residen en Tallahasse, donde tienen una importante compañía de relaciones públicas.

La quinta, Melissa, es abogada. Se graduó de Bachelor en Leyes en Florida State University (FSU), y está casada con Eduardo Lombard. Tienen dos hijas, Sofie y Lily y residen también en Tallahassee.

El sexto, Manny, igualmente, estudió Derecho. Se graduó de abogado, también en Florida State University (FSU). Está casado con Camil, que es Doctora en Medicina, especializada en Pediatría. Tienen dos hijos: Eva y Manny Jr. Manny Sr. trabajó dos años en la corte, siete años en la fiscalía estatal y desde hace tres años es fiscal federal.

En total, tengo seis hijos, ocho nietos y cuatro bisnietos. Ni que repetir tengo que soy un padre, un abuelo y un bisabuelo feliz y orgulloso de la hermosa descendencia que Dios me ha permitido tener.

Mis dos primeros matrimonios acabaron en divorcio. Siempre agradeceré a mis dos ex esposas, Irma y Nora, los hijos que me dieron. Nadia y yo nos casamos el siete de noviembre de 1996 y a ella tengo que agradecer lo mucho bueno que ha traído a mi vida, todo lo cual aprecio y valoro felizmente.

Con mi esposa Nadia

Dentro de esos valores, dentro de esa formación hispanocubana de raíces católicas, después de la familia, la gratitud ocupa un lugar cimero, pues, a todos los hombres y mujeres de mi generación se nos enseñó que ser agradecido es una de las virtudes más importantes en las personas de bien.

Traté siempre de mostrar mi gratitud hacia quienes se hacían acreedores de ella y no porque me sintiera obligado a hacerlo, sino por un sincero sentimiento. Hoy, al echar esta mirada retrospectiva a lo que ha sido mi vida, me siendo aún más agradecido a tantas y tantas personas que estuvieron junto a mí, ayudándome de una u otra forma en las diferentes etapas de mi existencia y fueron mi guía y sostén en los distintos caminos que he recorrido.

Son muchas esas personas, familiares y amigos. Pero, siendo algo de lo más importante en estas memorias mi vida como servidor público, como político elegido, no tanto para gobernar como para servir, hay en mi corazón un lugar que es todo gratitud a aquellos que me ayudaron a cumplir esa misión, pues, si hoy puedo, sin faltar a la modestia, sentirme orgulloso de mi ejercicio público, eso se debe en gran medida a aquellos que me dieron su ayuda desinteresadamente.

No me refiero ahora a los amigos que me introdujeron en el mundo de la política y me ayudaron a ganar elecciones y propuestas, personas como el gobernador Askew, Steve Clark, Dave Kennedy, Alex Penelas, el reverendo Gibson, etc., a quienes ya he mencionado y he manifestado mi agradecimiento en páginas anteriores. Me refiero ahora a los que calificamos como amigos, amigos de verdad, y a otros, amigos también, a los que calificamos «*líderes cívicos de la comunidad*», porque, ciertamente, lo eran.

Entre los amigos íntimos, los más cercanos, tengo que mencionar en primer lugar a dos personas, un hombre y una mujer, que llenaron a capacidad todo el significado de ese calificativo: Felipe Valls, Sr. y Alelí Puig.

No se puede escribir la historia del exilio cubano sin hablar de Felipe Valls. Llegó a Miami en 1960, con su esposa Aminta y dos hijos nacidos en Cuba: Lety y Felipe Jr. Jeanette nacería más tarde, en Miami.

Con sólo 27 años de edad, Felipe dejaba en Cuba una fortuna en negocios y propiedades, tras darse cuenta, desde muy temprano, de la tendencia marxista del nuevo régimen. Salió, simplemente, en busca de libertad.

Tanto aquí como allá, él se describía siempre a sí mismo como empresario, no como político. Creó un imperio gastronómico en Miami y fue bendecido con hijos y nietos que lo ayudaron, lo escuchaban y continúan participando activamente en la organización empresarial que hoy preside Felipe Jr.

Con Felipe y Lourdes Valls y mi esposa Nadia

A Felipe Sr. yo lo consideré siempre más que un amigo, un hermano. Por más de 60 años él cooperó con la causa de la libertad de Cuba e igualmente ayudó a cuanto compatriota necesitó de él. A través de los muchos años de nuestra amistad fraterna le escuché solamente un lamento: el de no haber podido ver nuevamente a su querido Santiago de Cuba, en una patria libre.

Con mi otro hermano Felipe Valls

Terminada ya la redacción de este libro, he tenido que rahacer estos apuntes, pues mi querido Felipe falleció, lamentablemente, en noviembre de 2022, dejando un gran vacío en su familia, entre sus amigos y, en general, en el exilio cubano.

En cuanto a Alelí Puig, pudiera decirse de ella todo lo bueno que pueda decirse del mejor ser humano. Fernando Puig, su esposo, era, como yo, miembro de la Brigada 2506. Aunque ambos estábamos en Guatemala durante el entrenamiento que recibimos, yo no lo conocí entonces, pues él estaba en la base aérea que estaba a nivel del mar, y yo estaba en la Base Trax, en las alturas del volcán.

Fue en Puerto Cabezas, Nicaragua, antes de abordar los barcos para la expedición, que nuestro común amigo Julio González Rebull, me lo presentó. Fernando impresionaba por su estatura y corpulencia. Años después, en Miami, nos vimos casualmente, pero no establecimos una relación de amistad hasta 1972.

Fue entonces cuando conocí a Alelí, su esposa. Ella era perfectamente bilingüe, muy inteligente y excelente en relaciones públicas. Cuando fui nombrado comisionado de Miami, el 6 de julio de 1972, la nombré jefa de despacho de mi oficina y pronto se convirtió en mi «mano derecha», ganándose mi confianza por su lealtad y diligencia.

Alelí desempeñó esa posición hasta 1979 y en ella recibió toda clase de elogios y felicitaciones por su eficiente desempeño y por la eficaz y pronta ayuda que proporcionaba siempre a todos los que a ella acudían. Más tarde, estuvo a cargo de la dirección de otros departamentos de la ciudad, siempre exitosamente. Cuando Fernando falleció, ella asumió la dirección del negocio familiar. Alelí falleció el 10 de marzo de 2020.

Eran personas genuinamente interesadas en el bienestar de nuestra comunidad y en dejar bien sentado y acrecentar en lo posible el prestigio de los cubanos en el exilio, además de exponer con hechos, más que con palabras, nuestro amor y gratitud a los Estados Unidos por habernos acogido y darnos la oportunidad de vivir en libertad. Asimismo, todos tenían la convicción de que, si lográbamos establecernos como una comunidad fuerte, próspera y respetuosa de las leyes de este país, podríamos influir en las políticas y decisiones de Washington respecto a Cuba.

Tengo que mencionar a personas, como Leslie Pantín, y su hijo, Leslie Jr., Raúl Masvidal, Eduardo Padrón, Carlos Arboleya, Luis Botifoll, Luisa García Toledo, Manolo Arqués, Luis Sabines, Guarioné Díaz, María de la Milera, William Alexander y muchos más. Eran personas que se destacaban en el sector privado, pues fueron muy exitosos en el mundo de los negocios, o en el campo de sus actividades, pero que, cuando surgía alguna crisis, algún problema serio en cualquiera de los municipios que forman el condado, ellos no escatimaban su tiempo, sus esfuerzos, sus contactos, ni su dinero y se unían a las autoridades locales para hallar soluciones justas y rápidas.

Al mismo tiempo, ellos abrían el camino para que otros pudieran avanzar. Ahí tenemos, sólo por poner un ejemplo, el paso de Raúl Masvidal por la Junta Universitaria del estado, el organismo que tiene entre sus funciones, nombrar los presidentes de las universidades públicas del estado cuando esto es necesario. Masvidal tuvo la oportunidad de nombrar a Modesto Maidique como presidente de la Universidad Internacional de la Florida (FIU) y eso fue un acierto tremendo pues Maidique desarrolló una actuación muy exitosa al frente de ese importante centro docente.

Otro ejemplo brillante es el de Luis Botifoll, el cual, desde su puesto en el Republic National Bank, el primer banco propiedad de cubanos en los Estados Unidos, ayudó a un gran número de empresarios y comerciantes cubanos, facilitándoles préstamos y fortaleciendo su crédito para que pudieran comenzar sus negocios desde los primeros tiempos del exilio. En muchas ocasiones los préstamos estaban respaldados solamente porque Botifoll los garantizaba, pues los conocía desde Cuba y confiaba en su integridad. Esa confianza nunca fue defraudada.

Luisa García Toledo fue un ejemplo brillante de entrega a la comunidad y cuando digo esto me refiero tanto a la comunidad cubana, como a todo lo concerniente a nuestro Miami y a los mejores intereses de los Estados Unidos. Era una patriota ejemplar, muy activa, desde Cuba, en el MRR (Movimiento de Recuperación Revolucionaria); aquí perteneció a varias instituciones todas dedicadas al servicio de la comunidad y siempre que se le llamaba para una causa justa, ahí estaba ella presente.

Igualmente puede decirse de Manolo Arqués, dirigente de los hombres de empresa, que también movía todos sus recursos y todas sus influencias no solamente para llevar a cabo cualquier gestión que fuera en beneficio de sus colegas, sino, igualmente, cada vez que era necesario algún esfuerzo en favor de nuestra comunidad. Manolo me acompañó en varias oportunidades en que era necesario expandir los horizontes comerciales de la ciudad de Miami.

Carlos Arboleya adquirió un gran prestigio en la organización nacional de los *Boy Scouts of America,* y a través de dicha organización ayudó mucho a los niños y jóvenes de Miami. Yo logré que un parque de la ciudad, precisamente allí donde se entrenaban los boy scouts, fuera bautizado con el nombre de Arboleya, que era otro de aquellos líderes que se involucraba en los asuntos de la comunidad, siempre para ayudar.

María de la Milera es una trabajadora incansable, siempre lista para servir. Trabajaba para el condado, pero no era solamente que cumpliera bien sus obligaciones; ella daba el ciento por ciento en todo lo que hacía. Nunca me negó su apoyo.

Con Luis Sabines hay que hacer un capítulo aparte, porque él era un líder excepcional. Luis era un hombre de educación rudimentaria, no hablaba inglés, no se guiaba mucho por la etiqueta social, pero se ganaba el afecto de todos por su manera de ser abierta y franca, sin trastienda. Él creó la Cámara de Comercio e Industria Latina de los Estados Unidos (CAMACOL) junto a un notable grupo de bodegueros cubanos y la convirtió en una fuerza positiva, no sólo para los comerciantes hispanos, sino para toda la comunidad. Luis y yo nos hicimos grandes amigos y él recordaba siempre que los primeros cincuenta mil dólares que recibió la CAMACOL se los di yo, de los fondos discrecionales que reciben los comisionados.

Cada vez que era necesario, siempre que había una causa meritoria, Luis Sabines movilizaba a la membresía de la CAMACOL, movía sus muchas influencias y no había problema que no fuese solucionado. Con él viajé muchas veces por varios países del continente y también por Europa y pude comprobar lo útil que resultaba su don de gentes para hacernos de buenos amigos en todos esos países, todo lo cual redundaba en buenos negocios para la ciudad de Miami.

Con el Alcalde del Condado Alex Penelas y el Presidente de la Cámara de Comercio de la Pequeña Habana, Luis Sabines

Del Dr. Eduardo Padrón, fundador, alma y vida del Miami-Dade College no hay que decir mucho, porque, no sólo nuestra comunidad, todo el mundo de la educación reconoce su extraordinaria labor al frente del plantel con la mayor matrícula de hispanos en los Estados Unidos. Su justa fama no le impidió nunca participar en los esfuerzos todos que se hacían en favor de nuestra gente.

Igualmente puedo decir de Guarioné Díaz, alguien muy reconocido por su labor comunitaria que ha ayudado a centenares de familias y que ha impulsado a nivel nacional los justos intereses de nuestra gente.

La importancia de este tipo de personas, personas del sector privado conscientes de sus deberes cívicos pudo verse claramente en Miami un año después de que yo renunciara como comisionado, en 1979. En 1980 se produjo el éxodo del Mariel a través del cual llegaron a nuestras costas, en un corto tiempo, más de 120,000 cubanos, todo en precarias condiciones y todos necesitados de ayuda.

La eficiente manera en que Miami procesó aquella enorme crisis migratoria que planteaba a su vez una gran crisis en los servicios sociales que podían ofrecerse a los recién llegados fue algo que puso en alto el nombre de nuestra comunidad. Algunos medios han dicho que, antes de que llegara aquí el primer centavo de ayuda federal para ayudar a solventar la situación aquella, ya nuestras entidades públicas y privadas, actuando de común acuerdo, lo tenían todo bajo control. Yo no tengo el dato exacto, pero creo que así fue y aquellos líderes cívicos y también los líderes religiosos, dieron el paso al frente y ayudaron eficientemente al que era entonces administrador de la ciudad, César Odio, que hizo una excelente labor ante aquella avalancha humana.

Al decir esto, tengo que mencionar a otro líder, éste del sector público: Tony Ojeda. Tony ayudó fantásticamente bien a encarrilar la situación creada por el éxodo del Mariel y yo veía su destreza y su buena disposición como algo propio, pues, cuando el condado creó su posición para un hispano, el comisionado del condado Mike Calhoun me pidió ayuda para escoger la persona más adecuada. Me dieron los resumés de los veinticinco finalistas. Yo dediqué un fin de semana a leerlos todos y recomendé a Tony, que estaba entonces en San Antonio, Texas, y así fue que lo escogieron a él. Cuando él vino para acá, yo me encargué de llevarlo a los diferentes lugares, presentarlo a las diferentes personalidades del exilio y ponerlo en contacto precisamente con los líderes cívicos que teníamos entonces. No me defraudó pues él siempre fue un factor positivo en todas las posiciones que ocupó en el condado Miami-Dade, hasta su retiro.

Otra consecuencia positiva resultante de la participación de los políticos, junto con estos y otros líderes comunitarios en los asuntos que a todos nos afectan, pudo verse igualmente a raíz del éxodo del Mariel, episodio sobre el cual quiero abundar.

Recordemos que, en su diabólica maldad, Fidel Castro vació sus cárceles y sus centros psiquiátricos e infiltró un notable número de criminales violentos y enfermos mentales entre los millares de familias cubanas que llegaron aquí en aquellos días inolvidables de abril y mayo de 1980. El objetivo del dictador era manchar la reputación de los cubanos en el sur de la Florida y crear el caos con aquella oleada de refugiados.

Casi que lo logró y esto provocó el surgimiento de una fuerte reacción anticubana que se venía gestando desde antes por el resquemor de muchos «*americanos*» que se sentían desplazados por los cubanos.

Sin embargo, aquello pasó pronto y no tuvo mayores consecuencias, porque, gracias a la visión de los pioneros que entendieron que teníamos que intervenir en los asuntos locales y en la política del país, ya para entonces nuestra comunidad gozaba de poder económico y poder político suficientes y no era fácil impedir nuestro avance.

Eso está cambiando, está cambiando para mal y a mí me preocupa. Hoy tenemos demasiados políticos que no ejercen liderazgo alguno y muy pocos líderes cívicos. Hoy proliferan los comisionados, concejales, alcaldes, representantes y senadores estatales, cada uno con su cuota más o menos grande de poder, algunos que no pueden ocultar sus ansias de protagonismo y, yo no dudo de las buenas intenciones que seguramente tienen, pero creo que a la comunidad como tal le está faltando el balance que ponen los líderes del sector privado que, si existe alguno en estos momentos, no se hace sentir.

Los hombres y mujeres que actualmente se destacan en la vida profesional, los líderes del comercio, la banca, los bienes raíces, la educación, etc., no parecen estar interesados en los asuntos públicos, ni en ser un factor positivo en cuanto a los problemas y necesidades de la comunidad.

Los políticos necesitan de los consejos, las opiniones, el *imput* de esos que, precisamente, porque no aspiran a ningún puesto político, pueden aportar sus conocimientos, sus experiencias y sus relaciones, esos que pueden, sin levantar sospechas de ambición alguna, llamarles la atención a los funcionarios electos cuando se les olvida que ellos, los políticos, también tienen sus limitaciones, las de su condición humana y sus límites, los de la ley y el sentido común.

¿Dónde están los Luis Botifoll y las Luisa García Toledo de hoy? ¿Dónde está el Luis Sabines de estos tiempos?

Para ilustrar esto, quiero mencionar, apretadamente siquiera, algunas de las múltiples asociaciones cívicas, políticas, profesionales y de todo tipo a las que he pertenecido durante mi vida política, y, en algunos casos, hasta el presente. Son todas ellas organizaciones que me invitaban a ser parte de ellas por dos motivos principalmente: por tener acceso e influencia en los medios del poder político local o estatal, lo cual es muy legítimo, pero también por la oportunidad de aportar su visión de las cosas en los asuntos cívicos, en las políticas públicas, y aportar igualmente su opinión y su acción en los problemas y en las crisis que toda sociedad tiene que enfrentar de cuando en cuando.

Fui o soy miembro, entre otras, de las siguientes asociaciones: State of Florida Advisory Committee del gobernador Reubin Askew, miembro de la Asociación de Veteranos de Bahía de Cochinos (Brigada 2506), miembro, además, de: Florida Council on International Development, Junta Internacional del estado de la Florida, Alianza Interamericana, Conferencia Americana de Alcaldes, Dade County Criminal Justice Advisory Council, Liga de ciudades del condado Dade, Comité de Ecología y Embellecimiento de Miami, Loyal Order of Moose, Asociación de Propietarios de Bay Height, Club de Jóvenes Demócratas de Dade, Club Demócrata Latinoamericano, Cámara de Comercio Latina, Latin Builders Association, Club Bancario, Unicorns Clubs International, Safety Council of Dade County, YMCA Internacional José Martí, Performing Arts Society, Florida-Colombia Alliance, Tiger Bay Political Club, Asociación por la Seguridad de Inquilinos, Equipo de Trabajo de Parques y Recreaciones, Concilio de Gobierno Cubano Americano, Club Demócrata de Hispanoparlantes, Comité de Estudio del Tránsito Rápido de Dade County, Asociación de Oficiales Latinos Demócratas, etc. En algunas de estas organizaciones ocupé posiciones de dirigencia, en otras fui solamente miembro, pero en todas ellas vi el deseo de participar en los asuntos públicos, tanto los que afectaban directamente sus intereses, como los que eran importantes para la población en general.

Como dato curioso, en 1977 fui designado como Gran Mariscal de la pintoresca parada de Disneyworld, algo que recuerdo gratamente.

Ojalá que las personas que hoy se destacan en sus campos locales de actividad, cubanoamericanos y de todas las etnias, se den cuenta de que sus vidas no estarán completas, ni serán perdurables sus logros, si no añaden a su quehacer el aspecto cívico, el gozo y la obligación de servir a los menos afortunados en torno nuestro, en otras palabras, el servicio público, que no debe estar limitado a los oficiales electos. Es obligación de todos.

No puedo cerrar este capítulo sin mencionar a varios amigos y amigas que, más allá de sus posiciones en nuestra comunidad y del liderazgo que muchos de ellos tienen en sus diferentes campos de actividad, me han mostrado siempre su sinceridad y su disposición de servicio y que, en el paso del tiempo se han ganado, en las coincidencias tanto como en las discrepancias, el título de amigos.

Debo mencionar primero a algunos que llenaron a plenitud ese alto título, el de ser amigos y que, tristemente, ya no nos acompañan en este mundo. Entre ellos, Felipe Valls, Sr., Manuel Artime, Roberto Pérez San Román, Ramón Mestre, Jorge Más Canosa, Teok Carrasco, Carlos Salmán y Ricardo Gómez.

Gracias a Dios, también hay otros muchos que han sido antes y son ahora excelentes amigos. Tal es el caso de Sergio Pino, Joe Sánchez, Felipe Valls, Jr., Pedro Peláez, Camilo Padrera, Gustavo Villoldo, Armando Codina, Emilio y Gloria Estefan, Norman Braman, Manny Díaz, Benjamín León, Julio González Rebull, Jr., Freddy Balsera, Tomás de San Julián, Sergio Bendixen, Alex Penelas, Roberto Rodríguez Tejera, Tomás Regalado, Oscar Haza, Juan Bido, Raúl Martínez, Humberto Cortina, Luis Lauredo, Néstor Carbonell, Luis Conte Agüero, Ricky Gómez, Armando Gutiérrez, Jorge Luis López, Gerry Tobin, Mel Martínez...

Al llegar a este punto tengo que, en justicia, dedicar unas líneas a un amigo muy especial: Harvey Ruvin. Lo conocí en noviembre de 1972 cuando él fue electo comisionado del condado Dade. Ya yo era comisionado de Miami desde julio de ese mismo año, por lo que nuestra amistad se mantuvo por más de 50 años. Funcionario público ejemplar, fue comisionado durante veinte años en los cuales se le reconoció, a nivel mundial, como una verdadera autoridad en todo lo relacionado con el medio ambiente, un pionero en la materia. En 1992 aspiró y fue elegido *Clerk* del condado, función que desempeñó durante treinta años. Harvey fue admirado y respetado tanto por demócratas, como por republicanos e independientes; pero, más importante que todo esto, mejor amigo no se podía tener. Lamentablemente, Harvey falleció el último día del 2022, a sus 85 años.

Con el querido y respetado por todos, Hon. Harvey Ruvin

No puedo olvidar tampoco a funcionarios de otros países que llegaron a ser verdaderos amigos, como el gobernador de Yucatán, Carlos Loret de Mola, el de Tabasco, Mario Trujillo; el de Quintana Roo, David Gutiérrez y el de Campeche, Carlos Sansores. Asimismo, el síndico de Buenos Aires, el general Osvaldo Cacciatori; la alcaldesa de Santiago de Chile, María Eugenia Ozarzún y el mayor de Rancagua, Chile, Patricio Mekis. Asimismo, el alcalde de Madrid, José María Álvarez del Manzano.

Quiero dejar constancia de mi agradecimiento a todos ellos y, de antemano, pedir perdón por las omisiones en las que, inevitablemente, habré incurrido.

Llegado a este punto y acercándonos ya al final de estas memorias, surgen en mi mente algunas preguntas muy parecidas a las que he formulado respecto a los líderes cívicos de la comunidad y estas tienen que ver con otros líderes, los que debiéramos tener tanto en los esfuerzos por la libertad de Cuba, como en el quehacer político de los Estados Unidos.

Mi vida ha tenido dos aspectos, dos causas, dos motivaciones, que la han definido: la actividad política en los Estados Unidos y la lucha por la libertad de Cuba que alcanzó sus momentos culminantes en mi participación en la expedición de Playa Girón, pero que ha estado siempre viva en mi corazón, como creo que ocurre con la mayor parte de los cubanos de mi generación.

Por eso es que no puedo evitar preguntarme también ¿qué pasa con Cuba, a más de seis décadas de esclavitud? ¿Dónde están los Miró Cardona y los Tony Varona de hoy? ¿Dónde los Manuel Artime de estos tiempos? Y también: ¿Hacia dónde van los Estados Unidos? ¿Corre peligro el sistema democrático? ¿Dónde están los líderes para tiempos de crisis?

Creo que este relato de mi vida y mis afanes, que se parecen mucho a los de centenares de miles de mis compatriotas, merece que le demos una mirada final a estos dos tópicos —Cuba y Estados Unidos— que han sido y que son de tanta importancia para mí.

Con tres ex Presidentes de la Brigada 2506, Juan Pérez Franco, Miguel Álvarez y Pedro Encinosa

Con miembros de la Brigada 2506: Oscar Carol, Julio González Rebull, Pedro Roig, Humberto Cortina, Fernando Puig y otros

Con Frank Sinatra, Anselmo Alliegro, Eddy Silva y los brigadistas
Jorge Herrera y Julio González Rebull

Con Lincoln Díaz Balart y Carlos Benito Fernández

Con Freddy Balsera consultor de relaciones públicas y los empresarios Mitch Villalón y Pedro Peláez

Con mi hermano Roberto, Jorge de Cárdenas y los brigadistas Raúl Masvidal, Pedro Roig y Julio González Rebull.

Capítulo 27
Cuba y su exilio – Demócratas y republicanos

> *Si quieres encontrar una mano que te ayude, búscala al final de tu brazo.*
> Napoleón Bonaparte

Estoy escribiendo estos, los últimos capítulos de mis memorias, en los finales del mes de enero de 2023 y, al mirar hacia Cuba y hacia su exilio, el panorama que contemplo es radicalmente diferente a aquel que aparecía ante mis ojos al irme acercando a la Isla a bordo del Lake Charles, en abril de 1961, cuando divisábamos Cayo Guano del Este, físicamente, listos para desembarcar y librar un enfrentamiento armado que buscaba liberar a Cuba de una incipiente dictadura comunista, la cual giraba toda alrededor de la figura de un líder carismático, inteligente e intrínsecamente despiadado, llamado Fidel Castro.

Se trataba entonces de una lucha de métodos convencionales, una batalla entre dos ejércitos, si es que así pudiéramos llamar a nuestra pequeña fuerza expedicionaria, de cuya batalla creíamos que saldríamos victoriosos, pues confiábamos en nuestra capacidad de combate, en el apoyo decidido de nuestro pueblo y, sobre todo, en el respaldo de nuestro grande y poderoso aliado, el gobierno de los Estados Unidos.

Nos equivocamos en nuestras apreciaciones. Fuimos derrotados, Fidel Castro y su tiranía salieron fortalecidos de aquel cruento episodio, nuestro pueblo no estaba en condiciones de ofrecernos un apoyo sustancial aún si hubiera querido dárnoslo, nuestro aliado, increíblemente, nos dejó en la estacada, a partir de entonces, cambió radicalmente la política de Washington hacia Cuba y hacia Miami y asimismo cambió el curso de la vida para los que soñábamos con regresar a una Cuba libre y democrática.

Al mirar ahora hacia Miami, no como el emporio estadounidense que es, sino como la «*capital del exilio cubano*», contemplo igualmente un panorama muy diferente a aquel que se abría ante mis ojos al regresar acá desde Puerto Cabezas, impactada entonces el alma, e impactada la visión de las cosas, por el fresco y amargo sabor del gran descalabro sufrido.

Cuba es hoy un país diferente, para su propio mal. Desafiando todas las predicciones en sentido contrario, el régimen impuesto allí por Fidel Castro ha sobrevivido incluso la muerte del propio dictador, así como la mediocridad de sus más visibles sucesores, su hermano Raúl, primero, y ahora Miguel Díaz-Canel, a quien se le supone limitado en sus atribuciones por la supremacía de la cúpula militar que es la que, en realidad, dirige el país.

La Isla se ha convertido en un pozo de miserias situado en el traspatio del tercer mundo, la falta de derechos y la miseria asfixian a la población mientras la tiranía ha perdido todo recato y da pruebas diariamente de que su permanencia en el poder se afinca solamente en la más feroz represión y el desprecio más absoluto por los derechos humanos.

La oposición interna, meritoria en extremo por su tenacidad frente a la tiranía, también ha cambiado. Los pequeños grupos organizados como tales han desaparecido casi todos, y sus dirigentes se encuentran encarcelados o exiliados al presente. Pero, la irrupción en Cuba de la internet y sus redes sociales ha marcado un gran cambio, muy positivo, para la oposición no organizada, la cual ha crecido abundantemente y, en estos momentos, está dando muestras de un gran potencial de desafío al régimen, todo lo cual constituye un novedoso ingrediente a ser tenido en cuenta en todo análisis respecto a Cuba, su presente y su futuro.

Lo anterior quedó demostrado fehacientemente en las extendidas protestas populares del 11 de julio de 2021, en las cuales millares de cubanos salieron espontáneamente a las calles de un buen número de ciudades y pueblos, en protesta por la falta de libertad y por las paupérrimas condiciones de vida que confrontan día tras día. Los gritos de ¡Libertad! y ¡Patria y Vida! dieron un claro testimonio de la naturaleza de las manifestaciones, tras las cuales el régimen desató una encarnizada ola represiva, debido a la cual se calculan en más de mil los actuales prisioneros políticos, que incluyen a mujeres y a adolescentes, además de hombres de toda raza y condición, todo ello ejecutado con una ostensible intención ejemplarizante, es decir, escarmentadora.

A pesar de esto, en los momentos en que escribo este capítulo, el pueblo continúa protestando y pidiendo un cambio de régimen, aprovechando ahora los *apagones,* para tratar de escapar de la saña castrista y en la oscuridad, continuar las protestas. Mientras tanto, la internet continúa siendo el foro donde la población denuncia los atropellos y muestra a una Cuba que parece estar venciendo al miedo y retomando la iniciativa de su propia liberación.

El exilio cubano ha experimentado cambios no menos notables. De las grandes organizaciones anticastristas queda una presencia más simbólica que real, las manifestaciones patrióticas ya no recorren largos tramos de la calle 8, o llenan estadios, sino que se concentran mayormente frente al restaurant Versalles y son convocadas no por dirigentes con las características de los que han fallecido en el paso del tiempo, sino, igualmente, a través de las redes sociales, sin estar aparentemente estructuradas, y movidas más por personajes con título de «*influencers*», que por dirigentes anticastristas a la antigua usanza.

No parece haber grupos de cabildeo organizados como tales. Han desaparecido algunas de las emisoras de radio tradicionales cuya programación se concentraba mayormente en la problemática cubana. Voces muy acreditadas del periodismo local, como las de Roberto Rodríguez Tejera, Tomás Regalado y Oscar Haza, por citar sólo unos pocos, mantienen espacios muy escuchados en los que el tema cubano continúa siendo el plato principal.

Pero, una buena parte de la discusión de la temática cubana parece haberse trasladado, al ámbito de las luchas partidistas de la política *americana,* donde, como triste flor de invernadero, languidece y sólo recibe algo de atención en tiempo de elecciones.

Dos errores cometimos, ambos muy similares, que, sin embargo, hoy podemos calificar como felices equivocaciones. La primera provenía de fuentes académicas y periodísticas estadounidenses, pero fue aceptada y compartida por no pocos cubanos pesimistas. Era las que nos decía, a principios del exilio y esporádicamente después, de cuando en cuando, que, pasados algunos años, los cubanos del sur de la Florida seríamos asimilados por el *mainstream americano,* y que solamente quedaría lo folklórico de nuestra cultura. Por nuestra rápida integración en los Estados Unidos, nos auguraban que nuestros hijos y nietos no hablarían español, y que Cuba quedaría en nuestros recuerdos como una referencia nostálgica, no como una causa.

Lo desacertado de esta predicción es tan visible, que no creo que sea necesario rebatir la misma. Hoy son muchos más los *americanos* que comen frijoles negros, que los cubanos que beben *root beer,* sirva esto como ejemplo.

La otra predicción era vaticinada por nosotros mismos, los exiliados, y era tanto un temor que nos angustiaba, como una posibilidad nacida de las tristes experiencias acumuladas en nuestros empeños libertadores. Creíamos, casi todos, que la lucha por la libertad de Cuba terminaría con la muerte de los que habíamos sido los exiliados de los primeros tiempos del castrismo, digamos la generación de los 40 y la siguiente, la generación de Playa Girón. Decíamos que los jóvenes cubanos de la Isla, formados dentro del castrismo; y que nuestros hijos y nietos, nacidos y/o formados en los Estados Unidos, no sentirían su cubanía como la sentimos nosotros y, peor aún, no creerían tener un compromiso con la libertad de Cuba, como lo tenemos los que hoy estamos en el invierno de nuestras vidas.

—«*No tenemos relevo*» —decíamos, con triste convicción.

Y henos aquí, en la tercera década de los años dos mil, mirando en los vídeos tomados en Cuba, que los prisioneros políticos del presente y los que llenan las destruidas calles cubanas reclamando sus derechos y burlándose de Díaz-Canel, son jóvenes en su casi totalidad, jóvenes en los cuales rebotó el adoctrinamiento marxista al comparársele con la dura realidad de nuestra patria y mirando también como, en su gran mayoría, los que toman la iniciativa en las aceras del Versalles o frente a la Casa Blanca, son igualmente jóvenes, cubanos, los recién llegados, junto a hijos y nietos de cubanos nacidos fuera de Cuba.

Esto nos obliga a todos a continuar sin tregua en nuestros esfuerzos: Cuba tiene que ser libre. Pero, ¿cómo? ¿Qué podemos hacer los exiliados a estas alturas de la historia?

No es tan difícil responder esto, pues está en mí que, en nuestras mentes y en nuestros corazones, todos tenemos una idea de cuál sería, idealmente, el camino a seguir. Lo verdaderamente difícil es el cómo, cómo implementar lo que entendemos que es necesario hacer.

Sería presuntuoso de mi parte tratar de aparecerme aquí con recetas libertadoras, no es ese el propósito de este libro, ni me creo yo en capacidad de asumir atribuciones de líder del exilio, que no lo soy, ni lo pretendo ser. Pero sí creo que puedo compartir con ustedes algunas sugerencias que pudieran resultar útiles ahora, en la empinada cuesta de nuestros sueños sobre Cuba.

Al igual que en todo empeño de alcance nacional, cuando se trata de alcanzar una meta de por sí difícil, no nos vendría mal un poco de cercanía y de coordinación entre los distintos factores que están en estos momentos dándole vida a la oposición frente a la tiranía. Lo que queda de nuestras organizaciones, artistas, intelectuales, *influencers,* prensa independiente, *blogueros,* activistas de todo tipo, debiéramos establecer puntos de contacto, debiéramos conocernos unos y otros, debiéramos compartir ideas y atrevernos a experimentar iniciativas en conjunto. Si la desunión ha sido nuestro gran pecado, debiéramos, al menos, buscar un mínimo de unidad, algo que no puede perjudicarnos en ningún sentido.

Hay, dentro del exilio, un área específica de la problemática cubana a la cual quiero referirme especialmente, porque he navegado esas aguas y conozco sus despeñaderos. Sigo siendo un cubano enamorado del ideal de la liberación de Cuba, y soy, además, un cubanoamericano con cierto caudal de experiencia en los intríngulis políticos de los Estados Unidos. Permítanme, pues, exponer algunas verdades y adelantar algunas sugerencias, sin otra intención que no sea el mejor desenvolvimiento de nuestros esfuerzos en cuanto a Cuba.

Decía anteriormente que la discusión de la problemática cubana se ha trasladado, casi por completo, al ámbito de las luchas partidistas de la política *americana*. Debo añadir ahora que ese ámbito, de por sí, casi nunca ofrece un panorama diáfano y transparente, por el contrario, lo que ocurre en las sombras es casi tanto como lo que a simple vista se percibe. Y lo peor del caso es que, en medio de los intereses de partido y de las luchas electorales de este país, los cubanos nos encontramos en una gran desventaja; a pesar de la importancia que se le atribuye al voto cubano en las elecciones del estado y de la nación, el apoyo de las altas dirigencias políticas todo lo que hace, en realidad, es manipularnos para obtener nuestros votos, sin comprometer en serio su política hacia Cuba.

Esto se debe, fundamentalmente, en mi opinión, a que el exilio cubano ha puesto todos sus huevos en la canasta republicana, sin la exigencia de acciones concretas y de apoyo real a la liberación de Cuba, al tiempo que hemos quemado todos nuestros puentes con los demócratas, sin espacio siquiera para escucharnos mutuamente y con respeto común. Por lo tanto, los republicanos, en realidad, no tienen por qué ayudarnos seriamente en cuanto a Cuba, pues nuestros votos los tienen por seguros y los demócratas apenas se preocupan de revisar sus políticas hacia Cuba, pues ya dan por perdidos los votos de los cubanos. En mi opinión, este acomodamiento unilateral del voto cubano limita enormemente nuestras posibilidades de obtener del gobierno de Estados Unidos medidas realmente encaminadas al debilitamiento del régimen y al surgimiento de una alternativa opositora que pudiera capitalizar el creciente descontento de los cubanos de la Isla.

Y, por favor, no nos dejemos entretener más con medidas de mucho alboroto y poca efectividad. Los límites a las remesas no funcionan, porque la mayor parte de las remesas son enviadas a Cuba por medio de parientes o de *mulas* que viajan allá; las sanciones a empresas y consorcios que negocien con la dictadura, no parecen tener efectividad para los hoteleros españoles, ni para los muchos gobiernos latinoamericanos que bajo la escenografía de las «misiones médicas cubanas» proveen al régimen de millones de dólares sin parar mientes en la burla que esto constituye a los derechos laborales de los médicos que realizan trabajo esclavo en el extranjero. Muchas, quizás no todas, de esas sanciones parecen diseñadas para la galería, para entretener a los votantes del exilio, más que para castigar realmente al régimen castrista.

¿Cómo cambiar la dinámica entre Washington y Miami? ¿Cómo obtener ayuda real para la causa de la libertad de Cuba?

Primero que todo, dándonos a respetar ante republicanos y demócratas por igual. Organizándonos seriamente con un mínimo siquiera de unidad y coherencia y dando muestras claras de que estamos conscientes de que liberar a Cuba y llevarla hacia la democracia es deber nuestro, de los cubanos y de nadie más. Después, tratando con el *establishment americano* desde posiciones de respeto mutuo, y, dicho en el mejor sentido de la expresión, *vendiendo caros nuestros votos*.

En cuanto a esto, tenemos los exiliados un buen precedente, un magnífico ejemplo a seguir y nos lo dio Jorge Más Canosa. En sus tiempos mejores, la Fundación Nacional Cubano Americana apoyaba a políticos que, a su vez, apoyaban nuestros intereses en cuanto a Cuba, fuesen estos demócratas o republicanos. Recordemos cómo, cuando en su período presidencial George Bush, padre, que había liberado a Panamá del dictador Noriega, no hizo nada, sin embargo, por la libertad de Cuba en los años precisos en que se liberaba el mundo comunista y se desintegraba la Unión Soviética, la Fundación cambió de bando y dio su apoyo en 1992 al candidato demócrata, Bill Clinton. Bush padre no pudo ganar un segundo período presidencial y Clinton, ya de presidente, no insistió en las políticas apaciguadoras de su predecesor demócrata, Jimmy Carter.

Con el Presidente George Bush Sr.

Debiéramos tener presente que, en el largo tiempo transcurrido desde el arribo de Castro al poder en Cuba, hemos tenido en Estados Unidos siete presidentes republicanos, que han estado durante 34 años en la Casa Blanca y seis presidentes demócratas que han ocupado la presidencia por poco menos de 30 años. Eisenhower, el primer republicano de la lista, carga con la responsabilidad de haber facilitado la toma del poder en Cuba por Castro al presionar la salida de Batista sin buscar alternativas a las preocupantes incógnitas del barbudo. Kennedy, el primer demócrata de esa misma lista, sustenta la mayor parte de la culpa del fracaso de la operación de Playa Girón. Ni ellos, ni los otros presidentes que están en ese listado pueden mostrar acciones realmente efectivas de apoyo a «sus aliados de Miami».

En cuanto a Donald Trump, el penúltimo de la lista y el que parece haber cautivado con su taimada retórica a una buena parte de mis compatriotas del exilio, vale recordar que poco tiempo antes de decidirse a aspirar a la presidencia, asociados suyos estaban de visita en Cuba explorando oportunidades de negocios con los castristas, vale recordar que muchas de sus sanciones contra estos, fueron más ruido que nueces y que al igual que todos los demás, en su tiempo en la Casa Blanca y a pesar de sus alardosas promesas —recordemos que, ante Cuba y Venezuela, *todas las opciones estaban sobre la mesa»*— no hizo nada sustancial por el derrocamiento de la dictadura, quizás, como todos los demás, para tener algo con lo cual engatusar a «sus aliados de Miami» y asegurar sus votos para un segundo período que perdió, incuestionablemente, frente a Joe Biden.

Debíamos haber tenido en cuenta que, mientras Vladimir Putin proteja a Cuba y a Venezuela, Trump no iba a hacer nada al respecto y esto se pudo comprobar en sus cuatro años de gobierno. Es algo, además, que se mantiene invariablemente, tan es así que, a pesar de la invasión de Rusia a Ucrania, Trump no se ha atrevido a criticar a Putin ni una sola vez.

Resumiendo: si algo yo pudiera decir a todos los cubanos del exilio, esto sería, simplemente: dejemos atrás nuestras divisiones y lleguemos a la realidad de que llevar la libertad y la democracia en Cuba es una responsabilidad nuestra y solamente nuestra, no de los marines de los Estados Unidos, que, como nosotros, son de carne y hueso. Dejemos de culpar a otros de las cosas que nos suceden. En más de 60 años de exilio, son muy pocos los cubanos que no han hecho nada, son muchos los que han hecho muy poco y son muy pocos los que han hecho mucho. Todo sería muy distinto si cada cubano hiciera su parte, no importa cuán modesta esta pueda parecer.

Miremos a los israelitas en Estados Unidos y veremos que, comparados con ellos, nosotros no tenemos nada. Ellos controlan un gran porcentaje de la opinión pública en este país; tiene periódicos, estaciones de radio y televisión, etc. Nosotros pudiéramos tener lo mismo si nos organizáramos eficazmente. Esto es algo fundamental en las luchas de estos tiempos.

En fin de cuentas, la causa de Cuba se beneficiaría extraordinariamente, si, lejos de discutir constantemente entre nosotros, recordáramos con convicción esa frase de nuestro himno nacional que animó a los héroes de nuestra independencia: «Morir por la patria es vivir».

Con esto, no busco dictar pautas, ni polemizar. Solamente aspiro a poner a pensar a los que, como yo, aún sueñan con la libertad de Cuba.

Capítulo 28
El futuro de Miami – Los cambios necesarios

> *La vida es un compromiso entre la tradición conservadora y las influencias renovadoras. Vivir es acostumbrarse.*
>
> Le Dantec

Gracias al hecho de que he vivido muchos años —casi nueve décadas en el momento de escribir estas memorias— y a la nada agradable circunstancia de que la mayor parte de los hombres y las mujeres que compartieron conmigo el escenario cívico y político de este lugar del mundo, ya descansan en paz, sucede ahora con alguna frecuencia que amigos y conocidos, algún que otro periodista y también algún neófito en las lides políticas, se me acercan e inquieren mi opinión acerca de temas que nos afectan de una u otra manera, casi siempre en el ámbito de la política.

Claro está que no lo hacen porque creen que soy un depositario de la sabiduría, que no lo soy, sino más bien porque reconocen mi experiencia en la materia y, además, porque saben que ya, a estas alturas de la vida, no albergo ambiciones políticas, no aspiro a posición alguna y esto aclara la visión y fortalece la objetividad.

Algo que casi todos me preguntan es mi opinión acerca del futuro de Miami, todo lo que llamamos Miami. Yo respondo siempre que el futuro de Miami se parece mucho al Miami del presente. Nuestra ubicación geográfica y el desarrollo ya alcanzado, casi que aseguran la continuidad del status de este hermoso rincón del mundo como puerta o capital de Latinoamérica. Nuestro crisol de culturas, el hecho de contar con una extensa población que se desenvuelve tan cómodamente en inglés como en español, la facilidad de las comunicaciones todas en ambos idiomas mayormente, pero también con su toque de portugués, creole y otras lenguas, no se encuentra tan asequiblemente en otras grandes urbes. La existencia aquí de las finanzas y la banca internacionales, las grandes empresas y corporaciones internacionales, la extendida red de representaciones diplomáticas de tantos países del mundo, todo ello y mucho más, continuará siendo un imán, un tremendo atractivo para la pujanza económica del área.

El flujo de dinero proveniente de otros países, hacia Miami, debe mantenerse, según todo parece indicar. Si aplicamos un poco de cinismo a este aspecto de la economía del área, pudiéramos decir que, mientras sigan, cada cierto tiempo, apareciendo gobiernos de izquierda en Latinoamérica, Miami continuará recibiendo los capitales de esos países.

Ahora bien, lo que no se cuida, se deteriora, y esto aplica también para todo el atractivo de Miami. Hay algunos asuntos a los que los gobernantes locales, junto a los del estado y la nación, tendrán que prestar atención más esmerada si se busca que el porvenir sea, al menos, tan invitador como el presente.

Hay mucho que mejorar en cuanto al trasporte interurbano. Sé que todos somos un tanto escépticos cuando se habla del tránsito en Miami, pero, por difícil que parezcan las soluciones, es necesario insistir en la necesidad urgente de un eficiente sistema de transporte público, es necesario orientar los esfuerzos hacia la esquiva meta de que el automóvil deje de ser una necesidad de primer orden para vivir en Miami, donde ya, en el presente, el tráfico vehicular constituye una gran pesadilla.

Y es imprescindible también, que todos, gobernantes, empresarios, etc. dejen de pensar solamente en el glamour de Miami y en su condición de meca turística y de negocios. Hay aquí una gran cantidad de familias, trabajadores, ancianos, etc. que son ajenos a lo glamoroso de Miami porque sus recursos los mantienen en la pobreza, y las oportunidades de progreso para ellos son muy limitadas. Las comunidades que olvidan a sus pobres tientan la ruptura de la paz social y eventualmente, se alejan de la prosperidad, porque ésta lo es para todos, o no lo es.

En ese orden de cosas, no hay necesidad más urgente entre nosotros que la de viviendas asequibles para la generalidad de la población. El altísimo costo que imposibilita el *sueño americano* para grandes capas de la población, y las exageradas rentas que, de seguir la rápida espiral ascendente que tienen ahora, acabarán por alejar a muchos de los que hoy pudieran enriquecer nuestra comunidad con su trabajo y sus talentos.

Otro aspecto no sólo del futuro, sino ya también del presente, es la necesidad de tomar en serio el cambio climático que ya se manifiesta en la frecuencia de inundaciones en áreas donde anteriormente no se producían; el aumento incesante de las temperaturas ambientales, todo lo que tiene que ver con el medio ambiente en el cual nos desenvolvemos, es algo que demanda atención inteligente si más pérdida de tiempo.

Existen otras áreas que demandan atención, y entre éstas, los temas de política y gobernabilidad son inescapables.

Por ejemplo, en los no lejanos días en los que el actual alcalde de Miami, Francis Suárez, promovía la iniciativa de cambiar el status de su cargo y dotar a la ciudad de un «*alcalde fuerte*», eran muchos los que me pedían mi opinión al respecto. No era aquella la primera vez que esa idea circulaba en los corrillos políticos locales, e invariablemente, mi respuesta ha sido la misma:

Eso es algo que tendría que ser muy bien estudiado, habría que evaluar concienzudamente los pros y los contras, porque es algo peligroso. Lo bueno o lo malo que pudiera resultar un alcalde fuerte, depende de lo bueno o lo malo que fuera la persona que ocupara esa posición; depende de la madurez y la ética de la persona en cuestión y yo no creo que tengamos la necesidad de correr ese riesgo.

Si hablamos de reformas al sistema de gobierno de Miami, si andamos buscando mayor eficiencia, si queremos dar verdaderamente un paso hacia el futuro, me parece que habría que mirar un poco más allá, no solamente a la ciudad de Miami, sino a la totalidad del condado Miami-Dade.

Tenemos que, en la actualidad, el condado Miami-Dade consta de 34 municipios, más lo que llamamos el área no incorporada. Es decir, tenemos 35 alcaldes (incluyendo la alcaldía condal) y 35 equipos de comisionados, con múltiples cuerpos de policías y bomberos; 35 burocracias hipertrofiadas con departamentos de todo tipo y todo ello para cubrir un área continuada, con necesidades similares y una ciudadanía acostumbrada a la interacción entre barrios y ciudades, pues casi todos viven en una municipalidad, trabajan en otra, asisten a eventos en sus cuatro puntos cardinales y la mayor parte de las veces no saben, ni les importa, si en determinado momento están, territorialmente hablando, en un municipio o en otro. Cuando, estando fuera del sur de la Florida, preguntan a algún residente de cualquiera de nuestros municipios, dónde vive, la respuesta automática es *Miami* y, en la visión del resto del mundo, nadie es de Opa-Locka o de Medley o de Virginia Gardens: todos somos de Miami.

Imaginemos cuánto dinero nos ahorraríamos, cuánto pudieran bajar nuestros impuestos, si en lugar de la presente duplicación por tres decenas y media, de entidades de gobierno y de sus funcionarios y empleados respectivos, tuviésemos un alcalde condal con 34 comisionados municipales, cada uno representando su ciudad respectiva, un cuerpo de policía y otro de bomberos a nivel de condado con sus 35 capitanías, cuánto se simplificarían los trámites que es necesario correr para solicitar permisos, inspecciones, etc.

Pensemos en las elecciones y los gastos de campaña, cuánto se reducirían al eliminarse posiciones que serían innecesarias como fruto de una reorganización política como esta que aquí estoy esbozando y que incluiría también, al igual que es en New York, a la Junta Escolar del condado.

Habría que ir igualmente a una reforma del poder judicial. En la actualidad, cualquier abogado con dinero para la campaña, puede ser juez. Para muchos, el sistema de elegir a los jueces por voto popular, como se eligen los funcionarios políticos, es un error mayúsculo, que infiltra en la judicatura los males de la política. Un sistema basado en los méritos y conocimientos de los aspirantes a juez, regido por magistrados de los más altos tribunales, ofrecería a la ciudadanía mayores oportunidades de contar con los jueces más capacitados para la delicadísima labor de impartir justicia.

¿Que Miami-Dade se convertiría prácticamente en una república dentro del estado de la Florida? Pudiera ser que sí y, ¿por qué no? Lo que debería preocuparnos es el bienestar y el progreso de la ciudadanía, de los gobernantes y los gobernados, no el mantenimiento de un status quo ineficiente y anquilosado.

Desde luego, lo que aquí expongo es un proyecto que describo a *grosso modo,* algo que tendría que ser estudiado y discutido en todos sus aspectos, algo que requeriría una gran visión de futuro y una dosis adecuada de osadía de parte de nuestros políticos, algo que no parece abundar en estos tiempos.

Otro aspecto de nuestro sistema de gobierno que está reclamando mayor atención de parte de todos, es el rol que tienen y el que debieran tener los miembros de la legislatura del estado con sus distritos respectivos. En los tiempos actuales la relación de cada representante o senador estatal con sus votantes se reduce, en la práctica, a la cuestión electoral: este es mi distrito, porque los habitantes del mismo son los que pueden votar por mí.

Yo no veo que, pasado el período electoral, haya interacción alguna entre el legislador o la legisladora y sus representados. No existe ningún mecanismo que haga comparecer al representante en Tallahassee ante las personas que supuestamente él o ella representan allá, la única ocasión en la que deben rendir cuentas de su gestión, es en el siguiente período electoral, caso de que ese legislador aspire a la reelección. No da la impresión de que, de la manera que esto funciona —o no funciona— los que nos representan en Tallahassee puedan estar muy al tanto de las necesidades y opiniones de las personas en sus distritos.

Al mismo tiempo, sería deseable la creación de algún organismo donde, con cierta frecuencia, se pudieran congregar los alcaldes y comisionados del área, con los legisladores estatales correspondientes, de forma tal que pudieran coordinarse soluciones de conjunto para los problemas y necesidades de las áreas de gobierno común. Creo que esto daría mejores herramientas para la búsqueda de soluciones a las necesidades de la población. El razonamiento es simple: si el alcalde y los comisionados de mi ciudad se reunieran sistemáticamente con el representante y el senador de mi distrito en Tallahassee, para poner en perspectiva las necesidades del lugar donde yo vivo, pudieran darles solución a los problemas con mayor efectividad, al coordinar en un solo esfuerzo, lo que cada uno puede aportar, de acuerdo a su área de gobierno.

No ocurre lo mismo con representantes y senadores a nivel federal, porque en su caso, los temas son diferentes, todo gira más bien alrededor de la política partidista y los asuntos de índole nacional y la interacción de los políticos con los votantes es muy distinta. Sin embargo, no estaría de más que nuestros representantes en Washington chequearan con mayor frecuencia el sentir de los votantes, creo que la política fluiría más armoniosamente si así lo hicieran.

Hablando de reformas, hay algunas, pendientes desde hace mucho tiempo, pero que no sería solamente para nuestra área, sino para los Estados Unidos en su totalidad y que, por lo tanto, no depende de nuestros políticos locales, sino del Congreso de la nación.

Una —quizás la más urgente— es la del financiamiento de las campañas electorales, algo que, en su diseño actual, se ha convertido en una forma de soborno legalizado, que corrompe el sistema democrático de gobierno y vela más por los intereses de los poderosos que por los de la nación y su pueblo en general.

En el presente sistema, las campañas electorales son pagadas por los políticos con los dineros que reciben como «*donaciones de campaña*», de parte de empresas y conglomerados de diversa índole, algunos de los cuales no son ni siquiera identificables, pues se esconden detrás de los llamados PACs, que, en mi opinión, constituyen toda una negación del sistema democrático de gobierno, sistema supuesto a caracterizarse por su transparencia.

Así, por poner algún ejemplo, las compañías petroleras contribuyen con millares de dólares a las campañas publicitarias de representantes y senadores que aspiran a ser elegidos o reelegidos. Cuando esos políticos logran su objetivo y están ya en función de legisladores ¿aprobarán leyes que, para proteger el medio ambiente, obligarían a las empresas automotrices a depender menos del petróleo como fuente de energía para sus productos?

Vemos lo mismo, lamentablemente, con los aportes de la Asociación Nacional del Rifle a las campañas electorales, cómo muchos políticos demagógicamente invocan la segunda enmienda de la constitución para proteger la venta indiscriminada de rifles de asalto a quienquiera que decida comprarlos, sin que se le exijan mayores requisitos, es decir, una macabra comercialización de la muerte de inocentes y todo ello por la dependencia de los políticos de las «donaciones» de esos mercaderes, que habría que preguntar si son en realidad donaciones, o se trata de una poco disimulada forma de soborno: *yo te doy tanto, y tú votas por lo que yo quiero.*

Tengamos en cuenta cómo, para la elección de un candidato a una posición que paga menos de cincuenta mil dólares al año, los aspirantes a dicha posición recaudan millones de dólares. Se debe poner un límite proporcional al salario que se ha de devengar.

En la mayor parte de los países de la Unión Europea, el estado financia las campañas electorales de todos los candidatos a los puestos electivos. Están establecidos límites de tiempo de duración de las campañas electorales y límites de gastos y esto ha saneado considerablemente los procesos electorales y las vidas políticas en esos países.

Yo no soy nada optimista en cuanto a las posibilidades de que algo así suceda en los Estados Unidos, pero creo que no está de más plantearlo, hacer conciencia al respecto, pues me parece que es algo fundamental para la salud de nuestra democracia.

Otro tema de alcance nacional que debiera ser estudiado es la reforma del Senado de Estados Unidos. En su concepción original, elaborada en los inicios de la conjunción de las trece colonias originales para formar «*una más perfecta unión*», tiempos en los cuales los representantes de cada una de las colonias cuidaban celosamente los derechos y los intereses de sus respectivos territorios, se adoptó la fórmula de dos senadores por cada estado para ponerlos a todos en condiciones de igualdad en la Cámara Alta. Han pasado más de dos siglos y hoy está firmemente asentado el concepto de los Estados Unidos como nación, lo cual, creo yo, brinda la oportunidad de introducir cambios que hoy son posibles sin poner en riesgo la unidad nacional.

En mi opinión, el Senado, al igual que la Cámara de Representantes, debiera constituirse en proporción directa al número de habitantes de cada distrito o circunscripción, un senador por cada tantos habitantes y esto resultaría en una más justa representatividad y en una mayor oportunidad para que las voces de los votantes sean escuchadas. No tiene sentido que estados como California, con más de 39 millones de habitantes, o Texas, con casi 30 millones, tengan igual número de senadores, es decir, dos cada uno, que Vermont y Delaware, el primero con 643,000 y el otro con 989,000 pobladores.

Por último, ya que estoy hablando en el plano de lo ideal, hay otro aspecto de las leyes por las que actualmente se rige este país que está pidiendo a gritos su eliminación. Me refiero a la existencia del Colegio Electoral que es, en última instancia, lo que decide quién gana la presidencia de Estados Unidos, desechando, en ocasiones, la voluntad de los votantes expresada directamente en el voto popular. Por citar solamente dos ejemplos recientes, recordemos que, en el año 2000, Al Gore, vicepresidente en tiempos de Bill Clinton, perdió la presidencia a pesar de haber obtenido más votos que su rival republicano, George W. Bush, debido a que éste fue favorecido por los votos del Colegio Electoral. Igualmente, en 2016, la ex senadora y ex secretaria de estado Hillary

Clinton fue despojada del triunfo, no obstante haber ella obtenido casi tres millones de votos más que Donald Trump, declarado vencedor por el Colegio Electoral. ¿No es esto una burla a los votantes y una medida profundamente antidemocrática?

Sé que ninguna de las enmiendas que he señalado, pues las creo muy necesarias, pudiera ser fácilmente adoptada, pero esto no disminuye la urgente necesidad que tiene de ello nuestro sistema democrático de gobierno. Y ya que hablamos de la salud de nuestra democracia, me parece oportuno y bienhechor que todos los que han adquirido este libro y lo han leído hasta aquí, tengan una honda y serena meditación sobre estos temas, que son, o debiera ser, de capital importancia para cada ciudadano.

En el siguiente capítulo, abundaré algo más sobre estos temas, pues yo creo que en toda la inmensidad de este país, los Estados Unidos de América, nuestra comunidad, la de Miami-Dade, la compuesta por cubanos, nicaragüenses y venezolanos particularmente, congrega el mayor número de personas que han tenido en sus vidas, que han sentido en carne propia, las mordidas del totalitarismo, de la falta de democracia, de la maldición del caudillismo, en suma, de la gran diferencia que existe entre el vivir en un estado de derecho y vivir en una dictadura.

Me parece que es un tema sobre el cual debiéramos reflexionar seriamente.

Capítulo 29
Fidel Castro y Donald Trump

> *El hombre es el único animal que tropieza dos veces con la misma piedra.*
> Sabiduría popular

Creo que nos traicionaríamos a nosotros mismos, y serviríamos muy mal al país que nos ha acogido y nos ha brindado oportunidades sin fin para el digno y provechoso desarrollo de nuestras vidas y de nuestras familias, si no frenáramos en seco el discurso político que se oye y se repite más frecuentemente en estos tiempos a nivel nacional; si no meditáramos objetivamente el contenido de ese discurso y si no miráramos con ojo crítico nuestra propia conducta y todo lo que algunos pretenden darnos como credo político, como cuestión de fe y de lealtad a nuestros principios más justos y más queridos, cuando, en realidad, resulta todo lo contrario.

¡Cuidado! no vaya a ser que con nuestras palabras y nuestras acciones estemos contradiciendo todo lo que hemos calificado anteriormente como las causas de nuestra presencia en los Estados Unidos.

Quisiera refrescar algunos recuerdos, pues tal parece que muchos exiliados —cubanos, venezolanos, y nicaragüenses en su mayoría— han olvidado buena parte de las experiencias que hemos vivido y han conformado nuestras vidas. Lo peor del caso, es que, en conjunto, no parece que muchos de los que se dejan arrastrar por la ola política de moda, se dan cuenta de los graves peligros que corre la democracia en Estados Unidos y que no son precisamente los peligros que a ellos se les hace ver, si no los que entraña la aceptación de creencias y lealtades de algunos que tratan de apoderarse con exclusividad del título de patriotas y defensores de la democracia, cuando, en realidad, ellos mismos constituyen la antítesis de la democracia, retornando a un caudillismo tribal como no se había visto antes en los Estados Unidos.

Nací en un país latinoamericano donde, a mediados de los años 50 del siglo pasado, la mayor parte de sus habitantes pensaba que todo allí iba mal. Demagogos y politiqueros con algún poder de convocatoria clamaban contra todo y contra todos, pregonando que todo en el país estaba infectado por la corrupción, que los partidos políticos y las instituciones solamente albergaban a bandidos y mentirosos, que todo era un fraude a la ciudadanía.

Ciertamente, estábamos lejos de la perfección. Había injusticias que reparar, había valores que rescatar, había instituciones que adecentar. Pero no todo estaba perdido, ni, como pregonaban los difamadores, los malos eran más que los buenos. El país avanzaba, el país prosperaba, había grandes reservas ciudadanas. Pero preferimos escuchar a los pregoneros del tremendismo. Las voces que llamaban al civismo y a la cordura —Cosme de la Torriente, Carlos Márquez Sterling, Jorge Mañach, etc.— fueron desoídas y fueron ahogadas por las consignas del odio.

Preferimos depositar nuestra fe y poner nuestras esperanzas en un convincente manipulador, desconocido para los más, cuya carencia de escrúpulos se escondía detrás de una tremenda habilidad histriónica y una total falta de respeto a la verdad. Le entregamos el poder político y él se cogió todos los demás poderes.

Todos los que no se le sometían totalmente, todos los que le señalaban alguna falta o equivocación, eran parte de alguna siniestra conspiración fraguada por «el imperialismo» y, por lo tanto, no se les podía creer, ni siquiera prestarles atención.

Como él decía que toda la prensa era corrupta y mentirosa, él se apropió de la prensa toda, para que «su verdad» fuera, simplemente, la única verdad. Como que los partidos políticos eran cubiles de vicios y mentiras, él suprimió los partidos políticos y solamente permitió uno, el suyo. Primero, nos dijo que todas las elecciones habían sido fraudulentas, nos prometió elecciones libres y puras y al final nos dijo «elecciones, ¿para qué?».

En televisión, se burlaba de sus adversarios: al gran periodista José Ignacio Rivero, lo bautizó como «*Pepinillo*», a los sacerdotes, los llamó «esbirros con sotana», ridiculizó a todas las jerarquías y puso la nación entera a nivel de estercolero.

Desmanteló toda una república, que era salvable y la convirtió en su pequeño reino, aquél donde él era el supremo patriota, el supremo dirigente, el depositario de la verdad y, en fin de cuentas, él único con derecho no sólo a gobernar, sino a respirar libremente, a pensar por sí mismo, y a ser el árbitro de los vicios y las virtudes, de la vida de cada ciudadano.

Nunca un pueblo ha pagado más cara su necedad, su sometimiento a un mentiroso, su olvido del compromiso elemental de cada ser humano con los derechos de sus semejantes. Nunca salió tan caro el desprestigio, primero, contra las instituciones del país y su destrucción después, como en el caso de mi pueblo. Nunca el fanatismo político, el seguir a un hombre y no a la razón y al sentido común, ha tenido un castigo de tan dolorosas consecuencias y tan larga duración.

El fanatismo que Donald Trump demanda de sus seguidores, es la versión anglosajona del fanatismo conque sus seguidores encumbraron a Fidel Castro, es la versión americana del caudillismo tercermundista, es el mismo collar con diferente perro.

Creo que cualquier persona que recuerde los discursos de Fidel Castro, sobre todo los de sus primeros tiempos en el poder, cuando aún negaba ser comunista, y compare el tono, el talante y hasta la gesticulación del «*Máximo Líder*», con la retórica y el estilo del 45º presidente de Estados Unidos, no podrá negar las pasmosas similitudes, que revelan al mismo tiempo una gran similitud en la personalidad egocentrista de uno y otro.

Más preocupante que esto, sin embargo, es la similitud en el discurso. La misma arrogancia, la misma evasión de responsabilidades, todo es la culpa de «los enemigos», las mismas o parecidas falsedades, cuanto adverso le ocurre, es el resultado de alguna siniestra conjura en su contra, los mismos ataques y diatribas contra la prensa libre, la misma descalificación de las instituciones. Para Fidel Castro, la CIA era la madre de todos los desmanes; para Donald Trump, es el FBI. Para Castro, las críticas a su gobierno eran habladurías de «*los siquitrillados*» que querían detener «*la justicia revolucionaria*»; para Donald Trump, las opiniones contrarias a las suyas parten de los demócratas que no quieren que él «*make America great again*» y tratan de imponer «*el nuevo orden mundial*». Para Fidel Castro, Estados Unidos y el mundo occidental eran sus enemigos, Rusia, la mejor aliada; para Donald Trump, los países de Occidente, la OTAN, son, en realidad, taimados enemigos de este país; Vladimir Putin, siempre tiene la razón. Fidel Castro no admitía derrotas, no sabía perder. Donald Trump aún reclama, contra toda evidencia, haber ganado las elecciones presidenciales del 2020, una reclamación desmentida por más de sesenta tribunales de justicia, muchos de ellos presididos por magistrados nombrados por el propio Trump.

La realidad es que una gran cantidad de votantes en las presidenciales del 2020 salieron más que a votar por Biden, a votar contra Donald Trump.

Yo recuerdo la manera en que la gran mayoría de los republicanos que hoy idealizan a Donald Trump, eran fieles seguidores y alababan enfáticamente a George W. y a Jeb Bush, a Mitt Romney y a otros líderes de su partido, todos los cuales han sido denigrados por Trump. Su ego desmesurado quiso denigrar, incluso, a un héroe de la guerra de Viet Nam como el desaparecido John McCain y hasta a su segundo, el republicano que él escogió como su vicepresidente, Mike Pence.

Por si todo esto fuera poco, es algo ya demostrado hasta la saciedad que Donald J. Trump intentó dar un golpe de estado en Washington, el 6 de enero de 2021, algo inédito en los más de doscientos años de existencia de esta, la mejor república del mundo. Tan es así, que yo pienso que Estados Unidos debiera erigir en el Capitolio, en Washington, DC, una estatua de Mike Pence, porque, negándose a complacer a Trump, que le pedía no certificar el triunfo de Joe Biden en las elecciones, evitó el golpe de estado, salvando la democracia y la constitución.

¿Qué más tiene que hacer Donald Trump para que sus seguidores adviertan su falsedad y el peligro que representa para la democracia y la libertad?

Sería un gran regalo para mí y una bendición para todos, que los admiradores de Trump que lean esto, frenen toda respuesta rápida y airada que venga a sus labios y antes de repetir alguno de los muchos falsos argumentos que obran en el inventario de su caudillo, tomen tiempo para releer lo expuesto aquí, nada de lo cual es mentira, y piensen detenida y sinceramente si un personaje como él, merece que se le confíe el futuro del «*home of the brave and the land of the free*».

¿Qué va a pasar en noviembre de 2024? Las elecciones presidenciales que entonces tendrán lugar, son, a mi entender, el evento definitorio del futuro de Estados Unidos como un estado de derecho y una democracia cierta y funcional.

Yo confío en el patriotismo y en el sentido común de la gran mayoría de los ciudadanos de este país, demócratas, republicanos e independientes. Si ponemos esto por delante, estoy seguro de que vendrán tiempos maravillosos para ésta, nuestra segunda patria.

Tan seguro estoy de ello que, en el capítulo siguiente, que ha de ser el último, me atreveré a predecir, sin titubeos, el resultado de esos comicios.

Capítulo 30
Las elecciones del 2024: una predicción

> *Si conoces el pasado y entiendes bien el presente, podrás predecir el futuro.*
> Un poeta exiliado

Decía en el capítulo anterior que, en las presidenciales del 2020, la mayor parte de los sufragantes no votó a favor de Joe Biden, votó en contra de Donald Trump. Este mismo criterio ha sido expresado por analistas políticos, sociólogos y encuestadores y, tomando en cuenta la actuación del republicano durante sus cuatro años en la Casa Blanca, además de lo que han sido su quehacer y su decir de entonces a la fecha, me parece que es una conclusión inescapable para quienquiera que pueda ver e interpretar los hechos desapasionadamente.

Ciertamente, las limitaciones que pudieran esgrimirse como descalificatorias para la aspiración presidencial de Biden en aquellos momentos, quedaban minimizadas ante la magnitud del peligro que los defectos de carácter, las carencias éticas y el narcisismo de Donald Trump representaban entonces y representan hoy para la preservación del estado de derecho y la salud de la democracia en Estados Unidos. Y es algo bien sabido que el voto en contra motiva más que el voto a favor.

Si alguien está convencido de que Donald Trump perdió en buena lid las elecciones del 2020, es el propio Trump. Él y los que lo rodean en sus negocios, son gente de números y conocen de sobra que los números no engañan. Para ellos está claro el legítimo triunfo de Joe Biden en esas elecciones.

Es preciso tener en cuenta lo anterior antes de atrevernos a tratar de desentrañar lo que es dable esperar de las próximas elecciones presidenciales, el 5 de noviembre de 2024. Además, hay que tomar en consideración algunos otros datos que inciden en el panorama electoral estadounidense:

Los afroamericanos votan masivamente contra Donald Trump y eso no va a cambiar en el futuro previsible. Los hispanos de todos los estados de la Unión Americana votan mayoritariamente demócrata y esto es algo que tampoco cambiará para el 2024. La excepción de esta regla son la mayor parte de los cubanos de Miami, que han pasado de la izquierda de Mao («*Fidel, esta es tu casa*») a la derecha de Genghis Kahn *(«Trump ganó»)*. Las mujeres votarán en grandes números en contra de Trump, pues una gran parte de ellas se siente amenazada por su misoginia. Los demócratas votarán por el candidato de su partido, al igual que lo harán muchos republicanos si el candidato de su partido es Donald Trump, tal como ha expresado la congresista republicana Liz Cheney.

Por lo tanto, la deducción lógica es que el Partido Demócrata ganará la Casa Blanca en el 2024, no tiene posibilidad de perder. Y esa victoria de los demócratas está garantizada… por Donald Trump.

Lo ideal sería que ni Trump, ni Biden fuesen los candidatos en la venidera contienda. En el caso de los demócratas, estos tienen la posibilidad de evitar la candidatura reeleccionista del actual presidente en la convención de ese año, algo, si bien difícil, no imposible. Esta opción no la tiene el Partido Republicano. Si estos logran frenar la candidatura de Trump en su convención, éste aspirará como candidato independiente. Esto dividiría el voto republicano y le daría la victoria al candidato demócrata más fácilmente aún. Esto sucedió en las elecciones de 1992, cuando la candidatura de Ross Perot hizo posible que Bill Clinton le ganara a George Bush, padre.

Recordemos que, en el 2016, Trump ganó no solamente la presidencia, ganó también la mayoría en el Senado y en la Cámara. En los siguientes cuatro años perdió la Cámara, perdió el Senado y perdió la Casa Blanca. Donald Trump es uno de los grandes perdedores en la historia electoral de este país.

Resulta algo irónico, pero es muy cierto, que, en dos ocasiones los demócratas trataron de impugnar a Trump, con lo cual los republicanos tuvieron la oportunidad de salir de él. No lo hicieron y ahora están en un callejón sin salida: el monstruo que ellos crearon está a punto de devorarlos.

Esperemos al 2024. Los que hayan leído esto, verán que no hay sorpresas. Como diría Julio César, *la suerte está echada.*

El 26 de noviembre 2022 con mis hijos, nietos y bisnietos

Índice onomástico

A

Adams, Tom, 157
Adenauer, Konrad, 277
Aguirre, Horacio, 207
Albizu Campos, Pedro, 61
Alejos, Carlos, 76
Alejos, Roberto, 76
Alemán, Arnoldo, 267-268, 270-273
Alemán, José Manuel, 51
Alemán Valdés, Miguel, 137, 157
Alexander, William, 290
Allen, Richard, 252
Alliegro, Anselmo, 44, 47, 73, 301
Alonso, Leonel, 32
Alonso, Miriam, 32, 133
Álvarez del Manzano, José María, 299
Álvarez, Belarmina, 25-26, 70
Álvarez, Miguel, 300
Ameijeiras, Efigenio, 53, 64-65
Anderson, Howard F., 83
Andrews, Paul, 196, 199
Andrews, Wilbur, 43
Arango, Eddy, 59
Arboleya, Carlos, 197, 290, 292
Arce, Rafael, 79
Aronovitz, Sidney, 175-179
Arqués, Manolo, 149, 197, 226, 290-292
Arria, Diego, 237-238
Artime, Adelaida, 239
Artime, Manuel, 14, 100, 116, 225, 239, 297, 299
Askew, Reubin, 14, 134, 139-144, 146-151, 157-158, 161, 164, 170-171, 186, 198, 243, 259, 287

B

Balaguer, Joaquín, 158
Balbis, Manuel, 67
Baldor, Aurelio, 27-28
Baldor, Francisco, 27
Balido, Albert, 286
Balsera, Freddy, 297, 302
Barba, Carlos, 184
Barquín, Ramón, 26-27, 49-50
Barreto, Berta, 61, 118
Barrios de Chamorro, Violeta, 268, 270, 273
Batista, Fulgencio, 19, 24, 27, 30, 33-34, 45-47, 49-52, 54-55, 58, 62, 71, 73-74, 85, 105, 115, 130, 212, 227, 310
Bello Álvarez, Esperanza, 25, 43, 49, 52, 64
Bello, Francisco, 25
Bendixen, Sergio, 243, 297
Benes, Bernardo, 219-222
Betancourt, Virginia, 118
Biden, Joe, 311, 326-327, 329-330
Bido, Juan, 297
Bissell, Richard, 89
Blanco Navarro, Manolo, 74, 124

Blanco Navarro, Nelson, 124
Blanco Navarro, Renaldo, 54, 59, 65, 74, 123-124
Blaya, Joaquín, 184, 243
Bolaños, Enrique, 268, 271-272
Borbonet, Enrique, 49-50
Bordón Machado, Víctor, 65-66
Borge, Tomás, 234
Bosque, Gilberto, 67, 69-70
Botifoll, Luis, 290-291, 296
Bovo, Esteban, 262, 265-266
Boyd, Carlos, 233
Braman, Norman, 297
Brezhnev, Leonid, 240
Brillembourgh, David, 230
Brillembourgh, René, 230
Brito Mérida, Casilda, 21-22
Brzezinski, Zbigniew, 237
Bundy, McGeorge, 89
Burke, Arleigh, 89, 115
Bush Jr., George, 320, 326
Bush Sr., George, 258, 309-310, 330
Bush, Jeb, 262, 326

C

Cabell, Charles, 89
Cacciatori, Osvaldo, 299
Caíñas Milanés, Armando, 54, 62-63
Calderoni, Juan, 250
Calviño, Ramón, 115
Calzadilla, 70, 126-127
Campanería, Virgilio, 83
Candela, Hilario, 39-40
Cantillo, Carlos, 52
Cantillo, Eulogio, 29
Capriles, Miguel Ángel, 229-232, 250
Carbó, Ulises, 120
Carbonell, Néstor, 116, 297-298
Cárdenas, Al, 279
Carey, Barbara, 249
Carol, Oscar, 300
Carrasco, Teok, 297
Carreras, Jesús, 55, 58
Carroll, Mons. Coleman, 178
Carter, Jimmy, 141, 217, 229, 235, 237, 239-241, 273, 277, 310
Carter, Jimmy, administración, 219, 228, 238
Castañeda, Carlos M., 204
Castor, Betty, 262
Castro, Fidel, 14, 18-19, 24, 27, 33, 46-47, 50, 52-54, 57-64, 69, 72-73, 80-81, 83, 85, 87-88, 93, 95, 102-109, 113, 115, 117-121, 123-124, 126-127, 129, 131-132, 173, 203, 205, 207, 211-212, 217-222, 225, 227-228, 235, 238, 252, 255, 257, 268, 294, 303-304, 310, 323, 325-326, 330
Castro, Raúl, 19, 50, 54, 63, 70
Chamorro, Álvaro, 272
Chamorro, Pedro Joaquín, 268
Chaverry, Virgilio, 233
Chávez, Hugo, 228
Cheney, Liz, 330
Chibás, Eduardo, 118
Chiles, Lawton, 163
Christie, Irving, 163-164, 166, 195
Churchill, Winston, 277
Cienfuegos, Camilo, 50-51, 53
Cienfuegos, Osmani, 109
Cirera, Peter, 285
Clark, Steve, 133-138, 142-143, 157, 161, 172-174, 202, 216, 243, 254, 287
Clay, Lucius, 123

Clinton, Bill, 277-278, 310, 320-321, 330
Codina, Armando, 297
Collazo, Mirto, 76
Conte Agüero, Luis, 298
Cortina, Humberto, 297, 300
Couto, Carlos M., 163
Cushing, Cardenal Richard, 123

D

Davidson, Mina, 169
Dawkins, Miller, 247-248
de Cárdenas, Jorge, 302
de Diego, Felipe, 116
de Gaulle, Charles, 275, 277
de la Milera, María, 290, 292
de la Torriente, Cosme, 324
de la Torriente, José Elías, 212
de San Julián, Tomás, 297
Dean, Tanny, 178
del Pino, Rafael, 61
del Pozo, Justo Luis, 62
Deutsch, Peter, 262
Di Maggio, Joe, 13
Díaz-Balart, Lincoln, 279, 301
Diaz-Balart, Rafael, 33, 60
Díaz Lanz, Marcos, 46-47, 51-52
Díaz Lanz, Pedro Luis, 46, 50-52
Díaz Tamayo, Martín, 73, 75
Díaz Tamayo, Rosaura, 73
Díaz-Canel, Miguel, 304, 307
Díaz-Hanscom, Rafael, 83
Díaz, Guarioné, 290, 293
Díaz, Higinio (Nino), 87
Díaz, Manny, 297
Díaz, Miguel, 40
Diaz, Nora, 169, 260, 286
Donovan, James B., 118, 123
Dulles, Allen, 89, 115

Durán, Alfredo, 27, 44-45, 47, 121, 147-148, 164, 220-221

E

Echevarría, Hermán, 258
Eisenhower, Dwight, 19, 84-85, 93, 100, 105, 108, 128, 227, 310
Eisenhower, Dwight, administración, 85-86, 89, 105-107
Elena, Martín, 101
Elgarresta, Mario, 252-253
Encinosa, Pedro, 300
Escribano, Julio, 40
Estefan, Emilio, 297
Estefan, Gloria, 297
Esterline, Jake, 89
Estorino, Julio, 11
Estrella, Evelio, 130

F

Fair, T. Willard, 243
Faircloth, Earl, 144, 146
Fascell, Dante, 129-130, 142, 264
Fernández, Carlos Benito, 184, 187-189, 301
Fernández, Conchita, 118
Fernández, Eufemio, 83
Fernández Reboso, Sebastian, 285
Fernández Reboso, Andrea, 285
Fernández Rundle, Kathy, 189
Ferré, Luis, 174
Ferré, Maurice, 14, 135, 174-179, 181-183, 185-187, 189, 191-192, 197-200, 202, 217, 223, 236, 241-243, 245-251, 253-254, 260, 279
Fleites, Armando, 58-59
Freyre, Ernesto, 116-118

G

Gaitán, Jorge Eliécer, 61
Galíndez, Ignacio, 30
García Fusté, Tomás, 173-176, 178, 182-183, 226, 251, 258
Garcia Sifredo, Armando, 206
García Toledo, Luisa, 290-291, 296
Garrido, Alberto, 27
Gibson, Rev. Theodore, 164, 172, 176-178, 192, 196-199, 202, 223, 236, 243, 279, 287
Goderich Jr., Mario (Mayito), 198
Goizueta, May, 27
Goizueta, Roberto, 27
Gómez, José Miguel, 29
Gómez, Ricardo, 297
Gómez, Ricky, 298
González Mayo, Cristobal, 150
González Rebull Jr., Julio (Julitín), 297
Gonzalez Rebull, Julio (Julito), 83, 158, 169, 254, 289, 300-302
González, Armando, 206
González, Osiel, 31
Goodman, Murray, 169-170
Gordon, Rose, 163-164, 172, 175-179, 199, 223, 278
Gore, Al, 320
Graham, Bob, 14, 142, 151
Grassie, Joe, 199
Grau San Martín, Ramón, 33, 51, 130
Grau, Abdón, 184
Guerra, Fernando, 28
Guevara, Alfredo, 61
Guevara, Ernesto (Che), 19, 50, 65, 80, 107
Gutiérrez Menoyo, Eloy, 54, 58-59, 62, 65, 123, 219
Gutiérrez, Armando, 298
Gutiérrez, David, 299
Gutiérrez, Manolo, 40

H

Hadley, Charles, 248
Hall, Chuck, 136, 144
Haza, Oscar, 297, 305
Hernández Corzo, Rogelio, 83
Hernández Tellaheche, Arturo, 54, 62-63
Hernández, Pepe, 253
Herrera, Jorge, 301
Hickman, Don, 199
Huguet, Rafael, 40
Humphrey, Hubert, 134

I

Ibargüen, Alberto, 206

J

Johnson, Lyndon B., 131, 237
Jones, Carlos, 112-113
Jones, Jorge (Yoyito), 112
Jordán, René, 207
Juan Pablo II, 233

K

Kefauver, Estes, 43
Kennedy, Dave, 134-135, 138, 142-144, 161, 163-164, 166, 169-171, 173-175, 185-187, 189, 195, 202, 216, 243, 248, 287
Kennedy, Jacqueline, 124, 278
Kennedy, John F., 17-18, 43-44, 86-87, 89, 106-108, 124-126, 128-129, 131-132, 237, 278, 310-311
Kennedy, John F. administración, 17, 77, 84-86, 90, 106

Kennedy, Robert (Bobby), 14, 109-123, 129-132
King Yun, Jorge, 115
King, Jr., Martin Luther, 36
Kirk, Claude, 143-144, 146-147
Kirkpatrick, Lyman B., 78, 90, 93
Kissinger, Henry, 203-204

L

Lamas, Tony, 27, 65-66
Lauredo, Luis, 248, 297
Lawrence, Dave, 206
Lehtinen, Dexter, 264
Leigh, Gustavo, 201
Lemnitzer, Lyman, 89
León, Benjamin, 297
Levine Cava, Daniella, 262, 265
Lewinsky, Monica, 278
Lindsey, John, 140
Llaca, Enrique, 118
Lluberes, Guarionex, 158
Lombard, Eduardo, 286
Lombard, Lily, 286
Lombard, Sofie, 286
López Fitoria, Leovigildo, 233
López, Jorge Luis, 258-259, 298
López, Ramón, 184
Loret de Mola, Carlos, 299
Lynch, Grayston, 111

M

Maceo, Antonio, 101
Machado y Morales, Gerardo, 24, 30
Maidique, Modesto, 291
Mañach, Jorge, 324
Marenco, Dioniso, 273
Marina, Evaristo, 130
Márquez Sterling, Carlos, 324

Martín Pérez, Roberto, 62
Martin, Frank, 169-170, 186
Martínez Márquez, Guillermo, 207
Martínez, Mel, 298
Martínez, Raúl, 208, 258, 264-265, 297
Más Canosa, Jorge, 253-255, 297, 309
Más Santos, Jorge, 254
Masferrer, Rolando, 212
Masvidal, Raul, 243, 252-255, 290-291, 302
Mathews, Irma, 46, 70, 73, 110, 169, 286
Mathews, Jack, 144
McCain, John, 326
McMullan, John, 203-204
McNair, Angus, 83
McNamara, Robert, 237
McRaven, William H., 14
Medina, Pepín, 79
Medrano, Humberto, 207
Meek, Carrie, 249
Meek, Kendrick, 263
Mekis, Patricio, 299
Mestre, Ramón, 297
Milander, Henry, 264
Milián, Emilio, 182-183, 212
Miranda, Madre Margarita, 210
Miró Cardona, José, 14, 101, 116-117, 299
Montaner, Ernesto, 206
Morgan, William, 54-55, 58, 65, 68, 123
Murillo, Rosario, 272

N

Nixon, Richard, 128, 163
Novell, Angela, 120

337

O

Obama, Barack, 277
Obando y Bravo, Mons. Miguel, 233
Odio, César, 294
Ojeda, Tony, 294
Oliva, Erneido, 116, 118, 125
Orr, Jack, 133, 172, 174
Ortega, Daniel, 234, 267-268, 270, 272-273
Ortega, Humberto, 270
Ortega Reboso, Camile, 286
Oswald, Lee Harvey, 131-132
Ovares, Enrique, 54, 59-61, 65, 67, 69
Ozarzún, Maria Eugenia, 299

P

Padrera, Camilo, 297
Padrón, Eduardo, 290, 293
Padrón, José Orlando, 220, 222
Pallais Debayle, Luis, 230, 233
Pallais, Nadia, 11, 260, 267-269, 272-273, 286, 288
Pantín Jr., Leslie, 290
Pantín Sr., Leslie, 197, 243, 290
Parkins, Rob, 249
Pastor, Robert (Bob), 237-238
Pastora, Edén, 233, 235
Peláez, Pedro, 297, 302
Penabaz, Fernando, 258
Peñalver Sr., Rafael, 150
Pence, Mike, 326
Penelas, Alex, 258-262, 287, 293, 297
Pepper, Claude, 129-130, 142
Perez Cisneros, Guy, 61, 117-118
Pérez Franco, Juan, 300
Pérez Heredia, Arturo, 115
Pérez Jr., Demetrio, 164
Pérez Jr., Virgilio, 248
Pérez Roura, Armando, 184
Pérez San Román, Roberto, 111-112, 116, 297
Pérez, Carlos Andrés, 225, 229-232, 269-270
Pérez, Tony, 111
Perot, Ross, 330
Peruyero, Juan José, 212
Piñeiro, Federico, 27
Piñerua Ordaz, Luis, 250
Pino, Sergio, 259, 297
Pinochet, Augusto, 201
Plummer, Joseph Lionel (J.L.), 164, 172, 176, 178, 199, 223, 278
Porras, Rafael, 232
Pozo, Luisito, 62
Prío Socarrás, Carlos, 33, 74, 130, 255
Puig Miyar, Manuel Lorenzo, 83
Puig, Alelí, 287, 289-290
Puig, Fernando, 289, 300
Puig, Ramon, 257

Q

Quintana, Alfredo, 38
Quintana, Julio César, 230-231

R

Range, Athalie, 173-175, 248
Rasco, José Ignacio, 207
Reagan, Ronald, 130, 239, 241, 243-245, 248, 252, 257, 263, 266-267, 277
Reboso, Ali, 285
Reboso Balido, Noreen, 169, 285-286

Reboso Brito, Manuel, 21-26, 30, 34-35, 43, 49-52, 64
Reboso Brito, Maximina, 21-22
Reboso Lombard, Melissa, 169, 286
Reboso Padrón, José, 21-22, 26, 70
Reboso Solares, Irma, 46, 285
Reboso, Alex, 46, 70, 73, 110, 285
Reboso, David, 285
Reboso, Eva, 286
Reboso, Gavin, 285
Reboso, Kiki, 285
Reboso Jr., Manny, 286
Reboso, Manny, 169, 286
Reboso, Michelle, 26
Reboso, Mila, 285
Reboso, Roberto Luis, 46, 285
Reboso, Roberto, 25-26, 29-30, 43, 51, 64, 189, 284, 302
Reese, Melvin, 165-166
Regalado, Tomás, 297, 305
Reich, Otto, 149
Reno, Janet, 189
Rey Pernas Santiago, 71
Riera Gómez, Eliseo, 172
Rivero Agüero, Andrés, 45, 108, 227,
Rivero, Felipe, 71-72
Rivero, Jose Ignacio, 207, 235
Roa García, Raúl, 69
Roberts, Tomás, 250
Rodríguez Tejera, Roberto, 11, 297, 305
Rodríguez, Carlos Rafael, 72
Rodríguez, Héctor, 55, 58
Roig, Pedro, 254-255, 300, 302
Rojas, Mario, 66
Romney, Mitt, 326
Roosevelt, Franklin Delano, 277
Ros-Lehtinen, Ileana, 264, 279

Rothstein, Alan, 177
Ruiz Williams, Enrique, 119
Rusk, Dean, 107
Ruvin, Harvey, 26, 243, 298

S

Sabines, Luis, 149, 183, 226, 290, 292-293, 296
Saiff, Joseíto, 33
Salmán, Carlos, 252-253, 279, 297
San Antonio, Laura, 67-68
Sánchez, Aldo, 55, 58
Sánchez, Álvaro, 118
Sánchez, Celia, 118
Sánchez, Joe, 297
Sansores, Carlos, 299
Senseman, Ronald, 110
Sevilla, Ninón, 71
Silva, Eddy, 301
Silveira, Silvio, 40
Silvertooth, Lynn, 186
Sinatra, Frank, 301
Sirhan, Sirhan Bishara, 131
Skakel Kennedy, Ethel, 112, 119
Skakel, George, 112
Salazar y Espinosa, Manuel, 233
Smith, Earl E. T., 19
Smith, Leroy, 196
Solares Cirera, Gabriela, 285
Solares, Mario Luis, 285
Solares, Mario, 285
Soler Puig, Emilio, 115
Somoza García, Anastasio (Tacho), 227
Somoza Debayle, Anastasio (Tachito), 225-236, 238-239, 242, 267, 269
Somoza, Jose R., 233
Sorí Marín, Humberto, 83
Sorzano Jorrín, Leonardo, 36

Stevenson, Adlai, 43
Suárez, Francis, 315
Suárez, Roberto, 206
Suárez, Xavier, 251, 253-254, 258, 260, 264
Sueiro, Hugo, 68-71, 109, 124

T

Tabernilla Dolz, Francisco, 117
Tabernilla, Carlos, 61, 117
Tapia Ruano, Alberto, 83
Taylor, Maxwell, 115
Teele, Arthur, 260, 262-263
Theberge, James, 227, 272
Tobin, Gerry, 298
Torres, Hugo, 233
Trujillo, Mario, 299
Trujillo, Rafael Leónidas, 59-62
Trump, Donald, 277, 311, 321, 323, 325-331
Tse-tung, Mao, 129, 330
Turner, Jack, 169-170

V

Vadía, Alberto, 54, 58
Valdés, Jorge, 208, 259
Valls Jr., Felipe, 288, 297
Valls Sr., Felipe, 261, 287-289, 297
Valls, Aminta, 288
Valls, Jeannette, 288
Valls, Lety, 288
Valls, Lourdes, 288
Valls, Nati, 261
Vals, Willy, 40, 66-67
Varona, Tony, 14, 100, 116-117, 299
Vera, 111
Verdeja, Sam, 206
Villafaña, Manolo, 83
Villalobos, Pepe, 142
Villalón, Mitch, 302
Villoldo, Gustavo, 119-120, 297

W

Walters, Vernon, 257
Wright, Rev. Temperance, 169-170
Wynton, Ed, 184
Xirau, Gustavo, 40

Z

Zambrano Velasco, José Alberto, 231
Zamora, Guillermo, 196

www.ingramcontent.com/pod-product-compliance
Lightning Source LLC
Chambersburg PA
CBHW030510080526
44586CB00011B/138